말하지 않는 세계사

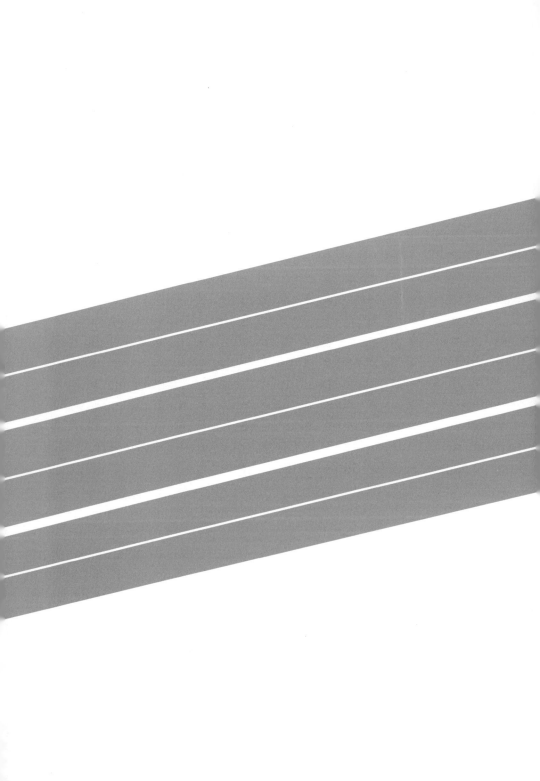

한 권으로 읽는 세계사 서프라이즈

말하지 않는 세계사

최성락 지음

페이퍼로드
paperroad

차 례

알고는 있어도
차마 말하지 않는
역사에 대하여

유럽 문명의 기원은 그리스 로마 문명으로 알려져 있다. 로마 문명은 그리스 문명을 받아들인 것이니, 유럽 문명의 최초는 그리스 문명이다. 그러면 그리스 문명은 어디에서 온 것일까? 유럽 언어는 인도 유럽 어족에 속한다. 따라서 고대에 인도 북부에서 유럽 쪽으로 이전한 문화의 영향을 받았다고 말하곤 한다.

십여 년 전, 그리스에 간 적이 있었다. 그리스 아테네에서 파르테논 신전을 보고 난 뒤에 배를 타고 그리스의 섬으로 들어갔다. 그리스 섬들은 그리스 문명의 모태가 된 크레타 문명, 미케네 문명으로 유명하다. 그런데 그리스의 섬에 있는 한 박물관에서 놀라운 것을 보게 되었다.

이집트의 조각 형태는 벽면에 조금 형태가 나온 반 부조 형태이다. 얼굴의 옆모습이 보이게 조각되어 있고, 머리에는 파라오 관 같은 것을 쓰고 있다. 그런데 그리스의 조각은 비너스 조각으로 대표되듯 3차원적이다. 벽에 조각되어 있더라도 이집트의 조각 양식처럼 얼굴의 옆모습이 나오지 않고, 3차원적으로 인식할 수 있도록 조각되어 있다.

그리스와 이집트 조각 양식은 분명히 다르다. 너무나 달라서 두 양식에 공통점이 있으리라고는 생각하지 않았다. 그런데 그리스 섬들의 박물관에서 그리스 양식과 이집트 양식의 중간에 해당하는 조각들을 보게 되었다. 그림의 모양은 분명히 이집트적인데, 부조의 양식은 그리스적이다. 그 조각들을 보면서 알게 되었다. 그리스 문명은 독자적으로 나온 것이 아니었다. 이집트 문명이 변화된 것이었다. 이집트 문화가 크레타, 미케네 문화에 영향을 끼쳤고, 그 영향을 받은 크레타, 미케네 문화가 그리스 문화로 변화한 것을 분명히 느낄 수 있게 조각이 변화하고 있었다.

그리스 문화는 이집트 문화에 기원을 두고 있는 게 분명한 것 같지만, 일반적으로 보는 역사책에서는 그리스 문화의 원류가 이집트에 있다고 말하지 않는다. 그 대신 고대 이 지역에는 이집트 문명이 있었고, 이와는 별도의 그리스 문명이 있었다고 말하고 있다.

일반적인 서양의 주류 역사에서는 그리스 문명을 이집트 문명과 별도로 이야기한다. 하지만 비주류 역사 연구 중에는 그리스 문명이 이집트 문명에서 파생된 것이라고 이야기하는 경우도 있다. 이런 연구에서는 그리스 문명이 이집트 문명에서 나온 것이 분명한데, '왜 서양에서는 이집트 문명이 그리스 문명의 원류라는 것을 이야기하지 않는가'하는 것도 말하고 있다. 로마는 기원전 30년에 이집트를 멸망시켰고, 그 후 이집트는 서양의 영향권에 놓여 있었다.

나중에 이집트는 이슬람 제국의 영토가 되는데, 근대에 이르러 독립할 때까지 계속해서 다른 나라의 영향권 아래서 살아왔다. 서양 문명에도 자존심이 있다. 자기가 멸망시킨 이집트, 이후 한 번도 강대국이 되지 못한 이집트가 자기 문명의 근원이라고 말하기는 싫었다. 그리고 서양은 서양 문명이 동양 문명보다 우수하다고 주장을 해왔다. 그런 서양 문명이 동양 문명의 대표주자인 이집트 문명에 기원을 둔다고 말할 수는 없다. 그래서 서양 역사계는 의도적으로 그리스 문명이 이집트에서 파생된 것이라는 사실을 말하지 않아왔다. 서양 역사계가 이 사실을 모르기 때문이 아니다. 크레타, 미케네 문명, 초기 그리스 문명을 보면 이집트와의 관련성이 분명히 드러난다. 보통 사람이 봐도 비슷하다고 느낄 수 있는데 학자들이 그걸 모를 리는 없다. 하지만 말하지 않는다. 서양 문명의 진짜 기원이 자기가 그동안 무시해온 동양 문명, 이집트 문명이라는 것을 인정하기 싫기 때문이다.

이런 주장은 소수이고 비주류였다. 그렇다면 우리는 어떤 것을 믿어야 할까? 그리스 문화가 서양의 독자적인 문명이라는 주류의 이야기를 믿어야 할까? 아니면 그리스 문화의 원류는 이집트 문명이고, 서양의 자존심 때문에 그것을 인정하지 않는다는 비주류의 이야기를 믿어야 할까? 그리스의 섬들을 방문하기 전까지는 나는 주류의 이야기를 믿었다. 하지만 그리스에서 직접 크레타 문명, 미케네 문명 유적들을 보고나니 주류의 이야기를 믿을 수 없었다. 그리스 문화가 이집트 문명의 영향으로 만들어졌다는 사실은 역사계에서 '알고는 있지만, 잘 말하지 않는' 이야기였다.

중국의 만리장성을 갔을 때도 그런 것을 느꼈다. 중국의 만리장성은 약 5,000~6,000km에 이르는 거대한 성곽이다. 폭은 위쪽 4.5m, 아래쪽 9m에 이르고 높이는 6~9m이다. 오늘날 만리장성은 베이징의 유명한 관광 상품이다. 청나라 황궁인 자금성과 더불어 관광객들에게 가장 인기 있는 관광 상품이다. 만리장성은 과거 중국의 힘과 권위를 상징하는 대표적인 건축물이다. 역사책에서도 만리장성은 진나라가 중국을 통일한 후 이민족의 침입을 막아주기 위해 만든 훌륭한 건축물이며, 인류의 보물이라고 이야기한다.

그렇다면 정말 만리장성은 중국을 외적의 침입으로부터 지켜주는 막강한 방어선이었을까? 지금 베이징의 유명 관광지가 되어있는 바다링 만리장성을 보면 그런 것 같다. 바다링 만리장성은 위용도 대단하고, 그 높이나 넓이가 외적이 쉽게 접근하지 못하게 되어있다. 외적이 침입해 온다고 해도 쉽게 넘을 수 없다. 만리장성은 중국을 외적으로부터 지켜주는 주 방어선인 것이다.

하지만 관광지인 바다링을 벗어나서 만리장성을 보면 그렇지 않다. 장벽의 흔적이 남아있기는 하지만 거의 다 허물어져 있다. 공격하기도 어렵지 않아 보이고, 오히려 이렇게 허물어진 장벽 위에서 적을 막아내기가 더 어려울 것 같다. 예전에는 잘 관리되었지만, 현대에 관리가 되지 않아서 허물어진 게 아니다. 만리장성은 처음 만들어진 때를 제외하곤 항상 이런 상태였다. 실제로 만리장성은 한 번도 외적의 침입을 제대로 방어하지 못했다. 중국은 만리장성을 만든 이후에 수없이 많은 외적의 침입을 받았다. 외적들이 만리장성 때문에 중국에 침입하지 못한 적은 없었다. 마찬가지로 중국이 만리장성에서 성공적으로 외적을 막아낸 적도 없다.

그렇지만 그런 이야기가 오늘날 중국의 상징이자 중요한 문화유적으로 알려진 만리장성의 이미지에 걸림돌이 될 수 있으므로 잘 말하지 않을 뿐이다. 관광상품으로는 그런 이미지가 더 중요할 수 있다. 하지만 제대로 역사를 알고자 하는 사람에게 방해가 될 뿐이다. 오늘날 일반적으로 널리 알려진 이미지가 아니라, 사실 그 자체로 알 필요가 있다.

이 책에서는 이런 류의 이야기, 역사에서 사실로 인정되지만 일반적으로는 잘 하지 않는 이야기를 모았다. 사람들은 역사와 관련해 일반적으로 통용되는 이야기, 이전부터 전해오는 이야기, 더욱 재미있게 가공된 이야기를 많이 알고 있다. 하지만 그것이 역사적 사실이 아닌 경우도 많다. 그런 것들을 인지하는 것이 역사를 더 잘 이해하는 데 도움을 줄 수 있을 것이다.

2016년 7월

최성락

1장_ 세계를 움직이는 힘은 무엇인가

1789년 대흉년이 없었다면
프랑스혁명은 일어나지 않았을까?

조선은 영조, 정조 때 중흥기를 맞는다. 그 까닭은 영조와 정조가 명민했기 때문이다. 영조는 탕평책을 사용하면서 중흥책을 마련했고, 정조도 각종 개혁을 실시하면서 사회의 발전을 꾀했다. 하지만 정조의 개혁정치는 기득권자들의 반발에 부딪혔다. 곧 사회적 혼란이 발생했고, 정조는 병으로 죽고 만다. 정조가 죽은 이후에는 소위 세도정치가 시작된다. 19세기부터는 삼정의 문란이 본격화되었고, 1811년에는 홍경래의 난이 일어났다. 이후에도 삼남충청도, 전라도, 경상도 세 지방을 통틀어 이르는 말에서 민란이 계속 발생하여 혼란기가 이어진다.

조선에서 18세기인 영조, 정조 때 성공적으로 정치가 이루어지다가 18세기 말부터 개혁에 실패하고, 19세기에는 민란이 발생하는 등 사회가 혼란스러웠다. 우리는 이것을 영조, 정조, 그리고 세도 정치 등 정치적 문제였던 것으로 해석한다. 그런데 이상한 일이 있다. 18세기 초에 중흥기를 이루었던 것은 조선만이 아니다. 중국도 이 당시가 중흥기였다. 청나라에서 가장 훌륭한 황제였다고 일컬어지는 강희제, 옹정제, 건륭제가 재위한 시기가 바로 18세기 초이다. 그리고 건륭제 말기부터 사회가 어려워지기 시작한다. 18세기 말, 1796년에는 백련교도의 난이 일어나고 이후 19세기부터 청나라는 무너지기 시작했다.

유럽도 18세기 초까지는 전성기를 이루다가 18세기 말부터 혼란에 빠진다. '태양왕'이라 불리는 루이 14세가 활동한 시기도 18세기 초다. 루이 14세의 치적을 루이 15세가 물려받으면서 유럽은 전성기를 이룬다. 그리고 루이 16세의 통치 시기인 18세기 말에는 혼란이 발생하고, 결국 1789년에는 프랑스혁명이 일어난다. 이런 유럽의 혁명은 19세기 초까지 계속된다. 1830년 7월혁명, 1848년 2월혁명 등 전 유럽에서 끊임없이 민중들이 들고일어나는 혁명이 이어진다.

조선에서 영조, 정조가 훌륭한 정치를 펴서 중흥기를 이루었다는 것은 이해할 수 있다. 청나라 강희제, 옹정제, 건륭제가 훌륭한 정치를 펼쳐 청나라 최고 전성기를 이끌었다는 것도 이해할 수 있고, 루이 14세라는 위대한 황제가 나서서 프랑스를 발전시켰다는 것도 이해가 된다. 그런데 이들은 모두 같은 시기의 사람들이다. 동양사회와 서양사회는 모두 같은 시기에 중흥기를 이루었다. 이렇게 같은 시기에 위대한 왕들이 나와서 중흥기를 이끌었다는 것은 단지 우연일까?

그리고 동양사회와 서양사회는 18세기 말부터 어려워지기 시작했다. 각종 개혁 정책이 실패를 거듭했고, 결국 국민들의 폭동이 발생했다. 19세기 초에는 모든 지역에서 민란이 발생했다. 왕조에 충성하는 것이 어느 나라보다 더 강했던 조선에서도 19세기 초부터는 민란에 휩싸였다. 동양과 서양이 모두 같은 시기에 중흥기에 들어가고, 유사한 시기에 혼란을 겪고, 끝내 민란까지 발생한 것은 어떻게 된 일이었을까?

현대 과학은 과거의 날씨가 어땠는지 파악할 수 있게 되었다. 몇백 년 전, 몇천 년 전에 지구의 온도가 어떠했는지를 알아낼 수 있다. 가장 기본적인 방법은 나무의 나이테를 확인하는 것이다. 나무는 날씨가 따뜻하면 더 많이 자라고, 날씨가 따뜻하지 않으면 덜 자란다. 나이테의 간격을 보면 그해 여름의 날씨가 어땠는지 파악할 수 있다. 한 지역의 나이테 자료뿐만 아니라 전 세계의 자료가 모였다. 오래된 나무들을 바탕으로 북반구 전체와 적도 이남의 자료까지 정리되어 있다. 그래서 몇백 년 전의 날씨도 파악할 수 있게 되었다.

더 오랜 시간의 지구 온도를 알아낼 수 있는 것은 얼음이다. 남극, 그린란드 등에는 몇만 년 전부터 온 눈들이 얼음이 되어 쌓여 있다. 이 얼음을 분석하면 눈이 내릴 당시에 날씨가 어땠는지 파악할 수 있다. 이런 자료를 바탕으로 지구의 연도별 평균 온도, 심지어 계절별 온도까지 추정하는 자료를 구할 수 있게 되었다.

지구의 온도 자료를 보면 16세기 말부터 지구 온도가 크게 상승하기 시작한다. 이 온도 상승은 18세기 중반까지 계속된다. 그러다가

18세기 말에는 온도가 하강하기 시작한다. 19세기 중반까지 계속 지구 온도가 하강하고, 이후 20세기까지 낮은 온도가 일정하게 유지된다. 그리고 20세기 중반부터 지구 온도는 급속도로 상승한다. 지금 우리가 지구 온난화라고 하는 현상이 바로 이 20세기 중반부터 지구의 평균 온도가 오르는 현상이다.

지구의 온도가 항상 일정했던 것은 아니었다. 계속 오르락내리락했다. 그리고 지구의 온도 변화가 세계 각지에 영향을 미쳤다. 산업혁명 이전에 전 세계 모든 국가는 모두 농사를 지어서 먹고살았다. 따라서 일차 산업이 가장 중요했다. 농사가 잘되면 잘 먹고살 수 있었고 농사가 안되면 먹고살기 어려웠다. 그런데 농사에 가장 큰 영향을 끼치는 요소가 바로 날씨이다. 날씨가 따뜻하면 농사가 잘되어 수확이 많아진다. 하지만 날씨가 추우면 농사가 잘 안된다. 아무리 애를 써도 수확량이 떨어진다. 농사가 주산업이었던 시절, 날씨가 좋으면 농사가 잘되어 경제가 성장했고, 날씨가 추워 농사가 잘 안되면 경제가 어려워졌다. 즉, 날씨가 경제에 큰 영향을 미쳤다. 16세기 말부터 시작된 지구 온도 상승은 18세기 중반까지 이어진다. 이렇게 온도가 상승하면 이전과 똑같이 농사를 지어도 산출량이 더 많아진다. 농부의 소득이 늘어나고 사회적으로 먹을거리가 늘어난다. 사회 전체의 소득도 증가한다. 각 국가의 왕이 이 당시에 특별히 자애롭고 영민했던 것은 아니다. 물론 왕이 늘어난 소득을 잘 관리하고 배분하는 등의 기여를 했을 것이다. 하지만 기본적으로 사회소득이 증가한 것은 그 왕이 유달리 정치를 잘해서라고 볼 수는 없다. 왕이 잘해서 국민들의 소득이 늘어났다기보다는, 날씨가 따뜻

해져서 국민들의 소득이 늘어난 때에 우연히 왕의 자리에 앉아있었던 것이다. 이 당시 왕의 자리에 있었던 왕은 모두 중흥을 이끈 왕이 되었다. 조선의 영조와 정조, 청나라의 강희제, 옹정제, 건륭제, 그리고 프랑스의 루이 14세, 15세, 모두가 전성기를 이끈 왕이라는 칭송을 받는다.

18세기 말이 되면서 이야기가 달라진다. 지구의 평균 온도가 떨어지기 시작했고, 온도 하강 추세가 또 백 년 정도 지속된다. 농산물 산출량은 계속해서 떨어질 수밖에 없었고, 더불어 농가의 소득도 감소했다. 처음 몇 년 동안은 한두 해 정도 흉년이 들었다고 생각했을 것이다. 하지만 계속해서 이전보다 농산물 수확량이 떨어지면서 경제적 어려움을 겪게 되었다.

농사를 주업종으로 하는 이 시대에 농산물 수확량이 계속 떨어지는 것은 국내 총생산의 하락과 경제의 쇠퇴를 의미한다. 지속하는 농산물 수확 감소로 결국 국민들은 먹고살기가 힘들어지고, 각 사회에서는 민란이 발생한다. 차라리 처음부터 소득이 낮았고, 낮은 소득이 계속 이어졌다면 민란이나 혁명이 발생하지 않았을 것이다. 하지만 국민들 입장에서 가장 어려운 문제는 실질 소득이 떨어지는 것이다. 전보다 더 못살게 되었다는 것을 알게 될 때 불만이 많아진다.

이 당시에 농사가 잘 안되고 국민소득이 떨어지는 이유는 날씨가 추워져서이다. 하지만 지금 우리가 사회가 제대로 안 굴러가는 원인으로 날씨나 기후를 꼽지 않듯이, 그 당시에도 기후 때문에 우리가 못살게 되었다고 생각하지는 않았다. 정치를 잘못해서 못살게 된 것이고, 양반과 귀족처럼 잘사는 사람들이 자기 욕심만 채워서

프랑스 혁명
만약 프랑스에 대흉년이 들지 않았다면 프랑스혁명은 일어나지 않았을까?

국민들이 못살게 된 것이라고 여겼다. 그래서 동양, 서양 할 것 없이 민란, 혁명이 발생한다.

특히 1789년 프랑스혁명이 일어나기 전에 프랑스의 대흉년은 유명하다. 1788년 프랑스는 봄은 매우 건조하고, 여름에는 우박이 내리고 폭풍이 몰아쳤다. 그해 밀 수확량은 이전보다 이십 퍼센트 이상 감소한 것으로 추정된다. 일 년 만에 국내 총생산의 이십 퍼센트가 하락한 것이다. 이렇게 밀이 부족하자 1789년에는 빵 값이 폭등했다. 밀 생산량이 이십 퍼센트나 줄었으니 국민들이 먹을 것이 없고 먹거리 가격이 폭등하는 것은 당연했다. 1789년 3월부터 이미 지방에서는 폭동이 발생하기 시작했다.

공식적인 프랑스혁명은 파리 시민들이 바스티유 감옥을 파괴한 1789년 7월 14일부터 시작된다. 그 원인으로 프랑스의 재정 적자, 귀족의 횡포, 시민계급의 성장 등을 이야기한다. 하지만 18세기 말부터 계속 이어진 기온 하강으로 인한 흉년이 아니었다면, 특히 1788년 대흉년이 아니었다면 근대 역사를 바꾼 프랑스혁명이 일어날 수 있었을지는 의문이다.

농업에 의해 인류가 살아가던 근대 이전에는 날씨가 정치, 경제에 미치는 영향이 막대했다. 지금 우리가 알고 있는 역대 왕조의 성군과 폭군의 구별, 정치 개혁의 성공과 실패는 실제 그 당시의 기후가 좋았는지 나빴는지에 따라서도 많은 영향을 받았다.

전쟁은 과학 기술
발달의 원동력이었다

서양이 동양보다 앞서 나가게 된 것에는 서양 과학 기술의 힘이 크다. 그런데 왜 서양에서 과학 기술이 크게 발전할 수 있었을까? 서양 사람이 동양 사람보다 더 창의적이고 더 아이디어가 많아서 그랬을까? 서양에서 과학 기술이 크게 발전해 나간 것은 근대 이후다. 서양에서 절대왕정 국가가 형성되고 국가 간에 끊임없이 전쟁이 발생하면서부터이다. 특히 국가 간에 총력전 형태를 띠면서 과학 기술의 발전도 가속화된다. 서양의 과학 기술이 비약적으로 발전하는 데는 전쟁이 큰 역할을 한다. 전쟁 기술이 과학 기술의 발전에 크게 기여하는 것은 근대 시기만은 아니다. 현대 문명의 발달에도 전쟁 기술에서 기원한 것들이 많다. 전쟁은 항상 과학 기술 발전의 동인이었다.

광산 기술, 제련 기술이 발전한 것은 전쟁 무기를 만들기 위해서였다. 전쟁에서는 더욱 강한 금속을 사용해야 적을 이길 수 있다. 철을 생산해서 무기를 만들어야 적을 이길 수 있었다. 그런데 철을 생산하기 위해서는 땅속에서 철광석을 캐내야 하고, 또 이 철광석을 높은 온도에서 녹이고 제련해야 한다. 철은 1,538도에서 녹기 시작한다. 일상생활에서는 이렇게 높은 온도가 필요 없다. 따라서 이런 높은 온도를 내기 위해서 노력할 이유도 없다. 하지만 무기의 재료가 될 철을 만들기 위해서는 1,538도라는 높은 온도가 필요하고, 철을 무기 형태로 만들 수 있도록 제련해야 한다. 철은 다른 금속들보다 녹는점이 훨씬 더 높다. 철을 자유자재로 다루게 되면 금, 은, 동, 납과 같은 다른 금속들은 마음대로 이용할 수 있다. 인간이 금속을 활용하게 된 것은 전쟁 무기의 개발 과정에서 이루어진 것이다.

망원경도 단순히 멀리 보기 위해서 개발되고 보급된 것이 아니다. 바다에서 망원경을 사용하면 그냥 눈으로 바다를 감시하는 것보다 두 시간 먼저 적의 배가 오는지 아닌지를 알 수 있다. 바다에서 적이 오는지 아닌지를 두 시간 먼저 알아낼 수 있다는 것은 엄청난 효과이다. 특히 해안가 주민들이 해적의 침략을 받을 때, 해적이 다가오는 것을 두 시간 먼저 알아채면 이에 대해 준비할 수 있는 시간적 여유가 생긴다. 갈릴레이는 망원경으로 달, 목성 등을 관측해서 유명해졌다. 그래서 사람들은 일반적으로 망원경을 천문용으로 생각하곤 한다. 하지만 망원경은 적군 감시를 위해서 주로 사용되었다.

건축 기술이 발달한 것도 적의 침략을 막기 위해서이다. 적이 벽을 넘어오지 못하도록 하기 위해서는 높은 벽을 쌓아야 했다. 적은 공성기를 개발해서 성벽을 무너뜨리려 했고, 공성기 공격에 버틸 수 있는 튼튼하고 견고한 벽을 쌓아야 했다. 또 대포가 발명되면서 무거운 돌, 포탄이 벽에 와서 부딪힌다. 이런 공격에도 버틸 수 있는 성벽을 만들어야 했고, 그 과정에서 높고 튼튼한 건물을 만들어낼 수 있는 기술이 쌓인다. 현대에 인간이 마천루 빌딩을 건설할 수 있게 된 것은 전쟁 과정에서 건축 기술을 발전시켰기 때문에 가능한 것이다.

인간이 비행기를 만들어낸 것도 전쟁에서 이기기 위해서였다. 라이트 형제는 순수하게 하늘을 날고 싶어서 비행기를 발명했다. 하지만 라이트 형제 이전에 비행기를 만들기 위한 노력은 시작되었다. 비행기를 전쟁에 이용하기 위해서 차례차례 기술을 발전시켜왔다. 적과 대치했을 때 적의 진지를 살펴볼 수 있으면 전쟁에서 큰 도움이 된다. 하지만 일반적인 방법으로는 적의 진지를 보기 어렵다. 그런데 하늘에서 바라보면 적의 진지를 볼 수 있다. 그리고 하늘에서 돌이나 폭탄을 떨어뜨리면 적에게 큰 피해를 줄 수 있다. 즉, 하늘에서 적을 보고 폭탄을 떨어뜨리기 위한 목적으로 비행기 개발이 시작된다. 레오나르도 다빈치가 헬리콥터의 원형을 설계했다고 하는데, 이 헬리콥터는 관광용, 레저용이 아니었다. 적의 머리 위에서 돌을 떨어뜨리기 위한 전쟁용이다.

라이트 형제가 비행기를 만들어낸 후, 이 비행기가 대량생산되어 이용된 것도 전쟁이었다. 1903년에 라이트 형제는 비행기를 처음 만들었는데, 1914년 발발한 제1차 세계대전 때 이미 비행기는 전투기와 폭격기로 사용되었다.

현대 문명으로 들어오면서 전쟁 기술이 일반 과학 기술에 기여하는 바는 더 커진다. 오늘날 전 세계에서 많은 전력을 생산하는 원자력은 원래 폭탄을 만들기 위해서 개발된 것이다. 미국은 제2차 세계대전에서 승리하기 위해 인류가 개발한 가장 강력한 폭탄이라고 할 수 있는 원자폭탄을 만들었다. 그리고 원자폭탄을 만드는 과정에서 필요한 원자로는 전쟁이 끝난 후 전력을 생산하는 발전기로 이용되고 있다.

현대 문명의 기반을 이루는 인터넷도 군사 기술에서 시작되었다. 핵전쟁 위기가 고조되던 1960년대, 중앙에서 모든 것을 통제하는 컴퓨터가 있는 지역이 적의 공격을 받으면 전국의 시스템이 마비될 염려가 있었다. 그래서 중앙에서 모든 것을 통제하지 않고, 분산적

리틀보이와 팻맨
리틀보이는 전쟁에서 사용된 인류 최초의 핵무기이다. 리틀보이는 히로시마, 팻맨은 나가사키에 각각 투하됐다. '리틀보이(little boy)'는 농축우라늄을 사용했으며, '팻맨(fat man)'은 플루토늄을 사용하여 제작했다.

으로 정보를 처리할 수 있는 시스템을 개발하기 시작했다. 어느 한 군데에서 통신 등을 모두 통제하지 않고, 한 곳이 공격으로 파괴되더라도 남은 지역끼리 서로 연결해서 통신이 이루어질 수 있는 분산 시스템을 연구했다. 바로 여기에서 인터넷이 발명된다.

적외선 카메라는 전장에서 밤에 적의 움직임을 파악하기 위해 개발된 것이다. 그리고 현재 스마트폰의 위치기반 서비스, 자동차의 내비게이션 서비스는 군대의 위치추적 시스템을 상용화한 것이다. 미국은 전 세계 어디에서도 자국의 군대 위치, 그리고 적군의 위치 등을 파악할 수 있는 GPSGlobal Positioning System 기술을 개발했다. 이 기술은 원래 군사용으로만 사용되었는데, 미군이 민간에서도 이용할 수 있도록 하면서 지금은 GPS 기술이 일반화되었다.

이러한 과학 기술만이 아니라 음식도 전쟁을 통해서 개발되었다. 전쟁은 오랫동안 계속된다. 그런데 군사들에게 먹여야 하는 음식은 오래 보관하기 어렵다. 신선한 음식을 계속 제공해야 하는데, 부대가 먼 지역에서 전투를 치르면 운반하는 도중에 음식이 상하게 된다. 음식이 썩지 않게 오래 보관하는 방법을 개발해야 했다. 여기서 나온 대표적인 음식이 통조림이다. 통조림 속에서도 음식이 오래 보관되려면 통조림 안의 공기를 완벽하게 빼야 했다. 그래서 진공 기술이 발전한다. 포장 용기, 파우치 등이 이 진공 기술을 이용하여 개발된다.

통조림이 개발되기는 했지만, 통조림은 금속으로 만들어져 한계가 있다. 군인들이 많은 양을 들고 다니기 힘들어서 가볍게 만들 필요가 있었다. 그래서 다른 보관 방법으로 음식을 건조하는 기술을 개발한다. 오늘날 우리가 흔히 먹는 패스트푸드는 이런 군사적으로 개발된 음식 건조 기술을 상업적으로 이용해서 개발된 것이다.

이런 기술 개발은 단지 서양에서만 있었던 것은 아니다. 일본은 메이지유신 이후에 계속 외국에 나가서 전쟁을 했다. 일본 군인이 외국에 나가서 오랫동안 싸우게 되는데, 현지에서 구한 음식은 입에 잘 맞지 않았다. 따라서 군인들이 음식이 입에 맞지 않아서 잘 먹지 못하는 문제가 발생했다. 그래서 음식의 맛이 없더라도 맛을 더해주는 조미료를 개발한다. 일본에서는 세계 최초로 아지노모토라는 화학조미료를 만들었다. 아지노모토는 한국에서 미원이 되었고, 중국과 동남아에서도 지금은 빠지지 않는 식품 조미료의 기원이 된다.

의학 기술 개발도 전쟁에서 기원한 것들이 많이 있다. 서양의 군함들이 오랫동안 항해에 나서면 해군 병사들의 팔다리에 신경염이 생기고 붓는 각기병이 발생했다. 적 군함을 만나면 싸워야 하는데 각기병 때문에 제대로 싸울 수가 없었다. 각기병의 원인이 비타민B 부족 때문이라는 것을 알아내고, 이후 비타민의 성격과 어떤 음식에 어떤 비타민이 들어있는가 하는 연구에 박차를 가하게 된다.

아지노모토
글루탐산나트륨을 주성분으로 한 조미료이다. 일본의 화학자이자 도쿄 제국 대학의 교수였던 이쿠다 기쿠나에가 1908년에 다시마의 감칠맛 성분을 추출하여 상품화했다.

대표적인 설사약인 정로환도 전쟁 때문에 만들어졌다. 일본군이 다른 나라에 침략하면 그곳 현지 음식이 맞지 않아 배탈이 나고 설사가 나곤 했다. 특히 만주에서 소련과 싸울 때 이 설사병이 큰 문제가 된다. 그래서 일본군의 배탈, 설사 등을 방지하기 위한 약을 개발했는데, 그렇게 나온 약이 정로환이다.

　일반 기업의 연구 개발, 그리고 개인의 연구 개발에서는 돌아올 이익이 크지 않으면 투자를 잘 하지 않는다. 언제 수익이 생길지 모르는 장기간에 걸친 연구도 피한다. 하지만 많은 사람의 인생과 목숨이 걸려 있는 전쟁을 위해서는 그렇지 않다. 전쟁에 승리하기 위해서 국가는 돈을 아끼지 않는다. 그리고 아무리 오랜 시간이 걸려도 전쟁에 도움이 될 수만 있다면 계속 연구한다. 국가는 다른 곳에 사용할 비용은 줄이더라도 전쟁에서 승리하기 위해서는 엄청난 투자를 계속한다. 그 때문에 군대에서는 더욱 근본적이고 중요한 기술 개발이 계속 이루어진다. 사실 현대 문명에서 소비재에 쓰이는 모든 기술은 군대에서 나온 것이라고 보아도 될 정도이다. 우리 생활에서 중요한 DVD의 레이저 기술, 로켓, 필름, 통신 기술, 인공위성, 휴대전화, 그리고 고어텍스 섬유에 이르기까지 그 기술의 원류는 군대와 전쟁에 있다.

핵전쟁에서
인류를 구한 남자,
페트로프

1980년대는 미국과 소련 간의 핵전쟁 가능성이
예상되던 시기이다. 당시에는 이 세계가 핵전쟁으로 멸망할 것이라
는 인식이 컸다. 미국과 소련에는 이 세상을 멸망시킬 수 있을 정도
의 핵무기들이 있었고, 그 핵무기가 서로를 겨누고 있었다.

만약 어느 한 나라가 다른 나라를 향해 핵미사일을 쏘면 다른 나라
도 이에 대한 보복으로 핵무기를 쏜다. 그래서 핵미사일을 발사할 때
는 한 대만 발사하면 안 된다. 상대방에서 보복 핵미사일이 발사되지
못하도록 핵미사일 발사기지마다 다 핵폭탄을 떨어뜨려야 한다. 그
래야 상대방의 보복을 방지할 수 있고, 상대방만 멸망시킬 수 있다.

그래서 미국과 소련은 상대방 국가의 핵미사일을 감시하는 시스
템을 개발한다. 미국에서 핵미사일이 발사되면 소련은 그 핵미사일

이 소련 내에서 폭발하기 전에 핵미사일을 발진시켜야 한다. 미국의 핵미사일이 소련 내에서 폭파될 때까지 기다리면 안 된다. 미국에서는 한 대가 아니라 수백 대의 핵미사일을 발사시킬 것이다. 소련 내의 핵미사일 기지들이 모두 폭파될 텐데, 핵폭탄이 터지기를 기다렸다가는 보복 미사일을 발사시킬 수 없다. 미국에서 핵미사일이 발사되었다는 것을 아는 순간 소련에서는 보복 미사일이 발사되어야 한다. 그러면 미국과 소련은 동시에 핵폭탄 세례를 받는다. 둘 다 망하기는 하지만, 그런 식으로 시스템을 운영해야 미국이 함부로 핵미사일을 발사하지 않을 것이다.

반대로, 이건 미국도 마찬가지이다. 소련이 핵미사일을 발사하면 그 핵미사일이 미국에서 폭발하기 전에 미국도 핵미사일을 발사해야 한다. 한 대가 아니라 몇백 대를 발사해야 한다. 그래서 미국과 소련은 상대국이 핵미사일을 발사하는지 아닌지를 감시하는 시스템을 만들어서 24시간 운영했다. 만약 상대국에서 핵미사일을 발사했다고 판단되면 자기 나라에 도착하기 몇십 분 전에 자기들도 발사 명령을 해야 했다.

1983년 9월 27일 새벽 한 시경, 소련의 경보 시스템이 울렸다. 미국 몬태나에서 미사일이 발사되었다는 신호였다. 이때 소련 조기경보시스템의 부소장으로 자리를 지키고 있던 사람은 스타니슬라프 페트로프였다. 페트로프는 컴퓨터로 데이터를 확인했다. 컴퓨터는 미국에서 미사일이 발사되었다고, 이 데이터는 신뢰도가 높다고 신호를 보냈다.

하지만 페트로프는 이 시스템의 경보에 문제가 있다고 보았다.

미국에서 미사일이 발사된다면 수백 대가 한 번에 발사되어야 했다. 그런데 컴퓨터는 미사일 한 대가 발사되었다고 한다. 페트로프는 당직 사령에게 이 경보는 오작동된 것이라고 보고했다.

그런데 그다음, 다시 한 번 경보 시스템이 울렸다. 또 미사일이 발사되었다고 표시되었다. 이번에는 한 대가 아니라 수없이 많은 미사일이 발사되었다. 소련의 슈퍼컴퓨터는 미국이 소련에 대해 미사일 공격을 하고 있다는 메시지를 발했다. 본격적인 핵전쟁이 발발한 것이다. 이 메시지는 소련군 상부에도 바로 전달되었다. 이제 소련 공산당 서기장은 소련도 보복 미사일을 발사할 것인지 아닌지를 결정해야 하는 상황이 되었다. 보복 미사일을 발사하면 같이 멸망하는 것이고, 보복 미사일을 발사하지 않으면 소련만 멸망한다.

하지만 페트로프는 두 번째 컴퓨터 비상경보에도 불구하고 이 경보는 오류라고 보고한다. 컴퓨터 경보가 오류인지 아닌지는 확인되

스타니슬라프 페트로프
"컴퓨터의 오류인 듯하다." 만약 그가 컴퓨터 오류라고 보고하지 않았다면, 지금 이 세계는 지금 없었을지도 모른다.

지 않았다. 그러나 페트로프는 자신의 직감으로 오류라고 보고했다. 그래서 소련의 보복 미사일은 발사되지 않았다.

이 당시 소련과 미국의 사이는 좋지 않았고, 언제 핵전쟁이 발발해도 이상하지 않았던 시기였다. 하지만 페트로프는 자신의 직감에 따라 컴퓨터 경보가 오류라고 판단했고 상부에 보고했다. 그 컴퓨터 경보는 오류였다. 하지만 페트로프가 이 경보가 오류라고 보고하지 않았다면 소련의 미사일은 미국을 향해 발사되었을 것이다. 그러면 미국도 핵미사일을 발사했을 것이고 인류는 핵전쟁으로 멸망했을지 모른다. 페트로프의 직관적 판단이 전 세계를 구한 것이다.

이후 그날의 사정이 소련 군부 내에 알려진다. 소련은 페트로프를 징계한다. 시스템에서 분명히 경보를 울렸는데도 페트로프가 자신의 판단대로 오류라고 보고했기 때문이다. 페트로프는 컴퓨터 경보대로 상부에 보고해야 했고, 보복을 위한 핵미사일을 발사하느냐 마느냐는 상부에서 결정해야 할 사항이었다는 이유였다. 페트로프는 한직으로 물러났고 군복을 벗어야 했다.

그날 밤의 일은 나중에 세상에 알려졌다. 세계시민협회는 페트로프에게 감사패를 주었고, 독일은 2013년에 페트로프에게 드레스덴상과 상금을 주었다. 페트로프는 소련에서는 연금도 받지 못하고 가난한 삶을 살아야 했지만, 진실로 세계를 핵 멸망에서 구한 사람이었다.

왜 잘나가던 소련은
갑자기 해체되었을까?

1945년 제2차 세계대전이 끝난 이후에 냉전이 시작되었다. 미국과 소련, 두 강대국이 세계 주도권을 잡기 위해 서로 대립했다. 둘은 워낙 강대국들이었기 때문에 대놓고 일대일로 싸울 수는 없었다. 서로 핵무기들을 몇천 개씩이나 가지고 있었고, 두 국가 간에 전쟁이 발발한다면 전 세계가 멸망할 수 있었다. 그래서 이들은 한국전쟁 등에서 대리전쟁을 벌였고, 세계에서 자기 편을 늘려나가기 위한 경쟁을 벌였다.

미국은 자본주의, 자유주의를 대표했다. 그리고 소련은 공산주의를 대표했다. 미국과 소련 간의 다툼은 자본주의가 우수한가, 공산주의가 우수한가에 대한 다툼이기도 했다. 서유럽은 미국 편이었고, 동유럽은 소련 편이었다. 북한과 중국은 소련 편이었고, 한국과 일본은 미국 편이었다. 서아시아, 아프리카, 아메리카 등의 지역도 이런 식으로 미국 편과 소련 편으로 갈렸고, 미국 편에서는 자본주의, 소련 편에서는 공산주의를 채택했다.

이 경쟁은 1991년에 끝났다. 왜냐하면, 1991년에 소련이 무너졌기 때문이다. 1989년에 소련의 위성국이었던 동독이 무너지는 것을 시작으로 동유럽 지역이 모두 소련의 영향으로부터 벗어났다. 그리고 미국식 자본주의 시스템을 채택하기 시작했다. 결국 공산주의의 종주국이었던 소련도 해체된다.

원래 소련은 러시아를 주축으로 우크라이나, 카자흐스탄, 우즈베키스탄 등 여러 나라가 서로 연합체를 만들어 이루어졌었다. 이제

소련의 해체
1991년 12월 25일, 고르바초프의 소련 해체 선언과 함께 붉은광장의 게양대에서 소련의 국기가 내려갔다. 동유럽의 사회주의가 무너진 날이었다.

그 모든 나라가 러시아 영향에서 벗어나 독립을 했다. 갈기갈기 찢어진 소련, 그리고 그 후속체인 러시아는 더 이상 세계 강대국의 지위를 지키기 힘들었다. 이제 세계에서 미국과 대적할 수 있는 국가는 아무도 없게 되었다. 세계는 미국의 독주 체제로 전환된다.

1945년 이후 약 45년간 계속되던 미국과 소련과의 냉전이 미국의 승리로 끝났다. 미국만이 아니라 미국 편에 있던 국가들은 모두 환호했다. 소련 편을 들었던 공산주의 국가들은 모두 패닉 상태에 빠졌다. 그리고 미국이 승리한 이유, 소련이 패배한 이유가 무엇인지를 이야기하기 시작했다.

미국이 승리한 주된 이유는 자본주의, 자유주의의 우수성 때문이라고 했다. 자본주의는 시장경제체제를 기반으로 한다. 모두가 자유롭게 경제행위에 참여하기 때문에 사람들의 창의성을 가장 높일 수 있다. 이에 비해 공산주의는 계획경제를 시행한다. 공산주의 시스템으로는 경제가 발전할 수 없다. 소련이 미국의 경제력을 이겨낼 수 없었던 이유는 자본주의의 생산성 향상을 공산주의가 따라오지 못했기 때문이다. 미국이 소련을 이겼다는 것은 자본주의가 공산주의보다 우수하다는 것이고, 이후 공산주의 국가들은 자본주의 국가로 체제를 개편한다. 북한 등 몇몇 국가를 제외하고 이제 세계에 공산주의를 추종하는 국가는 없다.

또 미국은 미국이 승리한 주요 원인으로 1980년대 미국의 대통령이었던 레이건의 위대함을 들었다. 레이건은 1981년 제 40대 미국 대통령이 되면서 강한 미국을 부르짖었다. 사실 1970년대에는 미국보다 소련이 더 강해 보였다. 미국이 소련에 먹힌다는 인상까지 주었다. 레이건은 강한 미국을 부르짖고, 소련과 대적하기 위해 국방비를 대폭 늘렸다. 위성을 통해 소련을 공격한다는 전략방위구상, '별들의 전쟁' 프로젝트도 만들었다. 이런 레이건의 압박에 결국 소련은 버티지 못했다. 그래서 오늘까지 레이건은 소련과의 냉전을 이겨낸 위대한 대통령이라는 평가를 받는다.

그런데 정말로 소련이 망한 이유는 무엇 때문이었을까? 공산주의 경제체제가 더는 작동하지 않기 때문에 망한 것일까? 레이건 대통령의 압박에 더는 견딜 수 없기 때문에 소련이 해체된 것일까?

사실 소련이 망한 이유는 그런 거창한 이유는 아니었다. 원유가격이 떨어졌기 때문이다. 1980년대 초반까지 1배럴에 70달러까지 하던 유가는 1980년대 말에는 10달러대까지 폭락한다. 원유가격의 폭락은 우리나라 같은 석유 수입국에는 하늘에서 내려준 축복이었다. 우리나라는 1980년대에 급속도로 경제성장을 했는데, 경제성장을 이끈 주역이 바로 국제 원유가격의 하락이었다. 우리나라는 원유 수입으로 막대한 양의 달러를 지출한다. 그런데 원유가격이 낮아지면서 많은 달러를 지출하지 않고서도 원유를 보유할 수 있게 되었다. 저금리, 저물가, 저유가의 삼저三低 현상은 당시 우리나라의 단군 이래 최대 호황이라는 성장을 이끌었다.

원유가격 폭락은 우리나라 같은 원유 수입국에는 횡재였지만, 소련 같은 원유 수출국에는 재앙이었다. 소련의 주된 수출품은 원유와 가스로, 수출에서 석유와 가스가 차지하는 비중이 거의 50%에 달했다. 그런데 1980년대에 이 중요한 수입원인 원유와 가스의 가격이 거의 칠분의 일까지 폭락한다. 수출에서 벌어들이는 돈이 거의 반타작이 날 정도로 심각한 타격을 입었다. 소련 정부에 돈이 없어졌다.

소련 정부에 돈이 없어지면 단순히 소련만 문제 되는 것은 아니었다. 당시 냉전 체제에서는 미국과 소련이 각각 자기 진영에 있는 다른 국가에 많은 지원을 해주었다. 계속 자신의 편을 들라는 뇌물로 다른 나라에 많은 지원을 했다. 그런데 이런 지원도 돈이 있어야 계속할 수 있다. 유가가 계속 떨어지면서 소련의 재정은 바닥이 났고, 다른 나라에 지원금을 보낼 돈도 없어졌다.

처음에는 소련 국내에서 허리띠를 졸라매서라도 다른 나라를 계속 지원했다. 하지만 그것도 저유가가 장기화되면서 불가능해졌다. 결국, 1980년대 말 소련은 외국에 대한 지원을 모두 끊는다. 자기가 굶어 죽을지도 모르는 상황에서 다른 사람을 계속 돕는 것은 불가능했다.

소련의 위성 국가들의 재정에는 소련의 지원이 큰 비중을 차지했다. 이 위성 국가들은 소련 편이 되는 대신에 서유럽 등 미국 편에 있는 국가들과는 거래하지 않았다. 미국 편 국가들과 무역을 하지 않아도 소련의 지원금이 있어 생활 수준을 유지해갈 수 있었다. 하지만 소련의 지원이 끊기자 이들 국가도 어려워진다. 1980년대 말에 동독, 폴란드, 헝가리 등이 모두 경제 개혁을 한 이유는 소련의 지원이 끊기면서 자국의 경제가 어려워졌기 때문이다. 소련의 지원을 받지 못하면 소련의 위성국으로 있을 필요가 없다. 그래서 이들 국가는 소련의 치하에서 벗어나려 했고, 결국 동유럽 공산주의 체제가 무너진다.

우크라이나, 카자흐스탄 등 소련 내의 다른 연합국들도 마찬가지였다. 소련 중앙의 지원을 받으면서 자국의 경제를 운영하고 있었는데, 소련 중앙정부의 지원금이 더 이상 오지 않는다. 원래 이들은 한 국가가 아니었다. 소련이 많은 지원을 해준다고 해서 함께 연합체제로 있는 것이었다. 소련이 더 이상 지원을 해주지 않는다면 소련이라는 연합체에 소속될 이유가 없다. 소련 연합국들은 모두 이탈을 하고, 결국 소비에트 사회주의 공화국연방Union of Soviet Socialist Republics 자체가 없어진다.

사실 1970년대에 소련이 그렇게 잘나간 이유는 그 당시 유가가 높았기 때문이다. 1974년, 1979년 두 차례 석유파동을 겪으면서 세계 유가가 폭등했다. 석유와 가스의 주요 생산국인 소련은 막대한 수입을 얻을 수 있었고, 이 돈으로 세계 각국의 환심을 얻을 수 있었다. 미국과 군비 경쟁을 할 수도 있었고, 세계 각국에 지원금을 더 줄 수도 있었다.

하지만 1980년대에 원유가격이 폭락하면서 그 지원금을 모두 깎아야 했다. 처음부터 끝까지 계속 100만 원의 지원금을 주었다면 위성국들도 별로 불만은 없었을 것이다. 하지만 처음에는 100만 원씩 지원금을 받다가, 1970년대 원유가격이 높을 때는 200만 원의 지원금을 받았다. 그 높아진 지원금에 따라 지출을 늘려 놓았는데, 1980년대 원유가격이 폭락하면서 지원금도 함께 줄었다. 늘어난 지원금에 맞춰 지출 계획을 짰던 위성국도 망하게 되는 사태가 발생했다. 1970년대 고유가가 1980년대 저유가로 바뀌면서 소련의 발목을 잡게 된 것이다.

1991년 소련의 붕괴, 그리고 공산주의의 붕괴가 자본주의의 승리

때문이었을까? 정말로 자본주의가 공산주의-사회주의에 승리한 것이라면 지금 자본주의의 한계점과 자본주의의 문제점에 대해 떠들어대지 않을 것이다. 사회주의에서 중요시하는 복지를 증가시켜야 한다는 논리도 나오지 않을 것이다. 빈부 격차를 줄여야 하고, 더욱 평등한 사회를 만들어야 한다는 사회주의의 기본개념은 지금도 계속 논의되고 있다. 소련의 붕괴는 사회주의의 붕괴가 아니었다.

그러면 레이건 대통령의 강한 미국 정책이 소련을 붕괴시켰나? 아무리 미국의 압박이 강해졌어도 원유가격이 그렇게 내려가지만 않았다면 소련은 아무 문제 없었을 것이다. 원유가격만 정상 수준에서 유지되었다면 소련 위성국들도, 소련 내 연방 국가들도 소련을 버리지 않았을 것이다. 소련을 망하게 한 가장 주된 원인은 원유가격의 하락이었다.

하지만 45년의 냉전을 끝내게 한 것이 원유가격 하락이라면 너무 멋이 없다. 그것보다는 공산주의에 대한 자본주의의 승리, 혹은 레이건 대통령으로 대표되는 미국의 승리로 말하는 것이 더 극적이다. 그래서 원유가격 하락의 문제는 소련 해체 과정에서 잘 이야기되지 않는다.

근대 민주주의는
왜 서양에서 발전했을까?

_서양의 군주제와 동양의 군주제

근대 민주주의는 왜 서양에서 발전했을까? 일반적으로 서양에서는 그리스 아테네 전통이 있어서 민주주의를 할 수 있었다고 말한다. 물론 고대 그리스 아테네에서는 민주주의 제도가 있었다. 하지만 그것은 천 년도 더 이전의 일이다. 그것이 18세기 이후 근대 민주주의 성립의 직접적인 원인이라고 말하기는 힘들다. 서양은 군주제였고 동양도 군주제였다. 그런데 군주제에서 민주 공화정으로의 변화는 왜 서양에서 먼저 일어났을까? 만약 서양 민주 공화정의 영향이 없었더라도 동양사회에서 자생적으로 왕이 없어지는 변화가 일어날 수 있었을까?

서양에도 군주가 있었고 동양에도 군주가 있었지만 두 제도에는 차이가 있다. 동양 군주가 훨씬 더 전제적이었다. 중국의 황제, 한국의 왕은 할 수 없는 게 없었다. 사회의 어떤 부분에 대해서도 간여를 하고 명령을 할 수 있었다. 왕의 명령에 대해 그 국가의 모든 사람은 따라야 했다. 따르지 않으면 바로 잡혀가거나 처벌을 당했다. 왕의 명령이 옳은가, 그른가, 타당한가, 잘못된 것인가에 대해서는 논란이 있었다. 하지만 설사 왕의 명령이 그르다고 하더라도 반항할 수는 없었다. 왕의 명령은 절대적이었다.

하지만 서양의 군주는 그렇지 않다. 왕의 명령이 절대적이었던 것은 맞다. 하지만 왕이 사회 모든 부문에 대해서 마음대로 명령할 수 있었던 것은 아니었다. 설사 왕이라 하더라도 건드릴 수 없는 영역이 있었다. 가장 대표적인 것이 교회이다. 교회는 로마 교황 소속이다. 왕의 명령에 따르지 않아도 되었다. 그런데 당시 교회는 모든 생활의 중심이었다. 모든 동네에는 한가운데에 교회가 있었고, 모든 주민이 거의 의무적으로 교회에 갔다. 유럽에서 교회는 단순히 예배를 보는 곳이 아니다. 태어나서 세례를 받는 것부터 결혼식, 장례식이 모두 교회에서 이루어졌다. 즉 교회는 사람들의 생활 전반에 걸쳐 영향을 끼쳤다. 사람들의 사생활은 교회와 더 많은 연관이 있었다. 하지만 교회의 일에 대해서는 왕이 이래라저래라 할 수가 없었다.

서양에서 왕은 공식적인 사항이나 제도적인 사항 등에 대해서는 많은 영향을 끼칠 수 있었지만, 국민의 사생활에 대해 간여하는 데는 한계가 있었다는 뜻이다. 동양에서는 왕이 사생활에 대해서도 간여하고 명령할 수 있는 권한이 있었지만, 서양에서는 왕이 사생활에 대한 것, 특히 종교 생활과 관련된 것은 명령할 수 없었다.

서양에서 절대 왕정이 들어서면서 왕의 권한이 훨씬 세졌다. 교회에 대해서도 많은 영향력을 행사할 수 있게 되었지만 그래도 동양에서의 왕의 권한과는 차이가 컸다. 공식적으로는 간여할 수 없지만, 실질적으로 간여하는 것과 공식적으로도 간여할 수 있는 것 사이에는 큰 차이가 있는 것이다.

또 동양과 서양은 군주와 신하 사이의 관계에서도 큰 차이를 보였다. 동양에서 군주와 신하 사이는 절대적인 복종관계이고 상하관계이다. 신하는 왜 왕을 따라야 하는가? 그건 왕이기 때문이다. 이유가 없다. 왕이기 때문에 무조건 충성을 바쳐야 한다. 왕이 잘하면 따르고 왕이 잘못하면 따르지 않는 것이 아니다. 무조건 충성을 해야 하고, 왕에게 충성을 다하지 않고 배반하면 반역이 되었다. 먼저 잘못한 것이 왕이라 해도 신하는 배반하면 안 된다. 신하는 왕에게 신의를 지켜야 하지만 왕은 신하에게 신의를 지키지 않아도 된다.

물론 왕이 신하에게 신의를 지키지 않으면 나쁜 왕이 되고 신하의 불만을 사는 왕이 된다. 하지만 그렇더라도 신하가 왕에게 대들면 안 된다. 신하가 왕을 비난하고 배반할 권리는 처음부터 주어지지 않았다. 그리고 왕은 신하를 선택할 수 있지만, 신하는 왕을 선택할 수 없다. 그 나라에 태어난 사람은 무조건 그 나라의 왕에게 충성을 바쳐야 한다.

하지만 서양에서 군주와 신하의 관계는 그렇지 않았다. 서양에서 군주와 신하 사이는 계약관계이다. 군주와 신하 사이에는 서로 각자 어떤 권리가 있고 어떤 의무가 있는지가 계약으로 정해진다. 그리고 군주도 그 계약을 지켜야 했다. 만약 군주가 그 계약을 지키지 않으면 신하는 군주를 떠날 수 있는 권리가 있었다.

가장 일반적인 계약은 보수계약이다. 군주는 신하에게 얼마의 보수를 주기로 약속한다. 그런데 그 약속을 지키지 않으면 신하는 군주를 떠날 수 있었다. 군주를 욕하고 또 배반할 수 있었다. 하지만 동양사회에서는 왕이 봉급을 제대로 지급하지 않는다고 왕을 욕하면 바로 사형을 당한다. 보수를 제대로 주지 않았다고 왕을 배반한다는 것은 동양사회에서 상상할 수 없는 일이었다.

또 군주는 지방 영주를 보호해야 할 의무가 있었다. 그 대가로 지방 영주의 충성을 받는다. 만약 외적이 침략해서 지방영주가 위험에 빠졌는데 군주가 도우러 오지 않으면 지방 영주는 침략군에게 항복해도 됐다. 군주가 먼저 의무를 저버린 것이기 때문에 이 지방 영주는 배반자가 되지 않는다. 하지만 동양사회에서 외적의 침입이 있는데 왕이 도와주러 오지 않았다고 항복을 하면 역적이 된다.

무엇보다 서양에서는 신하가 자기가 누구를 섬길 것인가를 선택할 수 있었다. 왕이 자기 마음에 들지 않으면 섬기지 않을 자유가 있었다. 콜럼버스는 서쪽으로 항해하고자 하는 계획을 세우고 먼저 포르투갈 왕을 찾아갔다. 그런데 포르투갈 왕이 그 제안을 받아들이지 않자 스페인 왕을 찾아갔다. 이런 식으로 자기 의견을 받아들일 수 있는 왕을 신하가 선택할 수 있었다. 하지만 동양사회에서는 이런 식의 행동이 용납될 수 없었다. 조선에서 왕이 자신의 의견을 받아들이지 않는다 하여 일본의 왕을 찾아가서 제안하는 행동은 용납될 수 없다. 의견이 받아들이지 않는다고 해서 다른 왕을 찾아가는 것 자체가 역적 행위이다.

왕과 영주 간 관계만이 아니라 영주와 기사와의 관계도 마찬가지이다. 영주는 기사가 자기 부하라고 해서 마음대로 할 수 있었던 것은 아니다. 기본적인 계약관계는 지켜야 했다. 영주는 기사를 제대로 대우하는 한도 내에서만 기사에게 충성을 요구할 수 있었다. 영주가 기사에게 아무리 잘못한다 해도 무조건 기사가 영주에게 충성해야 하는 것은 아니었다.

일본의 봉건제와 유럽 봉건제의 가장 큰 차이도 이 점이다. 일본은 다른 동양 국가와 달리 다이묘의 봉건제 체제를 가지고 있었다. 하지만 일본이 봉건제라 해서 서양사회에 더욱 가까웠다고 생각하면 오해이다. 일본의 사무라이는 자기 주군을 선택할 권리가 없었다. 자기가 태어난 번의 주군에게 충성을 바쳐야 했다. 그리고 자기 번의 주군이 마음에 들지 않는다고 해서 다른 번의 번주를 주군으로 섬길 수도 없었다. 일본의 봉건제는 조그만 영토의 왕들이 많았던 것이지 서양의 봉건제와 유사한 것은 아니다.

또 서양에서는 왕이라 해도 자기가 진 빚은 갚아야 했다. 채무를 갚아야 하는 것은 모든 사람이 당연히 해야 하는 것이다. 왕이라 해도 그 의무에서 벗어날 수 없었다. 왕은 돈이 부족하면 금융업자나 부자들에게 돈을 꾸었고, 꾼 돈은 갚아야 했다. 왕이 정 갚을 수 있는 돈이 없으면 돈 대신 다른 권리를 주는 방향으로 해결했다. 앞으로 세금을 내지 않아도 된다든지, 어떤 사업을 할 수 있는 권리를 준다든지, 돈을 빌려준 도시에 자유를 준다든지 하는 방법으로 부채를 해결했다. 하지만 동양에서는 왕에게 꾼 돈을 갚으라고 재촉하는 것은 자기 목숨을 내놓는 짓이다. 아니, 애당초 동양에서는 왕이 돈이 부족하다 하여 다른 사람에게 꾸는 행동 자체를 하지 않는다. 동양의 왕은 그냥 부자의 재산을 몰수해서 자기 재산으로 만들었지, 부자에게 돈을 꾸는 행동을 하지 않았다. 서양에서는 아무 이유 없이 다른 사람의 재산을 빼앗는 것은 금기 사항이었다. 설사 왕이라 해도 그런 짓을 하면 안 되었다. 그래서 서양의 왕은 부자로부터 돈을 빌렸지 그 재산을 그냥 몰수하지는 않았다. 하지만 동양에서는 그런 제약이 없었다. 왕이 필요하면 세금을 올리고 부자의 재산을 몰수했다. 왕이 체면 상하게 다른 사람에게 돈을 꾸는 짓은 하지 않았다.

이런 식으로 서양의 왕과 동양의 왕은 달랐다. 겉으로 보이는 위엄은 비슷했지만 실질적인 권력 측면에서는 많은 차이가 있었다. 서양의 절대 왕정이 끝나가던 시절, 서양의 왕들은 자기 의무를 다하지 못했다. 그래서 국민들이 들고 일어나 왕을 내쫓았다. 다른 왕을 내세워도 계속 왕의 의무를 제대로 해내지 못하자 군주제 자체를 폐지했다.

동양에서 자생적으로 왕정이 폐지되고 공화정이 될 수 있었을까? 동양의 군주제는 절대적이었다. 서양의 군주와 권한 면에서 상대가 되지 않았다. 다른 왕정으로 변화될 수는 있어도 군주제 그 자체가 폐지되기는 어려웠을 것이다.

공산주의를 무너뜨린
88 서울 올림픽

20세기 후반은 냉전의 시대였다. 미국과 소련이라는 양대 강대국의 전쟁이었다. 그런데 사실 냉전은 미국과 소련이라는 두 나라 사이의 전쟁만은 아니었다. 자본주의 국가와 공산주의 국가 간의 전쟁이었다. 미국은 자본주의 국가를 대표했다. 영국, 프랑스, 서독, 일본, 한국 등의 나라가 이들 편이었다. 그리고 소련은 공산주의 국가를 대표했다. 동독, 폴란드, 헝가리 등 동유럽 국가와 중국, 베트남, 북한 등이 이들 편이었다. 아프리카 국가들과 아메리카 국가들도 자본주의의 미국 편과 공산주의의 소련 편으로 나뉘었다. 인도를 중심으로 미국 편도, 소련 편도 아닌 제3세력을 주장하는 목소리도 있었지만 제3세력의 힘은 크지 않았다.

공산주의 세력은 1989년에 동독이 무너지면서 와해되기 시작한다. 폴란드는 1989년 4월 공산주의 정권이 무너졌고, 헝가리는 1989년 10월에 공산주의가 무너진다. 그리고 1991년 12월 소련이 해체되면서 냉전은 끝난다. 아직 공산주의 국가로는 중국, 북한, 라오스, 쿠바 등이 남아있지만 공식적으로 공산주의와 자본주의 두 세력 간 냉전은 끝났다.

이 당시 공산주의가 무너진 원인에 대해서는 많은 이야기가 있다. 우선 공산주의의 비효율이 거론되고, 독재정권의 문제점도 이야기된다. 국민들의 요구를 무시하는 정권의 문제점, 평등을 주장하지만 실질적으로는 계급적으로 운영되는 내부 사회 질서도 큰 문제로 지적된다. 하지만 그 당시 공산주의 국가들의 주된 변화 이유는 소련 서기장인 미하일 고르바초프Mikhail Gorbache의 '페레스트로이카'와 '글라스노스트'로 대표된다. 고르바초프는 1985년 소련 서기장에 취임한다. 그는 소련의 개혁과 개방을 주장한다. 페레스트로이카는 정치 개혁을 의미하고 글라스노스트는 경제 개방을 의미한다. 고르바초프는 그동안 폐쇄적으로 운영되던 공산주의 체제에 개혁과 개방을 주장함으로써 공산주의 국가의 변화를 끌어내었다고 평가된다.

고르바초프의 개혁과 개방 정책이 당시 변화를 이끈 주된 원인이었던 것은 맞다. 1989년 동유럽 국가들 사이에서 시민들의 시위가 일어나 공산주의 정권들이 차례로 무너질 때 소련이 군사력으로 시위를 진압하지 않은 것은 고르바초프의 개혁, 개방 정책 때문이었다. 동유럽 공산주의 국가들에는 1960년대에도 시위가 있었다. 공산주의 정권이 위험에 처하자 당시에 소련은 탱크부대를 파견해서 시위를 진압했다. 하지만 1989년 동유럽 국가들에서 시위가 발생했을 때 소련은 군대를 파견하지 않았다. 만약 이때도 소련이 군대를 파견했다면 동유럽에서 공산주의 정권들이 한 번에 와르르 무너지는 일은 발생하지 않았을 것이다.

고르바초프의 개혁과 개방 정책 때문에 공산주의 국가들이 변화할 수 있게 된 것은 맞다. 그런데 시민들의 시위, 고르바초프의 개혁과 개방 정책이 동유럽 정권들이 무너지는 데 큰 역할을 한 것은 사실이지만, 동유럽 공산주의 국가들이 공산주의를 포기하고 자본주의를 도입하게 된 주원인이라고까지는 보기 어렵다. 사실 개혁과 개방이 특별한 이야기는 아니다. 우리나라에서도 정권이 바뀔 때마다 개혁을 이야기한다. 또 경제적 어려움이 있을 때마다 개방을 이야기한다. 개혁과 개방을 하다가 정권이 교체될 수는 있다. 하지만 보통 국체는 그대로 있고 정권만 바뀐다. 자본주의 국가에서 개혁과 개방으로 정권이 바뀐다고 해서 공산주의 국가가 되는 것이 아니다. 계속 자본주의 국가로 있으면서 정권만 바뀐다. 그동안 공산주의 국가에서도 꾸준히 개혁이 있었다. 하지만 정권이 바뀔 뿐이지 공산주의에서 자본주의로 바뀌는 것은 아니다. 정권이 무너진다고 할 때는 보통 정권을 가진 주체가 바뀌는 것이다. 독재자가 지배하는 국가의 경우 독재국가에서 민주국가로 바뀌기도 한다. 하지만 그렇다고 공산주의가 자본주의로, 자본주의가 공산주의로 한순간에 바뀌는 것은 아니다.

1989년 공산주의 붕괴는 단순히 고르바초프의 개혁과 개방 때문은 아니다. 동유럽 국가의 시위에 의한 것도 아니다. 이러한 일이 정권 붕괴의 원인은 될 수 있다. 하지만 공산주의 국가가 오십 년 가까이 유지해 온 공산주의를 버리고 자본주의를 택한 주원인이 될 수는 없다. 이때 동유럽 국가들이 공산주의를 버린 주된 원인은 공산주의의 비효율 때문이었다. 그런데 공산주의의 비효율을 직접 느끼게 했던 사건이 바로 1988년 서울 올림픽이었다. 1988년 서울 올림픽은 동유럽 국가들이 공산주의를 버리는 결정을 하도록 한 직접적인 원인이 되었다.

공산주의와 자본주의는 사실 정치 체제가 아니다. 경제체제다. 민주가 좋으냐 독재가 좋으냐는 정치 체제에 대한 이야기이다. 그러나 공산주의가 좋으냐 자본주의가 좋으냐는 어떤 경제체제를 채택하면 더 국민이 잘살 수 있는가 하는 문제이다.

자본주의 국가는 국민의 경제활동에 자유를 주고, 기업 활동을 활성화하면 더욱 잘살 수 있다고 했다. 공산주의 국가는 국민에게 경제활동의 자유를 주면 혼란만 발생한다고 했다. 특히 기업은 자기 이익만 밝히는 이기적 존재들이기 때문에 기업에 자유를 주면 일반 국민은 오히려 못살게 된다고 했다. 그래서 기업이 사업 활동을 하면 안 되고, 국가가 직접 사업 활동을 한다.

미국은 자본주의를 채택하면 국가가 잘살게 된다며 다른 나라에도 자본주의를 채택하라고 설득했다. 또 소련은 공산주의를 채택하면 국가가 더 잘살게 된다고 다른 나라들을 설득했다. 아프리카, 아시아, 아메리카의 여러 나라는 자기들이 생각하기에 국가가 더 부강해질 수 있다고 생각되는 경제체제를 선택했다. 사실 이때 자본주의를 선택한 국가보다 사회주의를 선택한 국가들이 더 많았다.

1970년대까지 전 세계적으로 자본주의 국가보다 사회주의 국가가 더 많았다. 자유롭게 경제활동을 하는 것보다 국가가 개입해서 조정하는 것이 더 나은 것으로 여겨졌기 때문이다.

1945년부터 냉전이 시작되면서 자본주의가 옳으냐 공산주의가 옳으냐 하는 경쟁이 시작되었다. 미국은 자기 편 국가들에 많은 원조를 하면서 자본주의 국가가 발전할 수 있다는 것을 보여주려 했다. 마찬가지로 소련도 자기 편 국가들을 원조하면서 공산주의 국가가 발전할 수 있다는 것을 증명하려 했다. 그런데 몇십 년이 지나도 눈에 띄게 발전한 국가가 나오지 않았다. 아시아, 아프리카, 아메리카, 전 세계 어디에서도 자본주의를 채택한 국가든 공산주의를 채택한 국가든 똑같이 못사는 상태였다.

폐허에서 일어나 선진국이 된 국가가 있기는 했다. 독일과 일본이다. 하지만 이 두 나라는 원래 강대국이었다. 제2차 세계대전에 패해서 국가가 폐허가 되었던 것이고, 다시 예전의 위상을 되찾았을 뿐이다. 보다 잘살기 위해서 자본주의가 좋은가 공산주의가 좋은가를 판단하기 위해서는 이전에는 못살았지만, 이제는 잘살게 된 예가 필요했다. 하지만 그런 예가 나오지 않았다. 1960년대 북한처럼 한 십 년 빠르게 성장한 국가는 있었지만, 곧 한계에 부딪히곤 했다. 후진국에서 선진국까지는 고사하고 후진국에서 중진국으로 올라간 국가도 나오지 않았다.

전 세계 경제학자들은 선진국이 아니면서 1970년대부터 빠르게 성장하는 국가들을 발견한다. 한국, 대만, 홍콩, 싱가포르였다. 그래서 이 4개국에 신흥공업국NICS:Newly Industrializing Countries, 아시아 네 마리의 호랑이라는 명칭을 붙였다. 이 국가들은 모두 자본주의를 채택한 국가였다.

이 국가들은 1980년대에도 계속 성장했다. 그래서 다른 후진국들에 모범사례로 꼽히게 된다. 아시아 4개국이 모범사례가 되었다고 했지만, 홍콩과 싱가포르는 도시국가이다. 국가 차원에서 이들 도시를 모방하기는 어렵다. 그래서 한국과 대만이 경제발전의 모범이 되었다. 하지만 한국과 대만의 발전 이야기는 전 세계 모두가 알고 있는 이야기는 아니었다. 경제에 관심 있는 사람들, 그리고 아시아 내에서만 알려져 있었다. 유럽에서는 동아시아 작은 나라들에 대해 전혀 관심이 없었다. 그리고 발전했다고 해봤자 얼마나 발전했겠느냐는 생각들도 있었다.

1988년 9월, 서울 올림픽이 열렸다. 1980년에는 모스크바에서 올림픽이 있었고, 1984년에는 미국 로스앤젤레스에서 올림픽이 있었다. 소련이 개최했던 1980년 모스크바 올림픽에는 미국 편 국가들이 참가하지 않았고, 미국이 개최했던 1984년 로스앤젤레스 올림픽에는 소련 편 국가들이 참가하지 않았다. 둘 다 반쪽 올림픽이었다. 1988년 서울 올림픽에는 미국 편 국가, 소련 편 국가들 모두 참석했다. 전 세계 국가가 참여하는 올림픽은 12년 만이었다.

이때 우리나라의 수도 서울의 모습이 전 세계에 생중계된다. 이전에 우리나라가 전 세계 뉴스의 초점이 된 것은 1950년 한국전쟁 때였다. 1950년대에 우리나라는 아무것도 없는 폐허였다. 그런데 1988년 서울은 선진국은 아직 아니라고 하더라도 어엿한 중진국은 되었다. 삼십여 년 사이에 달라진 모습이 너무나 분명하게 보였다.

88 서울 올림픽
서울 올림픽은 12년 만에 동서가 모두 참가한 지구촌의 대결장이었던 만큼 세계신기록 33개, 올림픽신기록 225개가 쏟아져 나오는 등 풍성한 기록을 남겼다. 그리고 '소비에트 연방'이 참가한 마지막 올림픽이었다.

　우리나라의 변화된 모습에 가장 충격을 받은 것은 동유럽이었다. 한국은 1950년대까지 분명히 후진국이었다. 동유럽 국가들에 비할 바가 못 되었다. 그러던 한국이 1988년에는 동유럽보다 발전된 모습을 보인다. 동유럽 국가들이 공산주의 경제체제에서 지낸 약 사십여 년의 세월이 잃어버린 시간이었다는 것, 그리고 자본주의 경제체제에서 더 잘 살 수 있다는 것을 느끼게 된다.

　1988년 가을, 서울 올림픽이 끝나고 1989년부터 동유럽 국가들은 변화를 적극적으로 요구하기 시작한다. 이때 요구한 것은 단순히 정권교체가 아니었다. 공산주의를 버리고 자본주의로 돌아설 것을 요구했다. 그동안은 공산주의에서 잘살 수 있는지, 자본주의에서 잘살 수 있는지를 몰랐다. 영국, 프랑스, 서독 등 자본주의 국가들이 잘사는 것은 알고 있었지만, 이 국가들은 원래 잘사는 국가였다. 자본주의 체제 아래서 못사는 동유럽이 잘살게 된다는 보장은 없었다. 그래서 그동안은 공산주의 시스템을 용인했다. 하지만 자본주의에서 더 잘 살 수 있다는 것이 증명된 이상 공산주의를 채택할 이유가 없는 것이다.

1988년 서울 올림픽은 동유럽에서 공산주의를 버리게 했던 주된 원인이었다. 아마 우리나라가 세계사의 변화에 가장 크게 기여한 것은 바로 이 일일 것이다.

제2장_ 말하지 않는 동양사

아시아는 러일전쟁을
어떻게 보았는가

_사회진화론

19세기 말에서 20세기 초, 전 세계는 제국주의 시대가 된다. 제국주의 시대에는 열강 국가가 있고 열강의 지배를 받는 식민지국들이 있었다. 태국처럼 식민지가 되지 않은 국가가 있기는 했지만 극히 예외적인 경우였다. 아시아, 아프리카, 아메리카 국가들 대부분은 식민지가 되었다. 그리고 열강 국가는 백인종 국가였고, 식민지국은 황인종과 흑인종 국가였다. 그 당시 이렇게 인종별로 열강과 식민지가 구분되는 것에 대해 사람들은 어떻게 생각하고 있었을까?

그 당시 사회적으로 유행하던 관념은 사회진화론이었다. 1858년에 발표된 진화론은 원래 환경에 가장 잘 적응한 생물이 살아남는다는 것이었다. 하지만 진화론은 왜곡·변형되어 우생학, 인종주의를 정당화하는 데 이용되었다. 환경에 가장 잘 적응한 생물이 살아남는다는 것이 아니라, 가장 우수한 생물이 살아남는다는 것으로 변해버렸다. 우수한 생물은 살아남고 우수하지 않은 생물은 멸종되어 사라진다. 뛰어난 우등 생물만 살아남는 게 진화론인 것으로 변화되었다.

원래 진화론에서는 더 많이 진화된 것과 그 생물의 우수성과는 상관이 없다. 바퀴벌레와 모기는 곤충 중에서 가장 오래된 곤충이다. 약 1억7천만 년 전에 현재 모습으로 진화한 것으로 추정된다. 그리고 다른 곤충들은 바퀴벌레나 모기에 비하면 훨씬 최근에 현재 모습으로 진화했다. 하지만 그렇다고 해서 모기가 다른 곤충보다 더 열등하다고는 하지 않는다. 언제 진화했느냐 하는 것이 그 생물의 우수성 수준을 말해주지는 않는다. 하지만 19세기 말, 가장 많이 진화한 생물이 가장 우수하다는 논리로, 진화론 해석의 오류가 발생했다. 더 나중에 진화되어 나온 포유류가 먼저 진화되어 나온 파충류보다 우수한 동물이다. 그리고 생물 중에서 가장 진화가 많이 된 것은 인간이다. 그래서 인간이 가장 우수한 생물로 여겨졌다. 인간이 다른 동물보다 더 우수하다는 것을 과학적으로 증명한 이론으로 사람들은 받아들였다.

이렇게 생물 중에서 인간이 가장 우수하다는 것으로 멈추었으면 그래도 괜찮았을 것이다. 하지만 사회진화론은 여기서 더 나아갔다. 인간 중에서도 좀 더 진화된 것은 백인이다. 그러니 백인이 가장 우수하고 황인종, 흑인종은 백인보다 열등하다고 보았다. 그리고 가장 우수한 백인이 황인, 흑인을 지배하는 것은 당연하다고 보았다. 가장 우수한 종이 열등한 종을 지배하는 것은 자연의 법칙이다. 아직 덜 발달된 황인, 흑인이 백인의 지배를 받는 것은 당연히 그래야 하는 것이다.

독일이 세계를 지배해야 한다는 히틀러의 논리도 이 사회진화론에서 나왔다. 백인이라고 해서 모두 같은 백인이 아니다. 백인 중에서도 아리아인이 가장 우수한 민족이다. 그러니 가장 진화가 많이 되고, 가장 우등한 독일 아리안족이 다른 백인들을 지배하는 것이 당연하다. 이 논리로 히틀러는 다른 유럽을 모두 독일 아래로 복속시키려고 했다. 히틀러는 독일이 다른 나라를 점령하는 것을 침략이라고 생각하지 않았다. 열등한 민족들이 우수한 아리안족의 지배를 받는 것은 당연하다고 여겼다. 그리고 열등한 민족 중에서도 가장 열등한 유대인과 집시는 진화론적으로 볼 때 당연히 멸종되어야 하는 민족이었던 것이고, 그래서 거리낌 없이 죽일 수 있었다.

사회진화론은 백인에 의해서 만들어진 논리였다. 그렇다면 황인종들은 이 사회진화론을 어떻게 생각했을까? 당시 한국인들은 사회진화론의 논리에 대해 찬성했을까 반대했을까?

한국인, 일본인, 중국인 등 그리고 최소한 동아시아인들은 이 사회진화론 논리에 그렇게 반대하지 않았다. 오히려 사회진화론 논리를 받아들이고 찬양했다. 그 이유는 사회진화론을 받아들일 때 동양인의 위상이 그렇게 떨어지는 것이 아니었기 때문이다. 세계에는 백인종, 황인종, 흑인종이 있다. 백인이 가장 우수하다고 하고, 그다음에 우수한 것은 일본인이다. 그리고 그다음이 한국인, 중국인이다. 사회진화론 피라미드에서 한국인은 최고 자리는 아니지만 지구 전체로 보면 그래도 상당히 높은 위치에 있었다. 지구의 대다수를 차지하는 아시아, 중남미 아메리카, 아프리카보다 높은 것이다. 이 위치에 있는 동아시아 사람들에게는 더 배워서 백인을 빨리 따라잡고, 아직 열등한 다른 아시아, 아프리카 민족들을 계몽해 나가야 하는 역사적 사명이 있는 것이다.

이런 사회진화론이 유행했던 1904년, 러일전쟁이 발발했다. 러일전쟁은 단순히 러시아와 일본이 싸운 전쟁이 아니다. 열강 국가와 열강이 아닌 국가와의 전쟁도 아니다. 러일전쟁은 백인종과 황인종이 싸우는 전쟁이다. 그동안 황인종, 흑인종이 백인과 싸워서 이긴 적이 없다. 국지전에서 발생하는 개별적인 전투에서 이긴 적이 있기는 하지만 그것을 가지고 백인 열강 국가가 진 것이라고는 말할 수 없었다. 국가 간 전쟁, 정말 제대로 싸운 전쟁에서 백인이 황인 국가, 흑인 국가에 진 적은 없었다.

백인 국가가 세상을 지배하는 것이 당연하다고 생각하는 이때, 황인 국가인 일본이 백인 국가에 도전장을 내민 것이다. 그것도 그냥 보통 백인 국가가 아니라 세계적 열강 국가인 러시아와 싸운다. 일본과 러시아가 대등한 싸움을 한다는 것 자체가 황인이 백인과 대등하게 싸울 수 있다는 것을 의미한다. 이는 황인이 백인을 거의 따라잡았다는 것, 그동안 백인보다 열등한 인종이었던 황인종이 백인과 대등한 위치에 설 수 있다는 것을 의미한다.

그래서 아시아 국가들은 러일전쟁에서 일본이 우세한 형세를 보이는 것에 열광했다. 동남아시아들도 일본 편을 들었고 중국도 일본 편을 들었다. 그리고 한국도 일본 편을 들었다.

러일전쟁은 일본이 한반도에서 러시아를 물리치고 지배권을 가지려고 일으킨 전쟁이다. 최소한 한국인들은 러일전쟁에서 일본 편을 드는 것이 이상한 일이긴 하다. 하지만 러일전쟁 발생 이후 일본의 대한제국 침략이 노골적으로 드러나기 전까지는 분명 우리나라도 러일전쟁에서 일본의 승리에 도취했던 것 같다. 일본이 러시아를 계속 이기고 있다는 것은 단순히 한 민족이 아니라 황인종 자체의 자존심과 관련된 일이었다. 전 세계 황인종들은 일본의 승리에 좋아했고, 흑인들도 백인인 러시아가 지는 것에 기꺼워했다. 러일전쟁 과정에서 일본은 전 세계로부터 지지를 받았다.

일본이 러시아를 이긴 것은 열강 국가뿐만 아니라 식민지 국가들에게도 충격적인 사실이었다. 백인은 황인보다 월등히 우수한 것이 아니었다. 황인도 백인을 이길 수 있었다. 황인도 노력하고 잘 싸우면 백인을 능가할 수 있었다. 그리고 황인이 백인을 능가한다는 것은 단순히 황인의 우수성을 가리키는 것만은 아니다. 황인이 백인을 능가하면 지구에서 가장 진화한 인종이 황인종이 된다. 그동안은 백인이 더 우수한 인종이라고 생각해서 백인의 세계 지배를 용인했다. 하지만 황인이 백인을 뛰어넘는다면 이제 세상은 황인이 지배해야 한다. 황인이 세계를 지배할 수 있다는 가능성을 제시해 준 사건이 바로 러일전쟁에서 일본의 승리였다.

그리고 러일전쟁에서 승리한 일본은 사회진화론을 기반으로 해서 아시아의 맹주가 되려 했다. 일본은 러일전쟁에서 승리함으로써 일본인이 아시아에서 가장 뛰어난 민족이라는 것을 증명했다고 보았다. 그러니 다른 아시아 민족들은 모두 일본의 지배를 받아야 한다고 주장했다. 일본이 아시아에서 가장 우수한 민족이니 일본인보다 열등한 한민족은 일본의 지배를 받아야 한다. 그리고 중국도 마찬가지로 일본의 지배를 받아야 한다. 그래서 일본은 한국을 병탄하고 중국으로 진출한다. 더 나아가 일본은 대동아공영권을 주장한다. 일본은 제2차 세계대전을 대동아전쟁이라고 불렀고, 아시아 공동체를 만드는 게 전쟁의 목적이었다. 하지만 이 아시아 공동체에는 전제 조건이 있었다. 일본이 지도자여야 한다는 것이었다. 아시아에서 일본이 가장 우수한 민족이니 다른 아시아 민족들은 모두 일본의 지배 아래에 있어야 한다는 것이었다. 일본은 이 논리에 따라 동남아시아 모든 지역을 침탈한다.

제2차 세계대전이 끝난 후, 사회진화론이 가져온 폐해를 모두 인식하게 된다. 사회진화론으로 인해 인종 차별이 당연시되었고, 민족 간 차별도 발생했다. 또 히틀러가 나왔고 일본 군국주의가 정당화되었다. 이런 문제점을 알게 된 후 사회진화론은 폐기처분이 된다. 20세기 초까지 세계 전반을 지배한 사고방식이었지만, 이제는 사회진화론 내용 자체를 이야기하지 않게 되었다.

동양은 과학 기술이 부족해서
서양에게 뒤처진 것일까?

동양은 근대 이후 서양에 유린당하기 시작한다. 청나라는 1839년 발발한 아편전쟁에서 영국에 패하고, 1856년 발발한 애로우호전쟁제2차 아편전쟁에서도 패한다. 일본은 1853년 미국 페리 제독의 함대 앞에 무기력하게 문호를 개방한다. 동양은 그동안 수천 년 동안 독자적으로 높은 수준의 문명을 이룩해왔다. 그런데 이렇게 무기력하게 새로 등장한 서양 국가들에 주도권을 넘겼다.

동양이 이렇게 맥없이 서양에게 당한 이유가 무엇일까? 그 주된 이유는 동양의 과학 기술이 서양보다 낮았기 때문으로 본다. 서양은 대포, 철로 만든 함대로 무장하고 있었다. 하지만 동양은 칼, 창, 화살을 주로 사용했다. 무기의 질이 상대가 되지 않기 때문에 동양은 서양에게 질 수밖에 없었다. 이런 무기뿐만이 아니라 서양은 증기기관으로 대표되는 산업혁명의 기술을 가지고 있었다. 또 자명종, 망원경 등 신기하고 새로운 기기들을 가지고 있었다. 오랜 전통을 가진 동양의 정신세계는 결코 서양에게 뒤지지 않는다. 하지만 과학 기술에서 서양에게 뒤처졌다. 동양이 서양보다 뒤떨어지게 된 것은 과학 기술 때문이다.

그렇다면 정말 근대 동양에 부족했던 것이 과학 기술뿐일까? 과학 기술만 제대로 갖췄다면 서양과 대등하게 싸울 수 있었을까? 그 당시 사실 과학 기술을 따라잡는 것은 그렇게 어렵지 않았다. 과학 기술은 배우면 되고 또 그 결과물은 돈으로 살 수 있다. 조금만 노력하면 서양과 같은 수준의 무기를 보유할 수 있었다. 하지만 서양과 같은 무기를 보유한다고 해서 서양을 이길 수는 없었다. 가장 근본적인 것은 과학 기술이 아니라 정신 부문이었기 때문이다.

청나라는 아편전쟁에서 패하면서 서구 기술을 배워야 한다는 것을 확실하게 깨닫는다. 그래서 1870년대에 유학생들을 서양에 파견한다. 서양의 과학 기술을 배워와서 나라에 도움이 되라고 한 조치였다. 일본도 1868년 메이지 유신 이후 서구 과학 기술을 배워야 한다고 생각했다. 그래서 일본도 1870년대 미국으로 유학생을 보낸다.

청나라 유학생과 일본 유학생은 똑같이 미국으로 유학을 갔다. 이들은 나이도 비슷했고 유학을 떠난 시기도 비슷했기 때문에 미국의 같은 학교에서 공부하는 경우가 많았다. 심지어 같은 집에서 숙식하며 지내는 경우도 많았다. 이들은 미국에서 똑같이 열심히 공부했다. 청나라나 일본이나 똑똑하고, 유망하고, 열심히 노력하는 아이들을 뽑아서 국가 돈으로 유학을 시킨 것이다.

이들은 서양의 과학 기술을 배웠다. 그리고 각자 자기 나라로 귀국했다. 여기까지는 똑같다. 하지만 이다음부터 이들의 인생은 달라지기 시작한다. 일본의 서구 유학생들은 일본의 주요 인재가 된다. 일본은 이들을 적극적으로 활용하고, 이들이 배워온 지식을 사회 곳곳에 적용하기 시작한다. 일본 유학생들은 일본 사회의 주류 세력이 되어서 일본을 근대화한다.

하지만 중국에서는 그렇지 않았다. 비싼 돈을 들여 서양에서 유학을 시켰지만 이들이 귀국한 후 이들을 등용하지 않았다. 이들은 중국 근대화에 기회를 받기는커녕 이후에 어떻게 살았는지 거의 알려지지도 않았다. 중국 철도의 개척자인 잔텐유가 기여한 것이 있을 뿐 나머지 사람들은 모두 사라져버렸다. 중국에서는 이들을 전혀 이용하지 않고 영향력 있는 자리에 앉히지도 않은 것이다.

일본에는 인재들이 있고, 청나라에는 인재가 없었기 때문에 청나라가 계속 망해갔던 것이 아니다. 일본은 과학 기술이 있고, 청나라는 과학 기술이 없었기 때문에 일본은 근대화에 성공하고, 청나라는 근대화에 실패한 것이 아니다. 과학 기술은 똑같이 있었고, 과학 기술을 익힌 인재도 똑같이 있었다. 하지만 청나라는 그 인재들을 전혀 활용하지 않았다. 원래 전통대로 과거에 합격한 사람, 권력자의 추천을 받은 사람들만 관직에 임용되고, 이들만 사회에 영향력을 행사할 수 있었다.

근대 기술의 정점에는 철도가 있다. 그러면 서양은 철도가 있고, 청나라는 철도가 없었기 때문에 근대화에 차이가 났을까? 서양에서 철도가 만들어진 후 청나라도 바로 철도를 수입한다. 서양에서는 철도의 유용성이 인정된 이후 곧바로 전 서구에 걸쳐 철도 건설 붐이 일어난다. 유럽의 모든 도시, 그리고 미국에서도 철도가 건설되기 시작했다.

그런데 청나라에서는 철도가 계속해서 만들어질 수 없었다. 청나라에서 철도가 만들어지기 위해서는 최고 권력자의 허가가 필요했다. 당시 청나라의 최고 권력자는 서태후였다. 서태후가 전국에 철도를 만들라고 해야 건설이 시작될 수 있었다. 서태후에게 철도 건설을 허락받기 위해서는 서태후가 철도를 타보고 좋다고 해야 했다. 그래서 서태후를 위한 철도가 만들어지고, 서태후를 태우고 철도가 운행된다. 이때 서태후가 탄 기차는 나귀와 환관들이 끌었다. 서태후는 기계 소리를 싫어했다. 그래서 증기기관으로 기차를 운행하지 않고 나귀와 환관들이 기차를 끌고 간 것이다. 청나라에 기술이 부족해서 철도가 만들어지지 않은 것이 아니다. 기술은 얼마든지 수입해서 이용할 수 있었다. 하지만 나귀와 환관들이 기차를 끌어야 하는 청나라에서는 철도가 전국적으로 부설되는 것이 불가능했다.

1894년 청일전쟁이 발발했다. 당시 해군 군사력은 청나라가 더 뛰어나다고 보았다. 19세기 말은 배의 크기에 의해서 해군력이 결정될 때였다. 전함의 크기가 크면 배에 실리는 함포도 컸다. 이 주포의 위력에 의해 해군력이 결정되었다. 작은 전함이 아무리 많이 있어도 큰 전함 하나의 상대가 되지 못했다. 그런데 이때 청나라의 주력인 북양 해군은 세계 최대급 전함을 두 개나 가지고 있었다. 정원호와 진원호이다. 청나라는 일본보다 압도적으로 우수한 기술을 가지고 있었던 것이다.

청일전쟁이 시작되려 할 때, 청나라 정부는 자기 군사력을 점검하기 시작한다. 그런데 이때 정원호, 진원호 주포의 포탄이 세 알밖에 없다는 것을 발견한다. 정원호에 세 알, 진원호에 세 알이 아니라, 정원호, 진원호를 합쳐서 세 알이었다.

정원호, 진원호에는 주포가 각각 네 개씩 달려있었다. 즉 포신이 모두 여덟 개가 있었다. 그런데 포탄은 세 개밖에 없다. 포신 여덟 개는 일본 해군을 위협하는 강력한 무기가 아니라 그냥 단순한 장식품이었다. 그리고 포탄이 세 발이면 정원호, 진원호는 각각 한 발, 두 발로 나누어 가져야 한다. 그 한 발을 쏘면 그 배는 더는 포탄을 쏠 수 없는 배가 되어 버린다. 전함이 아니라 일반 수송선이 되어 버리는 것이었다. 감독자는 북양 해군 장교들을 비난했다. 왜 이 지경이 될 때까지 말을 안 하고 있었는가. 해군 장교들의 말은 간단했다. "포탄이 몇 발이 있느냐고 묻지 않으셨습니다."

해군 장교들은 자기들이 잘못했다고는 꿈에도 생각하지 않았다. 포탄이 없다는 것을 속인 것도 아니었다. 포탄이 몇 발이 있느냐고 물었다면 정확히, 솔직하게 대답을 했을 것이다. 그런데 아무도 묻지 않았다. 묻지 않으니 이야기하지 않았다.

북양해군은 주포 포탄이 세 발밖에 없는 상태로 일본과의 해전에 나간다. 일본 함정들이 주포를 쏘아댔지만, 북양 해군은 자잘한 포사격만 하고 주포는 발사하지 않았다. 그러다가 딱 한 발을 쐈다. 그 한 발의 위력은 대단했다. 그 한 발로 인해 일본군이 받은 피해가, 그동안 몇십 발을 맞은 청나라 해군의 피해보다 컸다. 하지만 북양 해군은 주포를 더 쏠 수 없었다. 이제 정원호 한 발, 진원호 한 발의 포탄만 남아 있다. 그 마지막 한 발을 쏴버리면, 정말 정원호, 진원호는 더 이상 아무런 전투 능력이 없다. 그렇게 해서 결국 일본이 승리한다. 일본군은 왜 정원호, 진원호가 주포를 쏘지 않는지 의아해했다. 설마 포탄이 없어서 쏘지 못하는 것이라고는 전쟁이 끝날 때까지 상상도 못 했다.

중국이 과학 기술이 부족해서 서양과 일본에 유린당하였을까? 그렇지는 않다. 설사 처음에 과학 기술이 부족했더라도 이것은 곧바로 따라잡을 수 있다. 일본이 서양을 따라잡고 대등한 위치에 서는 데는 몇십 년 걸리지 않았다. 하지만 정말 중요한 것은 과학 기술이 아니었다. 과학 기술을 사용하고 활용하는 의식의 문제였다. 중국은 과학 기술이 부족하지 않았다. 혹 부족하다 하더라도 몇십 년이면 따라잡을 수 있는 수준이었다. 하지만 정신적인 문제가 계속 발목을 잡은 것이다. 아무리 과학 기술이 우수해도 과학자, 기술자를 활용하지 않는 사회에서는 소용이 없다. 아무리 기관차, 철도라는 신기술이 있어도 그것을 나귀에게 끌게 하면 소용이 없다. 아무리 세계 최고의 전함이 있어도 탄환이 없다는 것을 말하지 않는 관료 체제에서는 소용이 없다. 동양은 이 점이 부족해서 서양에게 유린당한 것이다.

여포와 동탁의
억울한 사연

유비, 관우, 장비, 제갈량, 조조 등이 활약하는『삼국지연의三國志演義』는 역사 소설이다. 실재 인물들과 역사적 사실들을 바탕으로 하고 있기는 하지만 실제 삼국지 역사와는 다르다.『삼국지연의』와 실제 삼국지의 가장 큰 차이는 누가 주인공인가 하는 점이다. 실제 삼국지에서는 조조가 중심인물이고, 조조의 위나라가 정통이다. 하지만『삼국지연의』에서는 유비가 중심인물이고, 유비의 촉나라가 정통인 것처럼 서술되었다. 실제로 유비의 촉나라는 조조에게 상대가 안되는 작은 세력이었는데,『삼국지연의』에서는 유비의 촉나라가 조조의 위나라와 거의 대등한 세력인 것으로 그려진다.

또『삼국지연의』에서는 모든 장수가 영웅화되어있다.『삼국지연의』를 보면 두 나라의 군대가 만나면 바로 적과 싸움에 들어가지 않는다. 각 군대에서 장수들이 나와서 이야기를 하고, 장수들이 군대를 대표해서 맞짱을 뜬다. 조조군과 원소군이 붙을 때도 먼저 관우와 안량이 각 군을 대표해서 나오고, 여기에서 관우가 안량을 벤다. 조조군의 장수가 이기면 이제 그 전쟁은 조조군이 이기게 된다. 이런 식으로 전쟁에서 앞장서서 싸우는 여포, 관우, 장비, 마초, 허저 등이 유명한 장군으로 인정된다.

그런데 전쟁에서 실제로 각 군대의 장군들이 나와서 일대일로 붙지는 않는다. 전쟁은 군사들의 싸움이지, 장군들이 맞짱뜨는 곳이 아니다. 그런데도『삼국지연의』에서 이런 식으로 서술된 것은『삼국지연의』가 원래 원나라 연극을 바탕으로 만들어진 소설이기 때문이다. 연극에서는 두 군대가 싸우는 모습이나 병사들이 엉켜서 칼질하는 모습으로 표현하는 데 어려움이 있다. 관객들에게 보는 재미를 주기 위해서는 장수들이 나와서 서로 이야기를 하면서 일대일로 붙는 게 훨씬 낫다. 군대의 다툼을 장수들의 일대일 대결로 각색했고, 그런 전투 표현 방식이『삼국지연의』에서 그대로 적용되었다.

『삼국지연의』는 소설로서 각색된 부분들이 많기는 하지만 그래도 기본적인 사실들은 역사적 사실을 바탕으로 했다. 그런데『삼국지연의』소설 속에서도, 삼국지 실제 역사 서술에서도 똑같이 부정적으로 묘사하는 인물이 있다. 여포와 동탁이다. 여포와 동탁은 삼국지 첫 부분부터 나온다. 한나라가 혼란에 빠져들게 되는 원인 중 하나가 바로 동탁이다. 동탁은 쿠데타를 일으켜 황제의 자리를 강탈하고, 황제의 이름으로 온갖 횡포를 부린다. 여포는 동탁의 양자로 들어갔지만 나중에 동탁을 배반한다. 이후에도 여포는 끝까지 무도하고 무식한 인물로 묘사된다.

여포는 『삼국지연의』에서 제일가는 무장이다. 『삼국지연의』에서 최고의 장수로 묘사되는 것이 관우, 장비이다. 그리고 장비와 일대 일로 대등한 싸움을 벌인 허저, 마초 등이 있다. 그런데 이렇게 일대 일로 싸워 진 적이 없었던 관우, 장비가 같이 달려들어도 이기지 못한 상대가 바로 여포이다. 여포는 유비, 관우, 장비 세 명이 같이 달려들었을 때나 형세가 불리해서 물러섰지, 다른 일대일 결투에서는 진 적이 없었다. 이렇게 대단한 장수인 여포가 『삼국지연의』에서는 처음부터 끝까지 나쁜 사람으로 묘사된다.

여포가 배반을 한 나쁜 사람이라서 그런 것이라고는 보기 어렵다. 『삼국지연의』는 처음부터 끝까지 배반하는 이야기로 점철되어 있다. 왕윤, 초선은 동탁과 여포를 속이고, 제갈량은 주유, 노숙, 사마의를 속였다. 유비도 계속 거짓말을 하면서 위기를 넘기고, 조조도 황제를 배반한다.

사실 중국 역사에서 뛰어난 사람이라고 하는 사람 대부분은 남을 잘 속이는 사람들이었다. 전쟁에서도 어떻게 상대방을 속여서 함정에 빠뜨리느냐가 중요했고, 협상 과정에서도 다른 사람을 잘 속여 넘기는가가 중요하다. 『열국지』, 『초한지』, 『삼국지』, 『서유기』, 『수호지』 등 중국의 고전들은 상대방을 속이는 이야기가 대부분이다. 그래서 서양 사람 중에서는 이런 책들을 사기꾼들의 책이라고 폄하하는 사람들도 있다. 서양 신사의 윤리는 신뢰, 믿음, 자기가 한 말은 반드시 지키기 등이다. 그런데 중국 역사에는 속이는 이야기가 너무 많고, 또 그런 사기를 칭송하는 경향이 있다.

여포가 다른 사람을 배반한 것은 사실이지만, 삼국지 다른 인물들에 비해 배반을 더 많이 한 것이라고 보기는 어렵다. 그럼에도 불구하고 『삼국지연의』 그리고 『삼국지 정사』에서 여포를 유독 부정적으로 보는 이유 중 하나는 여포가 한족이 아니기 때문이다. 유비, 관우, 장비, 제갈량, 조조, 사마의, 원소 등은 모두 중국 중원 출신이다. 중국의 중심지라 할 수 있는 지금 베이징 지역에서 황하강, 그리고 양쯔강 유역까지의 지역 출신이다. 원래 중국의 영역은 이 지역이다. 지금 중국 땅으로 되어 있는 만주 지역, 몽골 지역, 중앙아시아 지역, 그리고 광둥성 등 중국 남해안 지역은 중국 땅이 아니었다. 그런데 여포는 몽골 지역 출신이었다.

옛날에는 같은 나라 사람이라 하더라도 말이 통하지 않는 경우가 많았다. 한국에서는 지금도 서울 사람이 경상도 토박이 사투리를 잘 못 알아듣는다. 삼국시대 때 백제와 신라 사신들은 그래도 통역 없이 대화를 했지만 고구려 사람들과는 통역을 이용했다는 기록이 있다. 중국은 지금도 베이징어와 상하이어, 광둥어 등이 따로 있다. 방송 등으로 베이징어를 보급하려 그렇게 노력하지만 베이징에서 먼 지역은 베이징어를 이해하지 못한다.

삼국지의 다른 주인공들은 모두 중국 중원 사람들이다. 그런데 여포는 몽골 출신이다. 서로 제대로 된 대화도 안 되고 이해하기도 어려웠다. 무엇보다 중원 사람들에게 여포는 이민족 출신이고 이질적인 사람이다. 여포가 아무리 무장으로서 뛰어났다고 하더라도 절대 중원 사람들에게 인정받을 수 없었다.

동탁도 마찬가지이다. 동탁은 중국의 동쪽 끄트머리 지역 출신이다. 이 지역은 한족이 아니라 후이족이 중심적인 지역으로 몽골과 가깝다. 동탁이 여포와 양자 관계를 맺은 것은 이 둘이 비교적 가까운 지역 출신이기 때문이다.

『삼국지연의』에서 동탁은 스스로 권력을 잡으면서부터 출현하기 시작한다. 그리고 죽을 때까지 부정적으로만 묘사된다. 그런데 『삼국지 정사』에서 동탁에 대한 묘사는 희한하다. 동탁이 권력을 잡기 전에는 굉장히 뛰어난 사람이고 훌륭한 장수로 나온다. 그런데 권력을 잡고 난 후 천하의 무도한 사람으로 서술된다. 동탁이 권력을 잡기 전과 후의 서술 톤이 완전히 다르다.

동탁은 중원 출신이 아니다. 중원 출신이 아닌 동탁이 한나라를 위해 공을 세우면 좋은 일이다. 그래서 동탁에 대해 좋게 서술한다. 하지만 중원 출신이 아닌 외부인이 막상 중국을 접수하면 이야기가 달라진다. 동탁은 중국인을 위해 일을 해야지, 중국을 정복하면 안 되는 것이다.

『삼국지연의』의 주요 등장인물 중에서 중원 출신이 아닌 사람은 여포, 동탁, 곽사, 이각 등이다. 이들은 모두 삼국지에서 처음부터 끝까지 나쁜 사람으로만 나온다. 이들은 나쁜 짓을 했고 다른 등장인물들은 나쁜 짓을 하지 않았기 때문에 이들이 비난받는 것이라면 타당할 수 있다. 하지만 삼국지의 다른 등장인물들도 모두 다 배신을 하고, 학살을 하고, 아무 이유 없이 다른 사람들을 죽이는 등 나쁜 짓을 했다. 삼국지에서 가장 훌륭한 인격으로 칭송받는 관우도 원래 사람을 죽여서 고향을 떠났고, 다른 지방을 돌아다니다가 유비, 장비를 만났다. 관우조차 전쟁터가 아닌 곳에서 사적인 감정으로 사람을 죽인 살인자였던 것이다. 그럼에도 불구하고 이들의 잘못을 물고 늘어지지는 않는다. 단지 여포, 동탁, 이각, 곽사 등에 대해서만 이들의 잘못한 점을 물고 늘어졌다. 이민족 출신, 중국 외곽 출신들을 중국 중원 출신들은 끝까지 받아들일 수 없었던 것이다. 중국 역사는 항상 한족 중심주의이다. 중원이 아닌 주변 지역에 사는 사람들은 모두 오랑캐이다. 한족이 아닌 사람들, 오랑캐들은 인정하지 않는다. 중국에서의 역사 서술은 모두 이런 한족, 중원 중심주의가 깔려 있다. 중국 역사에서 나쁜 사람이라고 알려진 인물이 진짜 나쁜 인물인지, 아니면 중원 출신이 아닌 오랑캐인지를 파악할 필요가 있다. 중국에서 오랑캐는 항상 나쁜 사람이고 비난을 받는 존재이다. 아무리 공을 세웠어도 그런 식으로 결론이 난다. 여포와 동탁은 실제 그렇게 나쁜 사람이 아니었을 것이다.

그리고 사실 중국의 한족 중심주의도 그 근거는 적다. 중국 고대 왕조는 하, 은, 주로 시작된다. 그런데 하나라는 전설로 전해지는 왕조이고, 실제 역사상 확인되는 왕조는 은부터이다. 그런데 은나라는 한족의 국가가 아니다. 동이족의 국가이다. 중국의 한자 등을 만든 것은 은나라이다. 즉 한자는 원래 한족의 문자, 문화가 아니었다. 한족의 나라는 주나라로부터 시작된다.

그리고 주나라, 한나라 이후 한족이 지금의 중국민족도 아니다. 중국 위진남북조 시대 때 북방 민족이 중국 중원을 차지했다. 이때 중국 중원에서 살아가는 민족은 한족에서 북방 민족으로 바뀐다. 그 이후 한족이라는 말을 계속 사용하기는 하지만, 사실 민족 구성

원은 완전히 달라졌다. 당나라, 송나라 이후의 한족은 주나라, 한나라의 한족과 달리 원래 북방민족들이다. 한족은 시대에 따라 다른 민족들이다.

법보다 '꽌시'

_중국인의 꽌시 문화

중국에서는 '꽌시'가 중요하다. 꽌시는 인간관계를 말한다. 상대방과 얼마나 친한지는 이 꽌시에 의해서 결정된다. 중국은 법, 제도보다는 꽌시에 의해서 일이 진행된다. 꽌시가 좋으면 일이 잘 진행되고, 꽌시가 안 좋으면 되는 일이 없다. 사업허가를 받으려고 할 때 법에서 규정된 서류를 모두 가지고 가도 통과가 잘 되지 않는다. 하지만 담당 공무원하고 꽌시가 있으면 서류가 조금 부족해도 처리가 된다. 그래서 중국에서 사업을 할 때는 꽌시가 중요하다. 꽌시는 한두 번 만나서 이루어지는 것이 아니다. 계속 만나야 하고 지속적으로 인간관계를 쌓아야 한다. 한국 사람들, 그리고 중국에 진출한 외국인들도 이제는 꽌시의 중요성을 안다. 그래서 중국인들과 꽌시를 형성하기 위해서 많이 노력하기도 한다.

그런데 사실 상대방과의 인간관계에 의해서 일이 진행되는 것은 중국만이 아니라 다른 개도국에서도 마찬가지이다. 특히 후진국에서는 인간관계에 따라 일이 결정되는 측면이 강하다. 다른 나라를 볼 것 없이 한국의 과거인 조선 시대, 독재정권 시절이 그랬다. 권력자, 담당자와 친하면 법이 어떻게 되어있든 간에 이권을 챙길 수 있었다. 죄를 지어도 감옥에 가지 않고 빠져나올 수 있는 길이 있었다. 인간관계에 따라 일의 진행 여부가 달라지는 것은 선진국이 아닌 국가들의 특징이다.

하지만 중국의 꽌시는 다른 나라에서 인간관계라고 하는 것들과는 근본적인 차이점이 있다. 꽌시가 있는 사람들끼리는 서로 도와야 한다. 꽌시가 없는 사람들과의 다툼이 있을 때는 무조건 꽌시 있는 사람 편을 들면서 서로 돕는다. 그리고 가장 중요한 점은 국가, 사회와의 관계보다 꽌시가 더 중요하다는 것이다. 국가와의 다툼이 있을 때도 국가보다 꽌시가 더 중요하다. 국가 전체의 이익보다 꽌시의 이익을 더 중시해야 한다. 국가에 대항해서라도 꽌시의 관계를 유지하고, 꽌시 관계에 있는 사람을 보호해야 한다. 중국의 꽌시는 원래 아는 사람들끼리 잘 지내자는 의미로 시작된 것이 아니다. 국가로부터 자기 자신을 지키기 위해서 만들어진 것이 꽌시 관계이다. 그래서 꽌시는 국가에 적대적일 수 있다. 그것이 중국인들이 지니고 있는 원래 의미의 꽌시이다.

중국 역사의 특징은 일반 국민이 국가로부터 받는 이익이 없었다는 점이다. 중국에서 국가는 국민을 항상 수탈하기만 했다. 어떤 도움도 준 적이 없다. 서양에서 국가는 그런 식으로 국민을 수탈하기만 하는 존재는 아니었다. 기본적으로 서양 국가들은 국가와 국민 간의 계약으로 국가 관계를 설명한다. 국가는 국민을 외적의 침입 등으로부터 보호한다. 그 대가로 국민은 국가에 세금을 내고 충성을 한다. 만약 국가가 국민을 제대로 보호하지 못하면 국민은 충성 계약을 깰 수 있다. 세금을 내지 않는다거나 들고 일어날 수도 있다.

그래서 서양의 국가는 국민들에게 무언가를 해주어야 했다. 외적의 침입으로부터 보호하고, 도로나 다리를 만들어주는 등 공공서비스를 제공해야 했다. 치안에도 신경을 써야 했다. 이런 서비스를 제공하고 그 대가로 세금과 충성을 받았다. 국가가 일방적으로 국민을 수탈한다는 개념은 아니었다.

일반적인 동양 국가도 그렇다. 국민이 세금을 내고 국가에 충성을 하는 대신 국가는 국민을 위해서 무언가를 계속 해주어야 한다. 어떤 지역에 흉년이 들어서 백성들이 먹을 식량이 떨어지면 국가가 먹을 것을 보태주어야 했고, 포졸 제도 등을 운영해서 치안도 유지해야 했다. 또 백성들 간에 분쟁이 벌어지면 지방 사또가 나서서 그 분쟁을 해결해주어야 했다. 아무리 국민으로부터 세금을 많이 짜내는 악명 높은 국가라 해도 국가가 국민에게 제공하는 서비스는 있었다.

그런데 중국만은 달랐다. 중국은 국민에게서 세금만 걷어갔다. 그 세금에 대해 어떤 서비스도 제공하지 않았다. 특히 수도에서 먼 변경 지역, 강남 지역은 이런 경향이 특히 심했다.

우선 중국은 외적이 침략하고 반란군이 소요를 일으킨다 해서 바로 국가가 나서서 진압하지 않았다. 중국 중앙 군대가 나서는 때는 이대로 두었다간 외적, 반란군의 힘이 세져서 중앙 정부에 큰 위협이 될 것으로 생각하는 경우만이었다. 자잘한 반란, 외적 침입 등은 보통 내버려 두었다. 그래서 중국에서 반란이 일어나면 지금 우리나라 면적의 몇 배 크기가 될 정도의 영토가 반란군 수중에 떨어질 때가 많았다. 반란이 그렇게 커질 때까지 특별한 조치를 하지 않았기 때문이다. 그사이에 그 지역 주민들은 정부의 어떤 도움도 없이 반란군 치하에서 삶을 꾸려나가야 했다.

그리고 중국 중앙 군대가 왔다고 해서 그들이 주민 편은 아니었다. 반란군은 주민을 약탈하고, 정식 군대는 주민을 보호한 것이 아니다. 똑같이 주민들을 약탈했다. 중국 군대는 보통 현지에서 자기가 먹을 것을 구해야 했다. 정식 군대라 해도 자기가 먹고살기 위해서는 지역 주민들을 약탈해야 했다. 주민 입장에서는 반란군이나, 외적이나, 중국 군대나 똑같은 존재들이었다.

중국의 가장 작은 행정 단위는 촌이었다. 촌이라고 해서 한국에서 말하는 시골 동네 촌락은 아니다. 최소한 오백 가구가 넘고 인구 몇천 명이 같이 사는 단위였다. 조선 같은 경우에는 몇천 명이 사는 곳에는 지방관이 파견된다. 이 지방관이 재판을 하고 치안을 유지하는 등 공공서비스를 제공한다. 하지만 중국에서는 촌 단위에 지방관이 파견되지 않았다. 중국은 넓고 사람도 많았다. 촌 단위까지 관리가 파견되면 관리의 수가 너무 많아진다. 그래서 촌 단위까지는 관리를 파견하지 않고 촌 자체적으로 모든 것을 알아서 하게 했다. 중국 촌에서는 촌장을 뽑고, 이들이 자체적으로 치안을 담당하고 촌의 일을 운영했다. 분쟁이 발생해도 촌 자체적으로 문제를 해결했고, 범죄가 발생해도 촌 자체적으로 해결하는 경우가 많았다. 정부는 세금을 계속 내고 중앙정부에 반항하지 않는 한 촌락의 일에 관여하지 않았다. 즉 정부는 단지 국민에게서 세금만 걷어갔다. 세금을 걷어가는 대가로 어떤 서비스도 제공하지 않았다. 촌 단위까지 중앙정부의 행정력이 미치게 되고, 정부의 서비스가 제공 된 것은 현대 중국에 이르러서이다. 그전까지 중국 국민에게 정부는 자기를 보호해주고 자기를 위해주는 존재가 아니었다. 단지 세금만 걷어가는 해로운 존재였을 뿐이다.

정부가 딱 정해진 세금만 걷어간다면 차라리 나았을 것이다. 하지만 정부는 군대에 필요한 장정을 차출해가고, 세금 외에도 수탈을 했다. 이렇게 수탈을 하면서도 외적의 침입, 이웃 마을과의 다툼 등에 대해서는 모른 척했다. 그래서 중국인들은 자기 자신을 지킬 수 있는 수단이 필요했다. 정부에 대해서 자기 자신을 지킬 수 있는 수단, 다른 적으로부터 자기 자신을 지킬 수 있는 수단을 스스로 만들어야 했다. 그래서 중국인들은 자기가 믿을 수 있는 사람들끼리 단체를 만든다.

이런 단체는 보통은 자기와 같은 동네에 사는 사람들과 만든다. 하지만 자기 동네를 벗어나서 활동해야 하는 사람들도 있다. 상업을 하는 사람, 무역을 하는 사람은 다른 지역 사람들하고도 연대를 해야 한다. 그런 식으로 만들어진 것이 삼합회, 청방, 홍방 등 각종 단체들이다. 그리고 이들 단체들 내부의 관계가 바로 원래의 꽌시이다.

이런 단체의 목적은 국가, 다른 사람들로부터 자기 자신을 보호하는 것이다. 그렇기 때문에 단체 이외의 사람들과 분쟁이 생기면 그 이유가 무엇이든지 간에 자기 단체 사람들의 이익을 보호한다. 이들 단체가 다른 사람들, 특히 외국인의 눈에 범죄 조직처럼 보이는 것은 그 때문이다. 이들은 누가 옳고 그른가에 대해서 별로 신경 쓰지 않는다. 아무리 외부에 나쁜 일을 했다고 해도 자기 단체 사람이면 보호한다. 옳고 그름, 사회 질서와 관계없이 자기 단체를 우선시하기 때문에 외부에는 반사회 조직인 것으로 보인다. 그래서 삼합회 등은 야쿠자 등과 같은 유명한 폭력 조직으로 알려진다. 하지만 이들은 원래 범죄 조직이 아니다. 이들의 활동은 일반적인 장사, 사업 등 합법적이다. 단지 자기들끼리만 폐쇄적으로 거래하고 자기들 이익 최우선이기 때문에 범죄조직인 것처럼 보일 뿐이다.

또 이들은 국가로부터 자신들을 지키기 위해서 만들어진 조직이기 때문에 국가보다 자기 조직을 우선시한다. 국가를 위해서 자기 조직이 손해를 본다거나 희생하는 일은 있을 수 없다. 자기 단체의 이익을 위해서 국가의 법, 제도를 어기는 것이 다반사다.

꼭 이런 단체에 가입은 하지 않았다 하더라도, 이런 식의 인간관계 발상에서 나온 것이 꽌시다. 꽌시로 끈끈하게 이어진 사람들 사이에서는 자기들 이익이 최우선이다. 외국인들은 중국에서 꽌시를 형성하려고 한다. 하지만 외국인의 입장에서 국가의 법질서보다 꽌시를 더 우선시하는 것은 어렵다. 하지만 진정한 꽌시 관계에서는 그래야 한다. 그래서 외국인이 중국인과 진정한 꽌시 관계를 맺는 것은 거의 불가능한 일이다.

폭력단 두목이
국가 지도자가 되는 사회

근대 이전, 유럽은 신분사회였다. 유럽만이 아니라 동양도 신분사회였다. 신분사회에서는 신분이 출세를 결정한다. 아무리 똑똑하고 훌륭해도 자기 신분을 뛰어넘을 정도의 지위를 가지지는 못한다. 신분이 좋다고 해서 높은 지위가 보장되는 것은 아니지만 신분이 좋지 않으면 높은 지위로 올라갈 수 없다. 특히 왕과 같은 최고 지도자는 항상 높은 신분층에서만 나온다. 평화로운 시기에는 왕의 아들, 조카 등이 왕가에서 왕위를 물려받는다. 하지만 왕조가 바뀌는 혼란스러운 상황에서도 새롭게 왕의 자리에 앉는 사람은 원래 높은 신분을 가진 사람이다. 후삼국 시대가 끝나고 고려에서 왕이 된 왕건은 호족 출신이다. 조선을 연 이성계는 장군 출신이다. 이런 식으로 이전에 높은 신분에 있던 사람이 새로운 왕이 된다. 평민 출신이 왕이나 최고 지도자가 되는 것은 불가능했다. 그런데 동양에서는 평민 출신이 왕이 되는 경우가 몇 번 나온다. 사회에서 완전히 하급 신분이었던 사람이 황제가 되고, 최고 권력자가 되는 경우가 있었다. 동양과 서양이 똑같이 신분사회였다고 해도 동양에는 서양보다 신분을 뛰어넘는 일이 더 많았던 것으로 보인다.

20세기 이전, 서양에서 시민들의 혁명으로 정권이 바뀌는 경우는 거의 없었다. 서양에서 정권이 바뀌는 것은 왕실과의 다툼, 귀족 간 다툼 때문이지 시민들의 힘으로 정권이 무너지는 경우는 없었다. 시민들의 반란으로 새로운 정책이 도입되는 경우는 있어도 시민들만의 힘으로 국체가 무너지는 경우는 없다. 유일한 예외적 사건이 프랑스혁명이다. 그래서 서양 역사에서 프랑스혁명이 매우 중요하다. 프랑스혁명은 서양 역사에서 시민들의 힘으로 국가를 무너뜨린 최초의 사건이다.

서양 역사에서 나폴레옹이 중요한 위치를 차지하는 이유도 그 때문이다. 나폴레옹은 지중해 코르시카 섬의 하급 귀족 출신이다. 철저한 신분사회였던 유럽에서 시골 출신, 게다가 높은 귀족도 아니고 하급 귀족 출신이 황제가 되는 것은 어떤 이유로도 불가능했다. 그런데 작은 섬 출신의 시골뜨기 청년이었던 나폴레옹은 전쟁에 계속 이겨서 결국 황제 자리까지 오른다. 나폴레옹은 당시 유럽에서 신분과 관계없이 누구나 출세하고 성공할 수 있음을 보여주는 살아있는 증거였다. 혁명을 주장하던 나폴레옹이 직접 황제에 올랐다고 해서 지금은 비판하는 목소리들도 크지만, 사실 당시에는 타고난 신분이 낮았던 나폴레옹이 황제에 올랐다는 것 그 자체가 혁명적인 일이었다. 나폴레옹이 황제가 된 것은 군주제를 없애버린 프랑스혁명의 가치를 훼손하는 것으로 볼 수도 있지만, 한편으로는 신분제가 완전히 타파되었다는 것을 보여주는 프랑스혁명 완성의 증거이기도 했다.

프랑스혁명 이전에 서양에서는 시민들의 힘으로 국가가 전복되는 경우가 없었고, 낮은 신분으로 국가의 최고 지도자가 되는 경우도 없었다. 하지만 동양사회에서는 그렇지 않았다. 중국에서 국민의 힘으로 인해 무너진 나라는 진나라이다. 진시황제가 중국을 통일한 것이 기원전 221년이다. 그리고 진나라는 중국을 통일한 지 십오 년 만에 망한다. 백성들의 반란으로 멸망했다. 진나라를 대신해서 유방이 한나라를 세웠다. 그런데 유방은 평민 출신이었다. 중국은 무려 기원전 206년에 평민 출신 황제가 등장한 것이다.

유방은 진나라에서 백수로 지내다가 말단 관리직을 맡는다. 관리라고 해서 중요한 자리는 아니었고 공사판 인부를 관리하는 사람이었다. 지금으로 따지면 작업반장 정도의 직책이었다. 유방은 인부들을 데리고 건설현장으로 이동해야 했다. 진나라의 법은 엄격했기 때문에 기한 안에 도착하지 못하면 큰 벌을 받아야 했다. 그런데 유방의 일행은 중간에 지체하느라 제때에 건설현장에 도착할 수 없게 되었다. 이들은 공사판에 늦게 도착하면 큰 처벌을 받게 되니 어차피 처벌받을 거라면 차라리 반란을 일으키자고 해서 반란군이 된다. 그렇게 시작한 반란으로 유방은 결국 황제가 된다.

유방은 완전한 평민이었다. 유방이라는 이름은 '유 아저씨' 정도의 호칭이다. 유방의 아버지는 태공, 어머니는 유온이라고 하는데, 이것도 유 씨 어르신, 유 씨 아주머니 정도의 호칭이다. 유방의 가족은 자기 고유의 이름을 가지지도 못할 정도의 평민 출신인 것이다. 이런 집안에서 황제가 나왔다. 서양에서는 20세기가 될 때까지 상상도 할 수 없는 일이 동양에서는 기원전 206년에 이루어졌다.

이후 중국에서는 평민들의 난에 의해서 국가가 멸망하는 일이 자주 발생한다. 그리고 평민 출신으로 황제가 되는 경우도 있었다. 명나라 황제가 된 주원장은 원래 농부의 아들이었다. 먹고살기 어려워 중이 되었다. 중이 되면 먹고살 수는 있다는 이유 때문이었다. 탁발승이 되어 음식을 구걸하며 다니다가 홍건적 반란군에 가담했다. 그리고 세력을 키워서 황제가 된다.

당나라 측천무후도 신분을 뛰어넘어 황제가 된 경우이다. 측천무후는 원래 당태종의 측실이었다. 당태종이 죽은 후, 그 아들인 당고종의 아내가 된다. 아버지의 첩이 아들의 부인이 되는 황당무계한 일이 벌어졌다. 측천무후는 당고종의 황후로서 정권을 잡는다. 그리고 당고종이 죽은 후에는 자기가 직접 황제 자리에 오른다. 중국에서 여성이 황제가 된 유일한 경우이다. 그리고 여성이 황제가 되었다는 것보다, 아버지의 측실이었던 여인이 자신의 힘으로 황제가 된 것이 더 놀라운 일이다. 어쨌든 그런 신분이었는데도 황제가 될 수 있었다.

중국에서만 평민이 황제 자리에 올랐던 것은 아니다. 일본에서는 도요토미 히데요시가 평민 출신으로 최고 권력자 자리에 올랐다. 도요토미 히데요시도 농가 출신이다. 바늘 장사를 하면서 떠돌아다니다가 영주인 오다 노부나가의 눈에 들어 사무라이가 되었다. 이후 오다 노부나가 아래서 계속 공을 세우고, 오다 노부나가가 죽은 후에 그 세력을 물려받는다. 이후 일본을 통일해서 일본 최고 지도자가 된다. 엄격한 신분사회였던 일본에서 평민 출신이 자신의 힘과 노력만으로 최고 권력자가 된 것이다. 우리나라의 입장에서 도요토미 히데요시는 임진왜란을 일으킨 나쁜 사람이다. 하지만 일본에서는 평민 출신으로 최고 권력자 자리에 오른 유일한 인물로 칭송받는다.

중화민국의 지도자였던 장제스는 폭력단 출신이었다. 장제스는 중국 근대화의 아버지라 일컬어지는 손문의 뒤를 잇는다. 중화민국의 총통이 되어 중국을 지배했고, 중국을 침략한 일본군과의 전쟁을 주도했다. 장제스는 일본이 제2차 세계대전에서 패한 다음 중국을 통일하기도 했지만 마오쩌둥의 공산군에게 패배해 대만으로 도망갔다. 장제스는 1928년부터 1949년까지 중국 대륙의 지배자였다.

장제스는 소금 장수의 아들로 태어났고, 무인의 길을 걷기 위해 군사학교에 다녔다. 그러다가 이십 대 초에 청방에 가입한다. 청방은 근대 중국 상하이에서 유명한 3대 폭력 조직 중 하나이다. 여기

장제스
장제스는 "내 마음에 부끄럽지 않으면 못 할 일이 없다"는 신조를 항상 강조했다.

에 가입해서 폭력 조직의 일원이 된다.

지금 공식적인 역사에서는 장제스가 젊었을 때는 청방에 가입하기도 했었지만, 곧 청방에서 나와서 중국 군대의 일에 몰두한 것으로 본다. 그러나 중국의 비밀 조직은 들어가기도 힘들지만 나오기도 힘들다. 중국의 비밀 조직은 가족 같은 끈으로 이어져 있기 때문에 자기 이익에 도움이 안 된다고 바로 연을 끊지도 않는다. 또 중국의 폭력 조직은 단순히 폭력적인 업무만 하는 것은 아니다. 영화 〈무간도〉에서는 폭력 조직원이 경찰에 들어가서 경찰 내부에서 자기 조직을 위해 일한다. 장제스도 실제 무관의 길을 계속 걸으면서 청방과 긴밀한 관계를 맺는다.

가장 유명한 사건은 1927년 4월, 장제스가 정변을 일으켜 공산주의자들을 학살한 사건이다. 장제스와 공산당이 다툰 첫 번째 사건이다. 이때 장제스를 도와 공산주의자들을 처단한 것이 청방 조직이다. 상하이 각지에 퍼져있는 청방 조직원들이 공산주의자들을 살해하고 진압했다. 또 장제스는 청방의 지도자인 두월생에게 육해공 총사령부 고문의 직위도 준다. 그래서 폭력 조직의 두목인 두월생은 중국 정부의 공식적 직함도 가진 유명인이 된다.

근대 이전, 동양이나 서양은 모두 신분사회였다. 하지만 동양의 신분제가 더 융통성이 있었던 것으로 보인다. 동양에서는 평민 출신의 황제, 탁발승 출신의 황제, 폭력단 출신의 지도자, 첩 출신의 황제가 나올 수 있었다. 이런 일들은 서양에서는 꿈도 꿀 수 없었다. 근대 이전에는 동양사회가 서양보다 더 실력 중심의 사회였던 것으로 볼 수 있다.

20세기
최고의 살인자는
누구였을까?

　　20세기에는 유명한 독재자, 학살자들이 많이 나왔
다. 가장 유명한 사람은 아돌프 히틀러Adolf Hitler이다. 히틀러는 육
백만 명이 넘는 유대인을 가스실에 넣어 죽인 것으로 악명이 높다.
히틀러가 유대인만 죽인 것은 아니었다. 히틀러가 유대인을 죽인 이
유는 유대인이 인류에 도움이 되지 않고 해만 끼치는 하급 민족이라
는 것이었다. 당시 유럽에서는 유대인 이외에 집시 민족도 하급 민족
으로 꼽혔고, 히틀러는 집시들도 학살했다. 히틀러는 이런 민족들 외
에도 장애인, 부랑자 등에 대해서도 상당히 잔인한 정책을 폈다.

　하지만 히틀러도 그 학살 규모 면에서 소련의 스탈린에 비할 바
는 못 된다. 스탈린은 레닌에 이어 소련의 최고 지배자가 된 이후에
대규모 숙청을 했다. 자기 정적들을 모조리 숙청해서 권력의 기반

을 잡고, 그다음에는 공포 정치를 시행했다. 비밀경찰을 두어 자기나 정부에 대해 비판적인 사람들을 모두 잡아들였다. 그리고 이들을 모두 시베리아 강제 수용소에 집어넣었다. 소련의 강제수용소는 전국에 최소 470여 개가 넘는다고 추정되고 있다. 강제 수용소는 원칙적으로 한번 들어가면 못 나오는 곳이었다. 여기에서 강제노동을 하면서 수많은 사람이 죽어갔다. 그런 식으로 스탈린 때문에 사망한 사람이 2천만 명이 넘는 것으로 추정된다.

스탈린이 공산주의 체제에서 어떻게 비밀경찰을 유지하고 사람을 숙청하는지, 그리고 어떻게 강제수용소를 만드는지는 다른 독재 정권들에 참고가 되었다. 하지만 학살 규모에서 가장 큰 것이 스탈린은 아니다. 세계 최대 규모로 사람이 죽어 나가게 한 것은 중국의 마오쩌둥이다.

마오쩌둥은 현대 중국을 세운 개혁가이다. 중국은 청말 이후 서구 열강과 일본에게 끊임없이 괴롭힘을 당했다. 이런 외세를 물리

마오쩌둥
마오쩌둥이 중국 현대사에 큰 영향을 미친 데에는 이견이 없지만 여전히 그에 대한 평가는 논쟁이 분분하다.

치고 중국을 다시 세운 사람이 마오쩌둥이다. 원래 중국은 장제스가 정권을 가지고 있었다. 누가 보아도 중국의 다음 지도자가 될 사람은 장제스였고, 실제로 장제스가 중국의 지도자였다. 마오쩌둥은 이때 소수 공산주의 게릴라군을 이끄는 무명의 무장에 불과했다. 그런데 그 마오쩌둥이 세력을 계속 넓히더니 장제스를 대만으로 쫓아내고 중국의 정권을 잡았다. 게릴라군에 불과했던 마오쩌둥과 그의 동료들이 막강한 힘을 가지고 있던 장제스를 물리치고 정권을 잡는 과정은 한편의 극적인 영화와도 같다. 현대 중국을 만든 최고 공로자 중 한 명이 마오쩌둥이라는 것은 분명하다.

하지만 마오쩌둥은 현대 중국 정권을 세운 이후 수도 없이 많은 중국 인민들을 죽게 하였다. 일단 중국을 공산주의 국가로 만들었는데, 공산주의 국가가 되면 처음에는 숙청이 일어난다. 자본가 계급, 그리고 정부 관리로 있던 사람들에 대한 숙청이다. 이런 숙청은 공산주의 이론에 따라 공산주의 국가 수립 초기에 필연적으로 반드시 일어난다.

공산주의는 원래 자본가를 적대시한다. 자본가들 때문에 노동자들이 잘살 수 없다고 본다. 그래서 사회가 공산주의화되면 제일 처음 하는 일이 자본가들을 숙청하는 것이다. 숙청하지 않고 반성만 하게 해도 되지 않느냐고 할 수 있지만, 공산주의에서는 자본가들은 변할 수 없는 존재라고 여긴다. 본성이 자기 이익만 챙기는 사람들이기 때문에 교육을 해도 안 되고, 반성을 시켜도 안 된다. 자본가로서의 속성이 변하지 않고, 계속 공산주의 사회에 해악을 미칠 것이므로 제거하는 수밖에 없다고 본다. 그리고 정부와 관련된 사람들도 숙청한다. 공산주의에서는 자본주의 국가의 정부를 자본가들에 의한, 자본가들을 위한, 자본가들의 정부로 본다. 국민 전체를 위한 정부가 아니라 자본가들만을 위한 정부이다. 그래서 정부 관리, 공무원, 교사 등은 모두 숙청 대상이 된다. 그래서 공산주의 국가가 되면 기존 정부 관련자들을 모두 숙청한다.

이런 자본가, 공무원에 대한 숙청도 잔인하기는 하지만 모든 공산주의 국가에서 발생한 일이다. 베트남, 캄보디아, 동유럽, 북한 등에서도 이런 숙청은 있었다. 이 일은 마오쩌둥만 특별히 한 일은 아니고, 공산주의 권력자들에게는 보통 있는 일이었다.

마오쩌둥이 가장 많이 국민을 죽게 한 것은 1958년부터 1961년 말, 1962년 초까지 이루어진 대약진운동이다. 대약진운동은 농촌의 생산력을 증진하고자 하는 운동이었다. 분명 좋은 의도로 시작한 것이기는 한데, 그 결과는 참혹했다.

우선 마오쩌둥은 농민들의 땅을 집단농장으로 바꾸었다. 마오쩌둥은 중국을 처음 만들 때 땅을 농민들에게 무상으로 나누어주었다. 중국의 농민들은 대부분 남의 땅에 농사를 짓는 소작민이었다. 그런데 공산당이 무상으로 자기들에게 땅을 나누어 주었기 때문에 농민들은 공산당을 지지했다. 하지만 농민의 모든 토지는 집단농장의 소유로 바뀐다. 개인이 토지를 경작하다가 집단 소유, 집단 경작이 되면서 생산량은 떨어졌다.

농산물 생산량에서 가장 문제가 되는 것 중 하나가 참새가 곡식을 먹는 것이었다. 참새들이 먹는 곡식의 양은 어마어마했다. 그래서 마오쩌둥은 참새 박멸을 지시한다. 마오쩌둥의 지시를 어기면 숙청을 당할 수 있다. 농민들은 모든 역량을 총동원해 참새를 잡았다. 농사짓는 것보다 참새를 잡는 것이 더 중요했다. 그런데 참새를 거의 다 잡고 나니 그다음 해에 대흉년이 들었다. 알고 보니 참새는 곡식도 먹지만 벌레, 곤충도 잡아먹었다. 천적인 참새가 사라지니 곡식을 먹는 벌레, 곤충들이 대량번식을 했고, 이들이 낟알을 먹으면서 대흉년이 들었다.

또 마오쩌둥은 철강 생산이 국가 발전에 중요하니 각 농촌에서도 철강을 생산하라고 했다. 그래서 농촌 마을마다 철을 생산할 수 있는 용광로를 만들었다. 용광로는 한번 불이 꺼지면 다시 불을 붙이기가 굉장히 어렵다. 그래서 모든 주민이 함께 용광로를 관리해야 했다. 농사를 짓는 것보다 용광로를 관리하는 것이 우선이 되었다. 또 용광로에서 철을 생산하기 위해서는 철광석이 필요하다. 하지만 철광석은 광산에 있는 것이지 농촌에 있을 리가 없다. 그래서 농민들은 자기들이 가진 철 제품을 용광로에 넣었다. 그런데 농민들이 가지고 있는 철 제품은 대부분 삽, 괭이, 낫 등 농기구다. 농민들은 농사짓는 데 필요한 농기구를 용광로에 넣었고, 농사를 짓기는 더욱 어려워졌다. 농촌의 용광로에서 좋은 철이 생산되어서 더 좋은 농기구가 만들어졌다면 큰 문제는 없었을 것이다. 하지만 이미 쓰던 철을 녹여서 만든 철은 질이 나빴다. 대부분은 고철만 만들어졌다. 농민들은 농기구만 잃었고, 그래서 농업 생산량은 더 감소한다.

진짜 비극은 여기에서부터 시작되었다. 참새 박멸, 용광로 운영, 집단농장 운영 등으로 농촌의 생산량은 굉장히 떨어졌다. 하지만 지방 관리들은 자신들이 맡은 지역의 생산량이 떨어졌다고 중앙정부에 보고할 수 없었다. 마오쩌둥은 농업 생산량을 늘리라고 지시를 했다. 전국적으로 농업 생산량을 늘리기 위해서 노력하고 있는데, 자기 담당 지역에서 생산량이 줄었다고 보고할 수는 없는 노릇이었다. 만약 오히려 생산량이 줄었다고 보고한다면 숙청을 당할지도 모르는 일이었다.

그래서 지방 관리들은 자기 지역의 농업 생산량이 늘었다고 보고를 했다. 10%, 20%가 늘어난 것도 아니고 50%, 두 배 정도로 극적으로 늘었다고 보고를 했다. 수치상으로 농업 생산량은 엄청나게 증가했다. 겉으로는 마오쩌둥의 대약진운동은 대성공이었다.

하지만 실상은 대흉년이었다. 하지만 생산량이 대폭 늘었다고 상부에 보고했다. 원래 어떤 지역의 농업 생산량이 100이었다고 가정하자. 이 중에서 20%를 세금으로 낸다면 20을 정부가 가져가고 80을 그 지역에서 소비한다. 그런데 대흉년이 들어서 생산량은 50으로 줄었다. 하지만 지방정부는 상부에 200의 생산량을 달성했다고 보고를 했다. 더 많은 생산량을 달성했으면 세금도 더 많이 내야 한다. 200의 20%인 40을 중앙정부에 세금으로 냈다. 실제로는 50의 생산량인데 40을 세금으로 냈다. 이제 남은 농산물은 10밖에 되지 않는다. 이때까지 80의 양으로 간신히 먹고살 수 있었는데, 이제는 10으로 먹고살아야 한다. 이 양으로 먹고사는 것은 불가능했다. 수많은 사람이 굶어 죽었다. 사천만 명이 넘는 사람들이 굶어 죽은 것으로 추정된다. 히틀러, 스탈린을 합한 것보다 더 많은 사람이 대약진운동으로 굶어 죽었다.

이후 마오쩌둥이 일으킨 1966년부터 1976년까지의 문화대혁명으로 또 한 번 학살이 일어났다. 문화대혁명에서 일반 시민들은 정부 관리, 교사, 자본가적 사고를 가진 사람을 무차별적으로 공격할 수 있었다. 십 대 청소년으로 구성된 홍위병들도 마음대로 다른 사람들을 공격할 수 있었다. 십 대는 얼마든지 잔인해질 수 있는 시기이다. 어른들의 제어에서 완전히 벗어난 십 대 청소년 무리는 잔혹하게 사람들을 처단했다.

공산주의 숙청, 대약진운동, 문화대혁명 등으로 마오쩌둥 시대에 모두 칠천만 명이 넘는 사람들이 죽은 것으로 추정된다. 다른 독재자, 학살자들도 많았지만 규모 면에서 마오쩌둥과 비교하기 어렵다.

하지만 마오쩌둥는 히틀러, 스탈린보다 악명 높지 않다. 독일은 히틀러를 비난한다. 소련, 러시아도 스탈린을 비난한다. 하지만 중국은 마오쩌둥을 크게 비난하지 않는다. 마오쩌둥의 잘못은 분명 있었지만 그래도 공로가 더 많다며 마오쩌둥을 옹호한다. 중국이 마오쩌둥을 강력히 비난하지 않다 보니 마오쩌둥의 과오는 히틀러, 스탈린보다 크게 드러나지 않는다. 20세기 가장 큰 학살은 히틀러도, 스탈린도 아니었다. 마오쩌둥 시대에 가장 많은 사람들이 죽어나갔다.

제3장_ 말하지 않는 문화사

우리가 모르는
고대문명이 존재했다

_피라미드 그리고 모헨조다로

이집트 기자의 피라미드는 세계적으로 유명하다. 오늘날만 유명한 것이 아니라 고대 그리스 때부터 유명했다. 세계 7대 불가사의라고 불리면서 지금까지 파괴되지 않고 남아있는 유일한 건축물이기도 하다. 기자 피라미드는 기원전 2560년 쿠푸왕 시대에 만들어진 것이라고 한다. 그리고 이 피라미드는 파라오의 무덤이라고 알려졌다. 일반적으로는 그렇게 말한다. 하지만 기자의 피라미드, 그리고 피라미드 옆에 있는 스핑크스는 그렇게 간단하지 않다. 이집트 학자들 사이에서는 불가사의한 존재이다.

이집트에 가서 피라미드와 스핑크스만 본다면 이 둘이 이집트 문명에서 만들어진 것이고, 이집트 문명의 대표작이라고 생각할 수도 있다. 하지만 룩소르, 테베, 누비아의 아부심벨, 아비도스 등 다른 이집트 문명들을 보다 보면 피라미드와 스핑크스가 이집트 문명과 분명히 다르다는 것을 알 수 있다.

우선 이집트에서는 모든 건축물에 상형문자와 장식들을 새겨넣었다. 지금 우리가 이집트 왕조에 대해서 많은 것을 알 수 있는 것은 이집트의 모든 건물에 문자가 적혀있기 때문이다. 심지어 파라오의 무덤에도 입구에서부터 시체가 있는 방까지 빈틈 없이 상형문자가 새겨져있다.

그런데 이집트 전역에서 문자가 없는 건물이 딱 세 개가 있다. 기자의 피라미드 세 개, 스핑크스가 있는 밸리 신전, 그리고 아비도스의 오시리온 유적이다. 이 유적들은 큰 돌로 만들었다는 공통점이 있다. 다른 이집트 유적들도 돌로 만들어져있지만 이 세 개 유적의 돌들은 훨씬 더 크고, 또 정교하다. 이집트 문명의 다른 건축물과 분명히 차별성이 있다.

그리고 이집트에는 기자의 3대 피라미드만 있는 것이 아니다. 기록상으로 이집트 전역에 140여 개의 피라미드가 만들어졌다고 하고 지금까지 남아있는 피라미드만도 80개가 넘는다. 대피라미드가 만들어졌다고 하는 쿠푸왕 이전에 만들어진 피라미드도 있고, 쿠푸왕 이후에 만들어진 피라미드도 있다. 그런데 이집트 기자의 3대 피라미드와 다른 피라미드들은 모양과 규모가 확연히 다르다. 다른 피라미드들은 모두 높이가 낮고, 또 무엇보다 몇천 년의 세월을 거치는 동안 거의 다 무너지다시피 했다. 정사면체로서의 각진 모습이 나오지 않는다. 몇천 년 동안 제대로 관리를 하지 않으면 아무리 돌로 만들었다 해도 이런 식으로 무너져야 한다. 그런데 기자의

3대 피라미드는 다른 피라미드보다 훨씬 큰데도 모양이 무너지지 않았다. 다른 피라미드들과 같은 문명에서 만든 것으로 생각하기가 어렵다.

스핑크스도 그렇다. 보통 다른 이집트 문명 건축물은 돌이 깨지고 파괴되고 하는 경우는 있지만, 돌이 물에 침식돼서 나타나는 울퉁불퉁한 면은 없다. 이집트는 지금은 사막이지만 이집트 문명이 융성했던 약 오천 년 전에는 사막이 아니었다. 나무들이 많이 자랐다. 하지만 그렇다고 비가 많이 내리는 지역도 아니었다. 건조지역이었고, 비가 많이 내리지는 않았기 때문에 돌들이 비에 침식되지는 않았다. 그런데 스핑크스 몸을 보면 분명 돌이 비에 오래 맞았을 때 나타나는 침식 자국들이 있다. 스핑크스 몸은 매끈한 돌이 아니다. 자연적으로 침식된 자국을 누구나 쉽게 볼 수 있다. 이집트에서 돌을 침식시킬 정도로 비가 많이 내린 때는 1만 년 전이다. 그래서 스핑크스가 1만 년 전에 만들어진 건물이라고 주장하는 사람들도 있다. 이런 주장을 하는 사람은 고고학자가 아니라 지질학자들이다. 지질학자는 돌의 전문가이고, 그래서 스핑크스 몸체의 자국이 물에 의한 침식 자국이라는 것을 분명히 알 수 있었다.

스핑크스의 머리는 파라오 모습이다. 그래서 스핑크스가 이집트 문명에서 만들어진 것으로 생각하곤 한다. 하지만 스핑크스를 직접 보면 몸통의 돌과 머리의 돌이 다르다. 이어붙인 자국이 있고, 무엇보다 돌 색깔이 다르다. 그리고 스핑크스 몸통 전체는 균형이 있고 비례적으로 만들어졌는데 머리 부분은 전체 균형에 맞지 않는다. 몸통에 비해 지나치게 작다. 스핑크스가 처음 만들어질 때부터 머리는 파라오가 아니었던 것으로 추측된다. 처음에는 머리가 다른 것이었는데, 누군가 파라오의 머리로 바꿔치기했을 가능성이 크다.

피라미드는 파라오의 무덤이라고 말하지만, 피라미드에서 왕의 미라가 발견된 적은 없다. 피라미드 내에서 이것이 왕의 무덤이라고 적은 문자가 발견된 적도 없다. 무엇보다 기자 3대 피라미드에는 아무런 문자도 그림도, 그리고 부장품도 없었다. 사실 이집트 파라오의 무덤은 왕가의 계곡 등에서 발견되었고, 투탕카멘 파라오의 시체도 땅속의 무덤에서 발견되었다. 모두 피라미드의 정체에 대해서는 특별히 대답할 말이 없어서 무덤이 아니겠느냐고 말하고 있을 뿐이다.

이집트 문명을 연구하는 사람들은 기자의 피라미드와 스핑크스가 다른 이집트 문명의 유적과 차이가 크다는 것을 알고 있다. 같은 문명이 만든 것이라고는 보기 힘들다. 그렇다면 어떤 문명이 기자의 피라미드와 스핑크스를 만들었을까? 이집트 왕조가 망하기 전에 이미 피라미드와 스핑크스는 존재했다. 하지만 피라미드와 스핑크스는 이집트 문명이 만든 것이라고는 보기 어렵다. 그렇다면 피라미드와 스핑크스는 최소한 이집트가 들어서기 전의 문명이 만들었다고 해야 한다. 하지만 고고학자들은 이집트 이전에 어떤 문명이 있었는지 알지 못한다. 알지 못한 고대 문명이 만들었거나 그냥 이집트 문명이 만들었다고 말해야 한다. 그런데 피라미드, 스핑크스를 만들 정도면 고도의 문명이다. 우리가 알지 못하는 고도로 발달한 문명이 1만 년 전 정도에 있었다는 것을 인정해야 하는데, 고고학자 입장에서 그것은 쉽지 않은 일이다.

　고고학자를 곤란하게 하는 또 다른 대표적인 유적은 인도의 모헨조다로와 하라파의 유적이다. 이 유적은 1922년에 발견되었는데 발견된 직후부터 이슈가 되었다. 기원전 2600년경 유적으로 추정이 되는데 도로와 상하수도 시설이 있었다. 그 당시에 상하수도 시설이 마련될 정도로 발전된 문명이 있었다며 놀라워했었다. 하지만 정말 이상한 것은 유적과 같이 발견된 유골들이었다. 유골들이 도로에 쓰러져 있는 모습으로 발굴되었다. 도로에서 사람이 죽을 수는 있다. 하지만 도로에서 사람이 죽으면 다른 사람들이 치운다. 도로 한가운데에 쓰러져 죽은 사람들이 그 모습 그대로 유골이 될 때까지 다른 사람들이 그대로 둘 리가 없다. 그런데 모헨조다로 유적에서는 그런 모습으로 발견되는 유골들이 있었다. 손잡고 쓰러져 있는 유골들도 많았다.

　이런 식으로 유골이 발견된 사례가 존재하기는 한다. 이탈리아 폼페이 유적이다. 폼페이는 화산이 폭발하면서 한순간에 도시가 매몰된다. 도시 내에서 사람들이 일상생활을 하다가 화산재에 묻혀 죽는다. 그래서 폼페이 유적에서는 일상생활을 하는 모습의 화산재 시체들이 발굴된다. 모헨조다로에서도 그런 식의 유골들이 발견되는 것이다. 즉 모헨조다로 사람들은 어느 한순간에 몰살당한 것이다. 화산폭발은 아니었고, 무언가 다른 원인으로 한순간에 도시 전체가 몰살당했다. 전쟁이 나서 다른 사람들에게 학살당한 것은 아니었다. 그랬다면 도시가 파괴된 흔적이 있었을 것이다. 모헨조다로는 그런 파괴의 흔적도 없이 사람들이 한순간에 몰살당했다. 그래서 수수께끼로 남아있다.

모헨조다로 유적의 가장 큰 반전은 1945년 미국의 핵폭탄 실험 이후에 나타났다. 1945년 7월 16일, 미국은 세계 최초로 원자폭탄 실험을 했다. 뉴멕시코 사막에서 원자폭탄을 터트렸다. 원자폭탄이 터진 후 강력한 폭풍이 발생했고, 거대한 버섯구름이 생겼다. 몇만 도의 열과 방사능이 방출되었다. 그리고 그 영향으로 뉴멕시코 사막의 모래가 녹색 유리로 변했다.

그동안 고고학계에서 녹색 유리는 수수께끼였다. 고대 유프라테스 유적 중에도 1만여 년 근처의 지층에서 녹색 유리가 나오는 층이 있었다. 그리고 모헨조다로 유적에서도 녹색 유리 층이 발견되었다. 하지만 녹색 유리가 어떻게 만들어지는지, 그리고 어떻게 지층에 이것이 쌓여있는지는 설명할 수 없었다. 그런데 이제 어떨 때 녹색 유리가 만들어지는지, 그리고 어떻게 녹색 유리가 지층을 만들 수 있는지 알게 되었다. 바로 핵폭발이 있을 때 녹색 유리 지층이 만들어진다. 핵폭탄이라면 모헨조다로 유적에서 그동안 설명할 수 없었던 부분이 풀린다. 유골들이 왜 길 도로 위에서 손을 잡고 발견될 수 있는지도 설명할 수 있다. 핵폭탄이 터지면 사람들이 일상생활을 하다가 그냥 죽게 되는 것이다. 이후 모헨조다로에서 출토된 유골을 가지고 방사능 검사를 했다. 유골에서 원자폭탄이 떨어진 히로시마, 나가사키와 비슷한 방사능 수치가 나왔다.

모헨조다로가 최근 문명이라면 여기에 핵폭탄이 떨어졌었다고, 핵폭탄은 아니더라도 고도의 폭탄이 떨어져 한 번에 몰살당한 것이라고 말할 수 있을 것이다. 하지만 모헨조다로는 최소한 약 4천 년 전의 유적이다.

　스핑크스와 피라미드, 그리고 모헨조다로 유적 등은 고대문명의 존재 말고는 달리 설명하기 어렵다. 그러나 고고학자들은 우리가 아직까지 알지 못하는 발달된 고대 문명이 있었다는 식의 이야기는 좋아하지 않는다. 그래서 이런 문제에 대해서는 깊게 말하지 않는다. 정식 역사에서 말하지 않는 대표적인 부분들이다.

혼일강리도의
수수께끼
_풀리지 않는 고대 지도의 비밀

1402년, 우리나라에서 혼일강리역대국도지도가 만들어진다. 우리나라에서 만들어진 최초의 세계지도다. 이 지도의 존재를 국사 시간에 배우기는 하지만 그냥 이름만 외울 뿐이다. 하지만 혼일강리역대국도지도는 세계적으로 유명한 지도다. 우선 이 지도는 우리나라뿐만이 아니라 동양 최초의 세계지도이기도 하다. 아시아 지역만이 아니라 아프리카, 유럽 등 당시 알려져 있던 세계가 모두 표시되어 있다. 다른 동양 국가에서도 그전에 세계지도가 만들어졌을 수도 있지만 현존하는 지도로는 혼일강리역대국도지도가 제일 오래되었다.

하지만 이 지도가 유명한 것이 단지 오래되었다는 이유 때문만은 아니다. 우선 이 지도의 아프리카 윗부분에는 알렉산드리아의 등대

혼일강리역대국도지도(1402년)

1459년 이전 모사본, 148×164㎝. 1402년에 좌정승 김사형, 우정승 이무가 발의하고 의정부 검상 이회가 실무를 맡아 제작한 세계지도이다. 현재 원본은 전해지지 않고 있지만 일본의 류코쿠 대학 도서관에 모사본이 소장되어있다.

로 보이는 것이 표시되어있다. 고대 7대 불가사의 건축물로는 피라미드, 바빌론의 공중 정원, 아르테미스 신전, 올림피아 제우스상, 로도스 거상, 마우솔로스의 영묘, 그리고 알렉산드리아의 등대를 꼽는다. 고대 7대 불가사의라고 불리는 바로 그 등대가 혼일강리역대국도지도에 표시되어있는 것이다.

알렉산드리아의 등대는 1323년 지진으로 인해 파괴돼 바다에 잠긴 것으로 알려져 있다. 그런데 혼일강리역대국도지도는 1402년에 만들어졌다. 1402년에 만들어진 지도에 1323년에 사라진 건축물이 표시되어있는 것이다. 이것은 지도에 오류가 있다는 것을 말해주는 것이 아니다. 혼일강리역대국도지도가 1323년 이전에 만들어진 지도를 참고로 해서 만들어졌다는 것을 뜻한다. 조선의 학자들이 직접 고대 지도를 보았는지, 아니면 몇 차례 걸쳐 복사된 지도를 보고 제작했는지는 모르지만 어쨌든 알렉산드리아 등대가 지진으로 사라지기 전에 만들어진 지도를 참고했다는 것은 분명하다.

진짜 수수께끼는 아프리카 남단 지역이다. 혼일강리역대국도지도의 아프리카 부분을 보면 남반부 부분이 지금 아프리카처럼 뾰족한 모습을 하고 있다. 현대 지도의 아프리카 부분과 비교하면 정밀도가 굉장히 낮다. 하지만 아프리카 남반부 부분의 기본적인 모습이 그려져있다. 대서양과 인도양이 아프리카 남단에서 만나는 모습이 분명히 표시된 것이다.

지리상의 발견에서 아프리카 최남단, 희망봉을 발견한 것은 1488년이다. 아프리카 대륙 아래로 계속 내려가면 아프리카 대륙이 끝나는 지점이 있다는 것을 발견한 것이 1488년이다. 바르톨로메우 디아스Bartolomeu Diaz가 발견했다. 그리고 희망봉을 돌아 인도까지 간 것은 1497년 바스쿠 다 가마Vasco da Gama이다. 이때 희망봉을 돌아가면 바로 인도로 연결될 수 있다는 것이 알려진다.

바르톨로메우 디아스가 희망봉을 발견하기 전까지 아프리카 남단은 미지의 영역이었다. 아프리카 대륙의 끝이 있는지 없는지를 알지 못했고, 바다를 통해서 인도로 갈 수 있는지도 알 수 없었다. 그런 미지의 영역을 탐험했기 때문에 바르톨로메우 디아스, 바스쿠 다 가마는 위대한 항해자로 이름이 남아있는 것이다.

단순히 남쪽으로 내려가기만 한 것이 무엇이 어렵느냐고 할 수도 있다. 하지만 당시에는 남쪽으로 내려가면 점점 날씨가 더워지는 것도 수수께끼였다. 적도라는 개념을 몰랐다. 그리고 항해를 할 때는 북극성이 매우 중요했다. 항상 북쪽에 뜨는 북극성을 보고 위치를 잡았다. 그런데 계속 남반부로 내려가면 북극성이 수평선에서 뜨고, 더 내려가면 북극성이 보이지 않는다. 북극성이 보이지 않게 되는 것은 상상할 수 없는 일이었다. 당시 항해 기술로는 남쪽으로 더 내려가는 건 불가능했다. 그 이상 남쪽으로 내려가는 항해는 나침반을 이용하는 항해 기술이 더욱 발전한 다음에야 가능했다.

그렇게 어려운 과정을 거쳐 1488년에 희망봉을 발견했다. 그런데 1402년에 만들어진 혼일강리도에 아프리카 남단이 그려져있다. 조선 사람들이 아프리카 남단을 직접 탐험해서 그렸다면 차라리 이해할 수 있다. 조선의 항해술과 모험심을 칭찬하면 그만이다. 하지만 조선인들이 직접 아프리카 대륙을 탐험해서 지도를 그린 것이 아니다. 알렉산드리아 등대에서 나타나듯이 고대 지도를 보고 베낀 것이다. 즉 조선이 참고한 고대 지도에 아프리카 남단 지역이 그려져있었다는 뜻이다. 대서양과 인도양 바다가 이어져있다는 사실, 그리고 아프리카 남단의 기본적 모습이 알려진 때가 1488년이다. 그런데 그보다 훨씬 전에 아프리카 남단을 실제와 비슷한 모습으로 그린 지도가 존재했었다는 것이다.

혼일강리역대국도지도의 아프리카 대륙 내에는 큰 호수가 그려져있다. 이것이 무엇인가에 대해서는 많은 논란이 있지만, 다른 지역과 비교하면 분명 물이고, 육지에 쌓여있으니 호수로 볼 수 있다. 아프리카에는 큰 호수가 있다. 빅토리아 호수이다. 거의 남한 크기다. 만약 혼일강리역대국도지도의 호수가 빅토리아 호수를 그린 것이라면 정말 이상한 것이다. 빅토리아 호수가 알려진 것은 1858년이다.

고대 지도와 관련해서 더욱 놀라운 것은 15세기, 16세기 지도들에 남극 대륙이 그려져 있다는 점이다. 1531년 오롱스 피네의 지도, 1532년에 그려진 오론테우스 피나에우스 지도, 1538년 메르카토르 지도에도 분명히 남극이 그려져있다.

하지만 그 이후의 지도에는 남극 대륙이 사라진다. 1500년대 중반까지는 직접 탐험한 항해자들의 자료를 보고 지도를 그렸다기보다는 주로 고대 지도를 보고 베꼈다. 하지만 대항해 시대가 시작되면서 고대 지도가 아니라 직접 항해한 사람의 자료를 바탕으로 지도가 만들어진다. 항해자 중에서 남극 대륙을 본 사람은 아무도 없

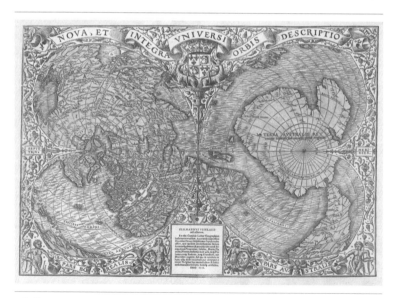

오론테우스 피나에우스
인류가 19세기에 발견한 남극이 1532년에 제작된 이 지도에는 해안선까지 정확하게 묘사되어있다.

었고, 그래서 지도에서 남극 대륙은 사라진다. 남극 대륙이 발견된 것은 1818년이다. 그 후에 다시 지도에서 남극 대륙이 나타난다.

그러면 도대체 1500년대 지도에 나타난 남극 대륙은 어떻게 된 것일까? 그보다 더 오래전에 남극 대륙을 그린 지도가 있었다는 뜻이다. 누군가 잠깐 항로를 이탈해서 남쪽으로 가다가 남극 대륙을 발견할 수는 있다. 하지만 그런 식으로 발견된 것이라면 남극 대륙은 조그만 섬 등으로 표시되었어야 했다. 그런데 1500년대 남극 지도는 하나의 대륙으로 표시되어있다. 실제 남극 대륙의 모습과 크기가 유사하다. 최소한 이 정도의 지도를 그리기 위해서는 남극 대륙 전체를 일주하는 게 필요하다. 하지만 1500년대 이전에 알려진 인류 문명 중에서 남극 대륙을 일주할 수 있을 정도의 항해술을 가진 문명은 없었다.

그래서 알려지지 않은 고대 문명의 존재를 주장하는 사람들도 있다. 사실 그런 고대문명의 존재 말고는 1500년대에 이런 남극 지도가 존재한 이유, 그리고 1402년 지도에 아프리카 남단이 그려져있는 이유를 설명하기는 쉽지 않다.

인류의 역사에
어긋나는
고고학적 증거들

현대 과학은 100년 전, 200년 전과 비교해서 놀라울 정도로 발전했다. 이제는 물질을 분해해서 분자, 원자 수준의 분석도 가능해졌다. 어떤 물질이 어떤 분자로 구성되어있는지를 모두 파악할 수 있다. 또 의학 기술도 X-ray가 개발되면서 뼈를 볼 수 있게 되고, CT, MRA 기술 등이 개발되면서 몸의 내부를 세부적으로 파악할 수 있게 되었다.

이런 과학과 의학의 발전은 단지 자연 현상을 이해하고 사람을 치료하는 데만 사용되는 것이 아니다. 고고학에서도 이런 기술들이 이용된다. 이전에는 발굴된 고고학 자료들의 형태, 모양 등을 가지고 시대 추정을 했다면 이제는 원자나 분자를 분해해서 시대를 추정하고 그 내부 구성 요소가 무엇인지를 파악할 수 있다. 미라 같은 것들도 CT, MRA 등을 이용해서 살펴보면서 몸 상태가 어떤지, 사망 원인이 무엇인지 등에 대해서도 알 수 있게 되었다.

문헌으로 알고 있는 역사적 지식과 이런 고고학적 증거 중에서 어떤 것이 더 중요한가 하면 당연히 고고학적 증거이다. 문헌으로 된 역사는 우선 그 당시에 쓴 것이 아니라 후대에 쓴 것들이 대부분이다. 원래 사건이 이루어진 지 한참 후에 그에 대해 기록하고 남긴 것들이다. 그리고 당대의 문헌이라 하더라도 문헌은 글 쓰는 사람의 시각이 반영되어 있다. 사실 그 자체에 대한 기록이라기보다는 기록을 남기는 자의 시각이 반영된 기록이다. 따라서 문헌 기록과 고고학적 증거가 같이 있으면 고고학적 증거가 더 우선시되어야 하는 것이 원칙이다.

삼국사기에 고구려 초기 기록이 적혀있다. 그리고 광개토대왕비에도 고구려 초기 기록이 적혀있다. 그런데 이 두 개의 기록이 서로 다른 경우가 있다. 이렇게 두 기록이 다를 때 어느 것이 더 중요한가 하면 당연히 광개토대왕비의 기록이다. 광개토대왕비와 다른 삼국사기 기록은 오류로 인정된다. 고고학적 증거에 따라 문헌적 역사는 수정되어야 한다.

그런데 도저히 이해하기 어려운 고고학적 증거들이 있다. 이런 고고학적 증거들을 있는 그대로 서술하면 그동안 우리가 알고 있던 역사가 완전히 뒤틀린다. 기존의 역사학적 지식을 모두 버리고 인류 역사에 대해 잘 모르겠다는 것을 인정해야 하는 고고학적 증거들이다. 전 세계적으로 발굴 활동을 하고 또 발굴된 것에 대해 분석하는 과학 기술이 발전하면서 이런 이해할 수 없는 고고학적 증거들도 증가하고 있다.

1996년에 영국 법의학 고고학자들은 이집트 미라들을 분석했다. 미라들의 시체들에 대해 화학적 분석을 실시했는데, 몇몇 미라에서 담배 흔적이 나왔다. 머리카락과 신체 조직 등에서 담배를 피웠을 때 나타나는 흔적을 발견했다. 그리고 또 미라에서 코카인도 검출되었다.

담배는 아메리카 대륙이 원산지이다. 담배는 유럽이 아메리카 대륙을 발견한 이후에 유라시아 대륙에 소개되었다. 1560년에 처음으로 담배가 유럽으로 들어왔고, 이후 유럽, 아시아 전역에 전파되었다.

그리고 코카인의 원료인 코카나무도 남아메리카가 원산지이다. 이곳 원주민들은 이전부터 코카를 사용해 왔지만, 유럽에 알려진 것은 16세기 이후이다. 1532년에 스페인 사람들이 페루를 지나다가 마을 사람들이 코카를 씹는 것을 본 것이 처음이라고 알려져 있다.

담배와 코카는 신대륙 발견 이후에 유럽, 아시아, 아프리카 등 유라시아 대륙에 알려지고 전파되었다. 그런데 어떻게 이집트 미라에 담배와 코카 흔적이 있는 것일까? 이것을 설명하기 위해서는 이집트 당시에도 이집트 등 유라시아 국가들과 남아메리카 국가들 간에 교역이 이루어졌다고 해야 한다. 그런데 유라시아 국가와 아메리카 대륙 간 교역이 있기 위해서는 대서양을 건너야 한다. 2000년도 훨씬 전에 대서양을 건너 교역이 있었다는 것은 현재 알려진 역사로는 도무지 인정하기 어려운 일이다. 그래서 이집트 미라들에 남아 있는 담배와 코카 흔적은 공식적으로는 잘 말하지 않는 고고학적 증거가 된다.

사실 이집트와 남아메리카와의 교류를 보여주는 것은 이런 코카와 담배 흔적만은 아니다. 마추픽추 옆에는 고대의 벽이 남아있다. 그런데 이 벽은 스핑크스 장제전 벽하고 동일하다. 스핑크스 장제전 벽은 그 돌 하나하나의 크기가 굉장히 크고, 또 그 이음새가 매우 정밀하다. 다른 이집트의 돌로 만든 벽, 그리고 그 이후 서양이나 동양의 성채, 궁궐 등에서 나타나는 벽과는 수준이 완전히 다르다. 그 스핑크스 장제전의 수준 높은 벽과 똑같이 생긴 벽이 마추픽추에 있다. 이 벽이 마추픽추가 아니라 유라시아의 다른 지역에 있다면 그 두 지역 간은 서로 교류가 있었고, 같은 문명에 의해서 만들어진 벽이라고 해석했을 것이다. 하지만 마추픽추는 남아메리카에 있다. 그렇다면, 이 당시 이집트와 남아메리카 간 문명의 교류가 있었다고 해야 하는데 그것을 인정할 수는 없다. 그래서 이 벽에 대해서는 아무 말 하지 않고 지나간다.

　또 멕시코의 기원전 문명인 올멕 문명에서는 흑인 유전자가 담긴 유골들이 나온다. 이 지역에 흑인들이 있었다는 이야기다. 하지만 이것은 서양의 신대륙 발견 이전에는 아메리카에 흑인들이 살지 않았다는 일반적 역사 상식에 어긋난다. 멕시코의 흑인 관련 증거들도 말하지 않는다.

　선사시대로 가면 더 이상한 고고학적 증거들이 나온다. 미국 텍사스주의 한 퇴적층에서 공룡의 발자국이 발견되었다. 공룡의 발자국이 발견된 것은 특이한 것이 아니다. 그런데 공룡 발자국 옆에 인간의 발자국도 발견되었다. 같은 지층에서 공룡과 인간의 발자국이 함께 발견되었다. 한두 개도 아니고 몇십 개의 발자국들이 나왔다.

공룡이 달려가고 사람이 쫓는 것 같은 자국들이었다. 공룡은 6500만 년 전에 멸종했다. 그리고 인류의 역사는 길게 잡아도 400만 년 전 이전으로 올라가지 않는다. 그런데 어떻게 공룡의 발자국과 인간의 발자국이 같이 나오는 것일까? 이 고고학적 증거를 사실로 인정한다면 생물의 역사를 다시 써야 한다. 하지만 그럴 수는 없는 것이고, 그래서 이 증거도 말하지 않는 고고학이 된다.

또 시베리아에서는 고대의 동물인 매머드 시체들이 발견된다. 이 매머드들은 시베리아의 추위로 완전히 얼어있다. 그래서 그 살이 썩지 않았고, 매머드를 해동해서 그 고기를 팔기도 한다. 매머드 몸을 해부해보면 내장에 매머드가 먹은 풀들도 남아있다. 매머드가 먹은 풀이 완전히 소화되기 전에 죽은 것이다. 여기까지는 분명히 고고학적 사실이다.

그런데 도대체 어떻게 해서 매머드가 풀을 먹고 그 풀이 소화되

텍사스에서 발견된 공룡 발자국과 인간 발자국

기 전에 얼어 죽게 된 것일까? 풀이 소화되기 전에 죽을 수는 있다. 인간이나 다른 동물에 사냥을 당해서 죽을 수도 있고, 심장마비 등으로 갑자기 죽었을 수도 있다. 하지만 상처를 입지 않고 완전한 상태로 죽어있으니 사냥을 당한 것은 아니다. 그리고 심장마비 등 다른 이유로 죽었다면 부패해서 그 몸이 사라졌지 몸 전체가 얼어있지는 않을 것이다.

원래 추운 지방이라 부패하기 전에 얼었다고 할 수도 있다. 하지만 부패하지 않고 바로 얼어버릴 정도로 추운 날씨였다면 매머드가 먹을 수 있는 풀이 있었을 리가 없다.

그리고 이 시베리아에서는 매머드 시체만 발굴되는 것이 아니다. 코뿔소, 말 등도 같이 발굴된다. 과일 나무도 있다. 이런 것들은 시베리아의 추위에서 살 수 없는 종이다. 그런 것들이 얼어서 죽어있다.

아무런 선입견이 없다면 이런 현상에 대해서 간단히 설명할 수 있다. 매머드가 풀을 뜯어먹는 등 평온한 생활을 하고 있었는데, 갑자기 날씨가 추워진 것이다. 상온의 기온이어서 코뿔소도 있고 풀도 있는 상황이었는데 갑자기 날씨가 영하로 내려가 모두 얼어 죽게 된 것이다. 그런데 이 매머드 시체가 아주 오래된 것은 아니다. 1만 년 전으로 추정되는 시체이고 이때는 사람들이 초기 문명을 시작했을 때이다. 매머드가 이런 환경 변화를 겪었다면 인류도 그와 유사한 영향을 받았을 것이다.

그런데 이런 식으로 해석하려면 일단 지금은 항상 추운 시베리아가 과거에는 과일 나무가 자랄 정도로 춥지 않았다고 설명해야 한다. 이것은 현재 알고 있는 시베리아 기후에 맞지 않는다. 그리고 상온의 날씨가 풀이 소화가 되지도 않을 시간인 열 시간 이내에 영하 몇십 도로 떨어졌다는 것인데 이것도 상식에 맞지 않는다. 시베리아의 날씨와 기후에 대한 상식을 완전히 넘어선다. 그래서 이 고고학적 증거도 설명을 하지 않는 이야기가 된다.

이렇게 우리가 일반적으로 알고 있는 인류사와 역사에 끼워 맞출 수 없는 고고학적 증거는 계속해서 나타나고 있다. 하지만 기존의 지식에 맞지 않는 고고학적 증거는 보통 사장된다. 기존 지식에 맞는 고고학적 지식만 소개되고 연구된다. 현재 알려져있는 인류사가 확실한 것이라고 말하기는 힘들다.

노아의 방주는
정말 있었을까?
_지리상 발견의 의의

서양의 중세는 기독교 중심 사회였다. 인간보다 신이 더 중요했고, 일반 동네도 교회를 중심으로 형성이 되었다. 기독교 원죄설에 따라 인간은 살아가면서 항상 잘못을 뉘우치고 속죄하면서 살아야 했다. 그리고 인간의 삶은 신에 대해 봉사하는 것이 주된 가치관이었다.

중세 시대의 중심에는 성서가 있었다. 인간의 말은 중요하지 않고 신의 말씀이 중요하다. 신의 말씀은 성서에 적혀있다. 그래서 성서는 절대적 위치를 차지했다. 성서의 모든 글이 판단의 기준이었고, 가치의 본류였다. 중세에 교황과 성직자들의 권위가 왕보다 더 높았던 이유도 교황이 하나님과 인간의 중개자로 인식되었고, 또 성직자들이 성서를 해석하면서 사람들에게 신의 말씀을 전달하였기 때문이다. 이때에는 성서가 신의 말씀을 모아놓은 책이라는 것에 대해 누구도 의문을 품지 않았다. 신의 말씀이기 때문에 성서의 글은 모두가 진리였다. 성서에 나와 있는 말이 틀릴 수도 있다는 의문을 품는 것 자체가 금기시됐다.

서양의 근대는 바로 이 성서의 글이 진실이 아닐 수 있다는 의문에서 시작된다. 그리고 그 의심은 15세기부터 이루어진 지리상의 발견 이후에 나타났다. 그래서 지리상의 발견에서부터 서양의 중세는 막을 내리고, 르네상스의 막이 오른다.

지리상의 발견 외에 기독교 중심주의, 성서 중심주의에 금을 가게 한 것은 코페르니쿠스의 지동설, 그리고 다윈의 진화론이다. 그런데 사실 지구가 태양을 돈다고 해서 성서의 글 중에 특별히 문제될 것은 없다. 그동안 알고 있던 상식이 바뀌는 것이지 성서의 글이 완전히 틀렸다는 것을 증명해주는 것은 아니다. 하지만 다윈의 진화론은 분명히 문제가 되었다. 성서에는 분명히 하나님이 인간을 만들었다고 적혀있다. 그런데 진화론은 원숭이 등에서 인간이 저절로 만들어졌다고 한다. 진화론은 성서의 내용과 정면으로 부딪힌다. 그런데 진화론은 1859년에 발표되었다. 진화론이 발표된 시기는 이미 완전히 근대가 된 때이다. 진화론이 서양 중세 시대가 근대 시대로 넘어가게 된 것에 영향을 미치지는 않았다.

서양 중세의 성서 중심주의가 막을 내리게 된 데는 지리상의 발견의 역할이 크다. 지리상의 발견은 희망봉을 거쳐 인도를 가게 된 것, 그리고 콜럼버스가 신대륙을 발견한 것을 말한다. 더 나아가 오스트레일리아 등 태평양 지역의 땅을 새로 알게 된 것 등이 있다.

그런데 이런 지역을 새로 알게 된 것이 성서의 진실 여부와 어떻게 연관이 되었던 것일까? 성서에 유라시아 대륙 외에 다른 땅은 없다는 등의 이야기는 적혀있지 않다. 그런데 지리상의 발견이 어떻게 성서에 의심을 품게 되는 시초가 되었던 것일까?

지리상의 발견이 시작되면서 문제가 되었던 것은 동식물의 종류가 굉장히 많다는 점이었다. 지리상의 발견이 이어지면서 새로운 동식물들이 계속해서 발견되었다. 그동안 알지 못했던 새로운 동식물들이 아프리카 대륙과 아메리카 대륙에서 발견되었다. 오스트레일리아에서도 새로운 동식물들이 나타났다. 새로이 알게 된 동식물들이 늘어나면서 문제가 된 것은 성서에 기록된 노아의 방주 부분이다. 노아의 방주 부분에 대한 서술이 현실적으로 진실이 될 수가 없게 된 것이다. 신의 말씀으로 이루어진 성서인데, 보통 사람들의 상식으로 보아도 절대 진실일 수 없는 사태가 발생했다.

노아의 방주에서는 세계의 모든 동물들을 암컷과 수컷 두 마리씩 배에 실었다고 하고 있다. 동물들이 홍수로 멸종하지 않도록 하기 위한 배려였다. 그런데 동물들을 모두 태우려면 배가 커야 한다. 그동안은 알려진 동물들의 종류가 그렇게까지 많지 않았다. 노아가 큰 배를 만들었으면 그 모든 동물들을 다 배에 태울 수 있었다. 그런데 지리상의 발견이 이루어지면서 새로운 동물들이 추가된다. 그 모든 동물들도 노아의 방주에 탔어야 한다. 그런데 현실적으로 그 많은 동물들이 한 배에 타는 것이 불가능하다는 문제에 부딪히게 된다.

아메리카 대륙이 발견되면서 아메리카 악어, 이구아나, 새로운 앵무새 등이 발견된다. 멧돼지 일종인 페카리, 남아메리카 원숭이 등도 나오고 벌새, 아르마딜로, 개미핥기, 나무늘보, 칠면조, 아메리카들소 등도 계속 발견된다. 또 오스트레일리아 대륙에서는 캥거루, 코알라 등이 발견되고 마다가스카르에서는 도도와 같은 큰 새가 발견되었다. 또 모리셔스 섬에는 날지 못하는 큰 비둘기 새가 있었다.

성서에서는 노아의 방주 크기가 길이 300큐빗, 너비 50큐빗, 높이 30큐빗이라고 하고 있다. 성서에 적힌 노아의 방주로는 이 모든 동물들을 실을 수 없었다. 성서 중심주의 학자들은 이 문제에 대해 해답을 주어야 했다. 처음에는 노아의 방주에서 사용한 큐빗 단위가 더 큰 것이라고 했다. 원래 큐빗은 팔꿈치에서 가운데 손가락까지의 길이를 표시하는 단위이다. 하지만 성서에서 말하는 큐빗은 그것보다 더 큰 단위라고 주장했다. 큐빗의 단위가 커지면 노아의 방주 크기도 더 커지기 때문에 동물들을 더 태울 수 있었다.

하지만 계속해서 새로운 동물이 발견되자 그렇게 더 커진 배로도 알려진 동물들을 모두 태우는 게 불가능해졌다. 그래서 노아의 방주는 다층 구조를 가진다고 했다. 3층 구조를 가지기 때문에 동물들을 실을 수 있다고 했다. 하지만 3층으로도 다 채울 수 없을 만큼 많은 동물들이 발견된다.

그 다음에는 물고기, 파충류, 곤충 등은 노아의 방주에 타지 않았다고 보았다. 홍수에서 물고기는 죽지 않을 것이고, 그 당시 파충류, 곤충 등은 자연발생적으로 생겨난다고 보았다. 노아의 방주에 타지 않아도 문제가 없는 동물들이다. 하지만 17세기 말에는 파충류, 곤충, 물고기를 제외하고도 1만 종이 넘는 동물이 발견되었다. 암컷, 수컷을 합하면 2만 마리가 넘는데, 인간이 만든 배에 이 많은 동물들을 싣는 것은 불가능했다. 큰 빌딩 같은 정말 엄청나게 큰 배를 만들면 그 동물들을 다 태울 수도 있을 것이다. 하지만 철도 없던 시절, 나무만으로 그렇게 큰 배를 만드는 것은 불가능했다.

또 문제가 되었던 것은 전 세계 곳곳에서 동물들이 발견되었다는 점이다. 성서에 따르면 노아의 방주가 어느 한 지역에 상륙을 했고, 그곳에서 동물들을 풀어주었다. 일반적으로 노아의 방주가 상륙한 곳은 터키의 아라라트산이라고 알려져 있다. 그러면 모든 동물들이 바로 이 아라라트산에서 세계 곳곳으로 이동했다는 뜻이 된다.

노아의 방주 사건이 발생한 지 몇천 년이 지났으니 그 기간 동안 몇만 킬로를 이동했다고 해도 특별히 이상하지는 않다. 유라시아

노아의 방주로 추정되는 아라라트산의 지형
아라라트산은 '노아의 방주'가 도착한 장소로 알려졌지만 아라라트라는 이름이 붙여진 것은 후대 서유럽사람들이 붙인 것이다. 이 산의 북쪽 아라스의 골짜기는 '에덴의 정원'이었다는 전설이 있다.

대륙에서 발견되는 동물들은 모두 아라라트산에서 이동한 동물일 수 있다. 하지만 아메리카에 살고 있는 동물들은 어떻게 이동한 것일까. 아라라트산에서 아메리카 대륙을 가기 위해서는 대서양을 건너야 한다. 인간이 배로 이동해도 한 달은 넘게 걸리는 거리이다. 아메리카 물소가 대서양을 헤엄쳐서 건넜을 리는 없다. 캥거루는 어떻게 오스트레일리아에 갈 수 있었을까? 캥거루가 인도양을 건너 오스트레일리아까지 갔을 리는 없다. 또 새로 발견되는 동물 중에는 날지 못하는 새들이 있었다. 마다가스카르의 도도, 모리셔스의 큰비둘기는 날지 못하는 새이다. 그런데 어떻게 바다를 건너 섬에 갈 수 있었을까?

노아의 방주가 상륙한 곳이 유라시아 대륙이 아니라 다른 지역이었다고 해도 의문은 풀리지 않는다 어쨌든 전 세계는 모두 육지로 연결되어있지 않다. 그런데 그 모든 외딴 지역에서도 많은 동물들이 발견되고 있었다. 노아의 방주로는 절대 설명될 수 없었다.

또 그 지역에서만 살 수 있는 동물들도 문제였다. 북극곰은 북극의 추위 속에서만 살아갈 수 있었다. 침팬지는 아프리카 열대 지방에서 살아간다. 그런데 어떻게 추워야 살 수 있는 북극곰과 더워야 살 수 있는 아프리카 동물들이 한자리에 있을 수 있었을까?

이 문제를 해결할 수 있는 방법은 한 가지였다. 성서 이야기를 문자 그대로 해석하지 말고 은유, 상징으로 해석하는 것이다. 아라라트산은 사실 에덴 동산이었다, 신이 각 동물들을 환경에 맞도록 다시 만들었다는 식이다. 어떻게든 설명은 할 수 있다. 하지만 그동안은 성서를 문자 그대로만 해석해왔다. 이제는 성서를 있는 그대로

가 아니라 은유, 상징으로 해석해야 한다. 이러면 성서 절대주의는 사라지게 된다. 그리고 그 은유, 상징을 어떻게 보느냐에 따라 성서의 해석이 달라질 수 있다. 종교개혁, 프로테스탄트는 이렇게 성서를 다르게 해석하면서 나타나게 된 것이다. 성서의 절대성을 처음 파괴한 것은 지리상의 발견, 특히 새로운 동물들의 발견이었다.

배설물의 사회사

_화장실, 퇴비, 그리고 자동차

베르사유 궁전은 1710년에 완공되었다. 프랑스 루이 14세는 파리에서 약 30km 떨어진 지역에 궁전을 지었는데, 이 궁전은 프랑스 국력의 상징이 되었다. 이후 유럽의 다른 국가들은 베르사유 궁전을 모방하여 궁전을 짓곤 한다.

그런데 이 베르사유 궁전에는 화장실이 없었다. 베르사유 궁전에는 전체 2000개가 넘는 방이 있었는데 화장실은 존재하지 않았다. 베르사유 궁전에는 항상 귀족들이 많이 있었다. 한국이나 중국에는 신하들이 업무가 끝나면 대궐을 나서 집에 간다. 그래서 궁전은 왕실과 환관, 하녀들만 살았다. 하지만 서양 궁전은 그렇지 않다. 귀족들도 모두 같이 왕궁에서 지냈고, 특히 왕비, 왕의 후궁과 같이 친한 귀부인들은 궁전에서 함께 생활했다. 이런 귀족들을 뒷바라지하는 하인들도 같이 살았다. 그래서 베르사유 궁전에는 항상 많은 사람들로 북적였다. 그런데도 궁전 내에 화장실은 존재하지 않았다.

왕 등 귀족들은 요강을 사용했다. 그리고 나머지 사람들은 정원 등에 나가서 볼일을 봤다. 하지만 정원에 나가는 데도 많은 수고가 든다. 그래서 많은 사람들이 궁궐 내에서 볼일을 처리했다. 복도, 구석진 곳 등에서 그냥 용변을 보았다. 남자만이 아니라 여자들도 그냥 궁궐 내에서 일을 처리했다. 당시 여자들은 긴 드레스를 입었다. 그냥 앉아서 볼일을 보기가 비교적 쉬웠다. 그래서 왕이 사는 궁전이라고 해도 항상 냄새가 배어있었다.

그럼 베르사유 궁전에만 화장실이 없었고 다른 건물들에는 화장실이 있었을까? 화장실이 없는 것은 베르사유 궁전만이 아니라 유럽 중세 이후의 일반적인 일이었다. 유럽의 도시들은 항상 배설물과 같이 지냈다.

사람이 사는 곳에는 배설물이 같이 있다. 농촌 지역에서는 그래도 구덩이를 파고 볼일을 처리할 수 있다. 항상 구덩이를 파지 않는다 해도 농촌에는 땅이 넓다. 언제 어디에다가도 볼일을 볼 수 있었다. 그래서 인간의 배설물이 크게 문제되지는 않았다. 하지만 유럽 도시들은 그렇지 않았다.

도시는 항상 땅이 귀하다. 볼일을 볼 수 있는 곳이 그리 많지 않다. 집에는 용변 보는 곳이 있기는 하다. 하지만 외출을 했을 때는 용변을 볼 수 있는 장소가 많지 않았다. 도시에서는 배설물을 도시 밖으로 옮겨서 처리해야 했고, 이렇게 용변을 처리하기 위해서는 비용이 들었다. 그래서 유럽 도시들은 공중 화장실을 많이 만들지 않았고, 만들더라도 모두 유료로 했다. 사람들은 공중화장실을 이용하기도 했지만 돈을 아끼기 위해서 그냥 길거리에서 볼일을 보았다. 소변만이 아니라 대변도 그런 식으로 처리했다. 이 당시 다른 사람 앞에서 용변을 보는 것이 큰 문제가 아니었다. 별 거리낌 없이 다른 사람들 앞에서 용변을 보곤 했다.

집에 용변 보는 곳이 있다고 해도 깨끗하게 처리된 것은 아니었다. 저장소 등에 가득 찬 배설물을 처리하기 위해서는 사람을 고용해서 처리해야 했는데 그러기 위해서는 비용이 들었다. 그래서 사람들은 그냥 길에다 배설물을 버렸다. 배설물 저장소가 있기는 했지만 넘쳐도 개의치 않았다. 2층, 3층에서는 요강을 사용했지만, 배설물을 저장소에 버리기 위해서는 배설물이 든 요강을 들고 지하로 내려와야 했다. 그게 귀찮았기 때문에 2층, 3층 창문에서 그냥 버렸다.

길이 깨끗하고 배설물이 없는 상태였다면 아무리 귀찮다고 해도 배설물을 그냥 길에 버릴 수는 없었을 것이다. 하지만 당시 도시에는 항상 배설물이 있었다. 그러니 위층에서 배설물을 길에 버린다고 해도 큰 문제는 되지 않았다.

그리고 길거리의 배설물에는 인간의 배설물만 있는 것은 아니었다. 서양 근세의 주요 교통수단은 말이다. 지금 자동차가 길을 왔다 갔다 하듯이, 당시에는 말과 마차가 왔다 갔다 했다. 말도 배설을 한다. 몇백 마리 몇천 마리의 말들이 도시 한복판에서 계속 배설을 했다. 인간이 길거리에서 배설하고 또 배설물을 거리에 버리는 것에 대해 아무런 거리낌이 없었던 것은 어차피 말의 배설물들이 거리를 점령하고 있어서이기도 했을 것이다. 그래서 유럽의 도시는 위생 문제가 심각했다. 유럽 도시들이 질병에 쉽게 노출이 되고, 또 흑사병 등으로 치명적인 인명 피해를 겪게 된 것은 괜히 그런 것이 아니다.

서양 도시들은 이렇게 배설물로 인해서 더러운 생활을 했는데, 동양 도시들은 어땠을까? 중국의 베이징, 조선의 한양, 일본의 도쿄 등도 인간의 배설물들이 거리를 점령했을까? 동양의 도시들은 그렇지 않았다. 동양에서는 인간의 배설물들이 제대로 관리되었다.

동양사회에서는 인간의 배설물들을 농사 퇴비로 사용했다. 배설물에는 독소가 있기 때문에 바로 퇴비로 사용할 수 없다. 배설물을 말리는 등의 과정을 거쳐서 독소를 빼고, 그 다음에 퇴비로 사용한다. 동양에서는 일찍이 그 방법을 알아냈고 그래서 인간의 배설물을 모아 비료로 사용했다.

지금은 화학 비료를 이용하지만 화학 비료가 없는 옛날에는 비료로 쓸 만한 것이 적었다. 땅은 농사를 계속 몇 년 지으면 영양가가 없어져서 더 이상 농사가 불가능한 땅이 되어버린다. 계속 농사를 짓기 위해서는 영양물을 공급해줘야 하는데 배설물로 만든 퇴비만한 것이 없었다. 그래서 동양사회에서는 배설물을 얻기 위한 경쟁이 벌어지기도 한다. 인간의 배설물만 퇴비로 사용할 수 있었던 것이 아니다. 개의 배설물, 말의 배설물, 돼지의 배설물 등도 모두 퇴비로 만들 수 있다. 그래서 동양사회에서는 이 배설물들을 모아서 퇴비로 만드는 것이 하나의 사업이 된다.

서양에서는 배설물을 퇴비로 이용하지 않았다. 인간의 더러운 배설물을 이용해서 다른 무언가를 만든다는 것 자체가 용납되지 않았다. 배설물은 전혀 쓸모가 없는 것이었기 때문에 서양에서는 배설물을 치우기 위해서는 다른 사람에게 돈을 주고 배설물을 가져가라고 해야 했다.

하지만 동양에서는 배설물은 좋은 비료였다. 사람들은 다른 사람에게 돈을 주고 배설물을 가져갔다. 땅에 퇴비를 계속 주느냐 마느냐는 그 땅에서 계속 농사를 지을 수 있느냐 없느냐를 결정하는 중대한 문제였다. 퇴비의 가격은 싸지 않았다. 배설물은 중요한 자원이었다. 함부로 길거리에 흘리고 다닐 수 없었고, 길거리에 떨어져 있으면 재빨리 가져가야 했다.

그래서 동양의 도시들에는 배설물이 없었다. 많은 인간들이 살고 있는 이상 배설물들도 많이 나왔지만 바로바로 처리되었다. 그래서 근대 이전까지는 서양 도시보다 동양 도시가 더 깨끗했다고 본다.

서양이 인간 배설물 문제를 해결한 것은 수세식 화장실이 개발된 이후이다. 17세기에 영국에서 수세식 화장실이 개발된 것으로 보이지만, 이것이 유럽 사회에 보급된 것은 한참 후이다. 그리고 인간의 배설물이 해결되었다 해도 말의 배설물까지 해결되지는 못했다. 거리는 여전히 배설물로 가득 차있었다. 1890년 미국 뉴욕에는 6만 마리의 말이 있었다. 이 말들은 하루에 1250톤의 배설물과 6만 갤런의 오줌을 길거리에 뿌렸다. 또 하루 수백 마리의 말들이 거리에 쓰러져 죽었다.

말의 배설물까지 해결된 것은 교통수단으로 자동차가 일반화된 이후이다. 자동차는 1900년대 이후에 보급되기 시작했다. 20세기에 들어서 자동차가 점차 증가하면서 말들은 거리에서 사라지게 되

차와 말이 함께 거리를 달리던 뉴욕의 거리(1900년대 초)
1900년에는 거리에 자동차보다 마차가 더 많았지만 13년 만인 1913년에는 길 위에 자동차가 더 많이 다니게 되었다.

었다. 길거리에서 말이 사라지면서 말의 배설물들도 거리에서 사라졌다. 서양 거리에서 배설물이 없어지게 된 것은 이제 백 년 정도밖에 되지 않았다.

지금 자동차는 매연을 발생시켜 환경에 큰 피해를 주는 존재이다. 하지만 자동차가 처음 등장했을 때 자동차는 거리의 환경을 획기적으로 개선시켜주는 친환경 기기였다. 결과적으로 거리에서 배설물을 제거하고 깨끗한 거리를 만든 것은 자동차였다.

전쟁에서 적군보다
무서운 것은…

　　화장실 문제에서 보듯이 20세기 이전에는 위생 환경이 좋지 않았다. 많은 질병이 있었고 이 때문에 사람들의 평균 수명이 짧았다. 사람들이 많이 모이는 곳은 물이 더러워지고 배설물 처리가 어려워진다. 그래서 사람들이 많이 모이는 곳은 필연적으로 병이 많이 돌았다.

　　많은 사람들이 한꺼번에 많이 모이는 대표적인 경우는 전쟁이 발생하는 경우이다. 전쟁이 날 경우에는 수만 명의 군인들이 한자리에 모인다. 더구나 군인들은 자기가 살던 동네에서 벗어나 다른 지역으로 이동한 사람들이다. 최근에도 다른 지역으로 여행을 가면 물이 바뀌어서 설사 등으로 고생하는 사람들이 많다. 전쟁이 발생해서 수만 명의 군인들이 한꺼번에 다른 지역으로 이동하면 많은 사람들이 병에 걸리게 된다.

일반 사람들은 병에 걸리면 일을 하지 않고 쉴 수 있다. 하지만 군인들이 전쟁 중에 쉴 수는 없다. 후방으로 이동하지 않는 한 전장을 지켜야 한다. 병이 났는데도 이렇게 계속 무리를 하게 되니 병은 더 깊어지고 결국 사망에 이르게 된다.

현대전 이전 전쟁의 특징이 하나 있다. 대부분의 병사들은 전쟁에서 전투로 인해 사망하고 부상을 입은 것이 아니다. 전쟁에서 병이 나서 사망했다. 병으로 사망한 병사들이 적과의 전투로 사망한 사람들보다 더 많았다. 사실 전쟁에서 승패를 가르는 요인은 병사들이 얼마나 더 열심히 잘 싸우느냐가 아니었다. 병에 걸려서 죽는 병사가 얼마나 되느냐가 전쟁의 승패에 영향을 주는 요인이었다.

과거 전쟁에 대한 기록에서 전투로 사망한 병사와 질병으로 사망한 병사 수를 제대로 구분해서 기록한 것은 많지 않다. 그래서 전쟁 사망자 중에서 적과의 전투로 사망한 사람과 질병으로 사망한 사람의 비율을 정확히 알기는 쉽지 않다. 하지만 전투로 인한 사망과 질병으로 인한 사망을 구분해서 기록한 몇몇 전쟁 자료들을 보면 전투로 인한 사망자보다 질병으로 인한 사망자가 매번 더 많은 것으로 나온다.

나폴레옹은 1812년 러시아 정벌에 나선다. 당시 모든 유럽 대륙 국가들이 나폴레옹에게 항복한 상태였다. 오로지 영국만 나폴레옹에게 항복하지 않았다. 나폴레옹은 영국에게 타격을 입히기 위해 대륙봉쇄령을 내린다. 유럽 대륙 국가들이 영국과 무역을 하지 못하도록 한 조치이다.

이 대륙봉쇄령은 영국에 큰 타격을 주기는 했지만, 유럽 국가들이 받은 타격은 더 컸다. 당시 산업 생산이 가장 많았던 영국의 물품을 수입할 수 없게 되면서 유럽 국가들의 경제적 어려움이 커졌다. 그래서 러시아는 몰래 영국과 거래를 했고, 이것을 나폴레옹이 알게 되어 러시아로 진격을 시작했다.

이때 나폴레옹이 동원한 병사는 45만 명이 넘었다. 그리고 나폴레옹의 군대는 이때까지 연전연승이었다. 하지만 이때 나폴레옹 군대는 궤멸을 당한다. 러시아 군대하고 싸워서 진 것은 아니다. 나폴레옹 군대는 러시아 군대와 몇 번 싸워서 모두 승리했다. 러시아 군대는 계속 후퇴했고 결국 수도인 모스크바까지 나폴레옹 군대에게 내주었다. 1812년 6월에 러시아 원정을 시작했는데, 1812년 9월에 모스크바에 입성을 했다. 일반적으로 알려져 있기로는 나폴레옹 군대가 망한 것은 추위 때문이라고 알려져 있다. 나폴레옹 군대는 6월에 진군을 시작해서 여름 복장을 하고 있었다. 모스크바에 9월에 들어갔는데, 모스크바는 이때부터 겨울이다. 러시아의 겨울 추위를 버티지 못해 결국 나폴레옹 군대는 후퇴를 했다. 추위가 나폴레옹 군대를 망하게 한 주원인이라고 보는 것이다.

그런데 1812년 9월 모스크바에 입성할 때 이미 나폴레옹 군대는 10만 명밖에 되지 않았다. 45만 명으로 시작한 전쟁이 3개월여 만에 10만 명만 남고 35만 명이 사망했다. 거의 다 진군 중에 병으로 사망했다. 이때 나폴레옹 군에는 장티푸스가 돌았다. 그리고 발진티푸스가 유행해서 치명적인 타격을 받았다.

45만 명 병사들 중에서 프랑스로 무사히 귀환한 병사는 4만 명이 채 안 되었다. 나폴레옹 군대가 추위 때문에 전멸을 당했다고 하지만, 모스크바에 도착한 병사 10만 명 중에서 추위로 잃은 병사는 많아봤자 6만 명밖에 되지 않는다. 모스크바에 도착하기 전 병으로 잃은 병사는 35만 명이다. 나폴레옹 군대는 병으로 무너졌고, 이로 인해서 유럽의 역사는 바뀐다.

1853년 러시아와 영국, 프랑스 연합군이 서로 다툰 크림전쟁에서 사망한 러시아군은 13만 명이었다. 이 중 전사자는 4만 명이고 병으로 죽은 사람은 9만 명이었다. 싸우다 죽은 사람보다 병으로 죽은 사람이 2배가 많았다. 프랑스는 이 비율이 더 높았다. 전투로 죽은 사람이 2만 명이고 병으로 죽은 사람은 7만 명이었다.

1899년에 일어난 보어전쟁에서는 1900년에서 1901년까지 2년간 영국군 전사자는 6천 명이었다. 이에 비해 병사자는 11,000명이었다. 어떤 전쟁이든 병사자 수가 전사자 수보다 훨씬 더 많다.

병이 병사가 사망하는 주원인이었기 때문에 전투가 없더라도 병사들의 사망률은 높았다. 18세기에 자메이카에 주둔한 영국군의 사망률은 연간 18% 정도였다. 전투가 없었는데도 5명 중 1명꼴로 죽었다. 아프리카 시에라리온에 주둔한 영국군의 경우에는 연간 사망률이 36%나 되었다. 3명 중 1명이 병으로 죽었다. 병사가 죽는 주원인은 전투보다는 병이었다.

나이팅게일은 백의의 천사로 유명하다. 전쟁터에 직접 나와서 부상병들을 치료했다. 그런데 나이팅게일이 유명했던 이유가 단지 전쟁터에 나와서 병사들을 치료했기 때문이었을까? 사실 나이팅게일의 업적은 병사들이 전쟁에서 죽는 주요 원인이 전투가 아니라 병이라는 것을 밝혀낸 데 있다. 나이팅게일의 위대함은 단순하게 몇 명의 부상병을 치료한 데 있는 것이 아니라 병사를 사망에 이르게 하는 주된 원인을 알아내고 이후 병영 위생 상태를 개선시켜 병사 자 수를 줄인 데 있다.

1854년 겨울에 나이팅게일은 38명의 여성들과 함께 콘스탄티노 플 주변의 영국 병영에 자원 근무를 했다. 이때 병사들이 전염병으로 죽어가고 있다는 것을 발견했다. 그런데 1855년 봄에 병사들의 사망률이 감소했다. 봄이 되어 병사들이 병영의 하수구를 대청소 했는데, 이후에 병사의 사망이 감소한 것이다. 조금 시간이 지나자 병사자가 다시 원래 수준으로 돌아왔다.

나이팅게일은 이 일을 계기로 병사들의 사망 원인, 위생이 사망 에 미치는 원인 등을 조사하기 시작했다. 그리고 병사들이 전투보 다 병으로 더 많이 죽는다는 것을 처음으로 밝혔다. 나이팅게일의 이 발견 이전에는 일반적으로 병사들은 전투에서 죽는다고 생각했 었다.

나이팅게일은 위생 상태를 개선하면 병사자를 줄일 수 있다는 것 을 제시했다. 이후 병영의 위생 상태는 점차 좋아진다. 병사자를 완 전히 없앨 수는 없었지만, 병사자의 비중은 점차 줄어들었다.

이런 측면에서 보았을 때, 전쟁 역사에서 가장 획기적인 전쟁 중 하나는 1904년에 발생한 러일전쟁이다. 러일전쟁에서 처음으로 병 으로 인한 사망자 수가 전투로 인한 사망자 수보다 적었다. 만주에 서 벌어진 러시아와 일본 간 전투에서 러시아 사망자수는 39,000 명 정도이다. 이 중에서 전투로 죽은 사람은 31,000명이고, 병으로 죽은 사람은 8,000명밖에 되지 않았다. 그리고 일본군 사망자는 80,000명이었는데 전투로 인한 사망자가 58,000명, 병으로 죽은 병사는 22,000명이었다.

여전히 병으로 죽은 사람들이 많다. 하지만 전투로 인한 사망자보다는 훨씬 적었다. 이때 러시아와 일본은 병사들의 위생을 잘 관리했다. 현지 물을 그대로 먹는 것을 금지했고, 숙소의 청결도 조심했다. 그 덕분에 병사자 수를 획기적으로 감소시킬 수 있었다. 이전 전쟁에서는 병으로 인한 사망자가 전투로 인한 사망자의 몇 배였는데, 이제는 전투로 인한 사망자의 3분의 1 수준으로 감소시킬 수 있었다. 이후 계속해서 병으로 인한 사망자 비율은 감소한다. 20세기부터는 병사는 전투에서 주로 죽는다고 말할 수 있게 된다.

보호인가, 침탈인가?
제국주의 시대와 문화재

　　지금 대영박물관에는 이집트 문물들이 굉장히 많다. 이집트뿐만 아니라 그리스 지역의 문물, 인도 등 아시아 문물들도 많이 있다. 세계 최고의 박물관이라는 명성에 걸맞게 세계 각지의 유물들이 전시되어있다. 영국만이 아니라 프랑스 루브르 박물관 등에도 이집트 등 동양의 유물들이 많이 있다. 거의 대부분 제국주의 시절에 영국, 프랑스가 자기 식민지였던 국가들에서 가져온 것들이다.

　서양의 제국주의는 다른 지역을 단순히 정치, 경제적으로만 지배한 것이 아니다. 그 지역의 오래된 유물도 강탈했다. 전통 있는 유적들을 파괴하고 유물들을 빼앗아갔다. 그래서 이렇게 강탈당한 국가들은 제국주의 국가들을 비난하며 유물들을 자기에게 돌려달라고 주장하면서 반환 운동을 펼치기도 한다.

그러면 제국주의 국가들은 정말로 오랜 문명국의 유물들을 파괴하고 강탈한 것이었을까? 만약 제국주의 국가들이 그 문화재들을 가지고 오지 않았다면 그 문화재들은 해당 국가에서 아무 문제없이 잘 보존되고 있었을까?

지금 이집트 피라미드, 스핑크스를 보면 전체 모습이 다 드러나 있다. 하지만 영국, 프랑스가 처음 이집트에 침략을 시작하던 시절의 스핑크스는 그렇지 않았다. 프랑스의 나폴레옹이 처음 이집트의 땅을 밟은 것은 1798년이다. 이때 스핑크스 사진, 그림 등을 보면 스핑크스는 머리 부분밖에 존재하지 않는다. 스핑크스의 거대한 몸통과 다리는 모두 모래 속에 잠겨있다. 이집트는 세계적 유물인 스핑크스, 피라미드를 관리하지 않았다. 그냥 사막의 모래에 방치를 했고 그래서 모래에 완전히 묻혀 있었다. 피라미드도 지금 높이의 피라미드가 아니다. 아래, 중간 부분이 모두 모래 속에 묻혀있었다. 지금 피라미드를 보면 돌계단 형식으로 되어있다. 하지만 피라미드 제일 윗부분은 돌계단이 가려져 있고 평평한 돌로 되어있다. 원래는 피라미드 전체가 평평한 돌로 외장되어있었다. 이집트 사람들이 모두 그 외장 부분을 떼어내 사용했기 때문에 지금은 돌계단이 그냥 밖으로 노출되어있는 것이다.

모래에 묻혀있는 스핑크스, 피라미드를 파내고 지금 모습으로 만든 것이 제국주의 국가들이다. 이집트 사람들은 피라미드, 스핑크스의 원래 모습을 찾는 데 아무런 관심도 없었고, 또 아무 이득도 없다고 생각해 모래를 파보지 않았기 때문에 피라미드와 스핑크스는 오랜 시간을 모래에 잠겨 있었다. 애초의 의도가 무엇이었든 간에, 제국주의 국가들이 이 인류의 보물을 원래 모습으로 돌려놓고 유지한 것이다.

이집트 왕가의 계곡, 룩소르 등 다른 지역도 원래 제대로 관리되어있던 곳에 제국주의 국가들이 쳐들어간 것이 아니다. 이들 지역은 모두 폐허 상태였다. 그 돌들은 주변지역에서 건축자재로 사용되었다. 1922년 하워드 카터가 투탕카멘 무덤을 발견하고 많은 유물들을 이집트 밖으로 가지고 갔다. 하지만 하워드 카터가 투탕카멘 무덤을 발견하지 않고 이집트 사람들이 투탕카멘 무덤을 발견했다면 어떻게 되었을까? 무덤에서 발견된 모든 유물들이 이집트 내에서 잘 관리되고 인류의 보물이 될 수 있었을까?

투탕카멘 무덤이 발견되기 전에 다른 파라오 무덤들은 모두 이집트 사람들에 의해서 도굴을 당했었다. 투탕카멘 무덤만 도굴되지 않고 지금까지 남아있었던 것이다. 투탕카멘 무덤의 유물들은 지금 다 이집트 내에 있지는 않지만 어쨌든 모두 남아있다. 하지만 이집트 사람들에 의해 도굴된 다른 파라오 무덤의 유물들은 지금 흔적도 없다. 영국이 발견한 게 오히려 더 나은 것이다.

중국도 서양 국가들이 제국주의 시절에 자국의 많은 문화재를 강탈해 간 것을 비난한다. 1900년 둔황 지역에서 비밀 동굴이 발견된다. 그 지역에서 살고 있는 왕원록이라는 도사가 발견했다. 이 동굴에는 많은 필사본들이 보관되어 있었다. 모두 4만 부나 되는 어마어마한 양이었고, 중국어, 산스크리트어, 티베트어, 위구르어 등 여러 언어로 쓰여 있었다. 우리나라 혜초가 쓴 『왕오천축국전』도 여기에서 발견된다.

영국 사람인 오렐 스타인이 돈을 주고 이것들을 샀다. 130파운드에 필사본, 회화, 자수 등 29개 상자에 해당하는 유물들을 사서 대영박물관으로 가져갔다. 중국 사람들은 이렇게 영국인이 헐값에 유물들을 사서 다른 나라로 가져간 것을 비난했다. 자기나라의 귀중한 문화 예술을 강탈해간 제국주의 국가들의 행태가 문제시되었다.

그런데 오렐 스타인은 이것들을 빼앗아 간 것이 아니다. 돈을 주고 샀다. 그리고 돈을 받고 판 사람은 중국인이었다. 중국은 귀중한 문화유산을 싼 가격에 사간 것이라고 비난한다. 그러면 오렐 스타인이 이것들을 영국으로 반출하지 않았다면 어떻게 되었을까? 이때 발견된 모든 유물들이 중국의 보호하에 지금까지 안전하게 보관되고 있었을까?

1966년, 중국에서는 문화대혁명이 일어난다. 과거의 유물들은 모두 파괴의 대상이었다. 중국 전역에서 오래된 사찰, 건물, 문화재 등이 파괴되었다. 특히 서적 등은 자본주의의 유산이라 하여 엄청난 분량들이 불에 타버렸다. 이때 문화 파괴는 전국적으로 수년간에 걸쳐 이루어졌고, 그 때문에 지금 중국에는 오래된 건물들이 별로 없다. 모두 문화대혁명이 끝난 후에 재건된 것이지 원본은 다 파괴되었다. 중국의 변경 지역도 이 문화대혁명에서 벗어날 수 없었고, 둔황의 동굴들, 그리고 실크로드에 남아있던 많은 보물들도 이때 훼손된다.

스타인이 많은 유물들을 영국으로 옮기지 않았다면 많은 수가 이때 훼손되고 파괴되었을 것이다. 인류 전체의 관점에서 볼 때, 스타인이 유물들을 영국으로 옮긴 것이 더 나은 것이다.

둔황의 유물만이 아니다. 청조 말 혼란기, 자금성의 환관들은 궁궐 내부의 보물들을 빼돌려서 외부에 팔았다. 돈으로 금방 바꿀 수 있는 것은 금이다. 그래서 금으로 만든 공예품들을 주로 훔쳤다. 하지만 이들은 공예품의 가치를 알지 못했다. 그 금 세공품들을 녹여서 금덩어리로 만들었다. 원래 모습인 공예품으로 있으면 팔기가 쉽지 않다. 그리고 가격 흥정도 어렵다. 하지만 그냥 금덩어리만 있으면 금 한 돈에 얼마 식으로 계산하기도 쉽고 금방 팔 수 있다. 그래서 수많은 금 공예품들이 금덩어리로 변했다. 이런 파괴 행위를 막은 것은 오히려 서양인들이었다. 서양인들은 금덩어리보다 금 공예품의 가치가 훨씬 더 높다는 것을 알았다. 그래서 금덩어리가 아니라 공예품 상태로 가져오기를 원했다. 금 공예품의 가치가 더 나간다는 것을 알게 된 환관들은 그때부터 금덩어리로 바꾸지 않고 공예품들을 서양인에게 가져가기 시작했다. 서양인이 중국의 보물들을 싼 가격에 사서 자기 나라로 가져간 것은 맞다. 하지만 결과적으로 이것은 인류 문화유산의 파괴였을까 아니면 보전이었을까?

캄보디아에 있는 앙코르와트도 제국주의 국가가 동양의 문화를 침탈한 대표적인 예로 들어간다. 하지만 앙리 무어가 앙코르와트를 발견하기 전에 앙코르와트는 어떤 상태였을까? 캄보디아 정부에 의해서 잘 관리되고, 지역 주민들이 보물로 생각하면서 유지되고 있었을까? 앙리 무어가 앙코르와트를 발견했을 때 이 지역은 폐허였다. 아무도 관리하지 않은 채로 몇백 년이 지난 상태였다.

건물은 사람들이 많이 왔다 갔다 해서 파괴되는 것보다, 사람이 아무도 없고 아무런 관리를 하지 않았을 때 더 파괴행위가 진행된다. 그리고 앙코르와트가 지금처럼이나마 관리된 것은 캄보디아의 힘이 아니다. 서양의 다른 나라들이 인류의 문화유산을 보전하기 위해 돈을 대고 관리에 나선 것이다. 지금도 캄보디아는 자기나라의 힘만으로는 이 앙코르와트를 유지하기 힘들다. 유네스코 등 다른 선진국들의 도움을 받아 유지하고 있다.

1947년에 이집트에서는 고대 문서들이 발견된다. 소위 사해문서라고 불리는 성서 초창기 본이다. 현재의 성서가 완성되기 전에 존재했던 많은 성서 이본들로서 그 가치는 어마어마하다.

이 문서는 그 주변 주민들에 의해 발견되었다. 그런데 주민들은 이 문서를 땔감으로 사용했다. 오래된 문서 뭉치라서 불에 잘 탔다. 더할 나위 없이 좋은 땔감이었다. 이 문서에 글자가 있는 것을 발견하고, 이 문서를 외국인에게 팔면 돈이 된다는 것을 안 주민에 의해서 이 파괴 행위가 중지된다. 서양인들이 이런 문서를 돈을 주고 산다는 것이 알려지지 않았다면, 이때 발견된 사해 문서는 모두 불에 타버렸을지도 모른다.

제국주의 국가들이 식민지 국가들의 문화 유물들을 파괴해왔을까? 문제는 그렇게 간단하지 않다. 지금 카이로박물관에서 이집트 문물들이 보관되고 관리되는 상태와 대영박물관, 루브르박물관에서 이집트 유물들이 보관되고 관리되는 상태를 비교해보면, 인류 전체의 입장에서는 이집트 유물들이 대영박물관, 루브르박물관에 있는 것이 더 낫다는 생각을 지울 수 없다.

제4장_ 말하지 않는 미국사

미국이 세계사에서
차지하는 의의

미국은 지금 세계 최강대국이다. 영국, 러시아, 프랑스, 일본 등 다른 강대국들에 비해서 세계 다른 나라에 미치는 영향이 월등히 크다. 지금 중국이 급부상하고 있다고는 하지만 세계 정치나 경제에 미치는 영향력 측면에서 미국에 비할 바는 못된다. 미국은 현대 세계에서 지배적인 강대국이라 할 수 있다.

하지만 미국이 20세기, 21세기 세계 최강대국이라는 것이 세계 사적으로 볼 때 그렇게까지 중요하다고는 보기 어렵다. 어느 시대에나 세계 최강대국은 있었다. 과거 이집트, 그리스, 로마 제국도 세계 최강대국이었고, 베네치아, 스페인, 네덜란드, 영국 등도 세계 최강대국으로 이름을 남겼다. 어느 시대든 세계 최강대국은 있는 것이고 또 계속 변한다.

미국이라는 나라가 세계사에 기여한 의의는 두 가지가 있다. 첫째는 미국이 최초로 대통령제를 만들어낸 국가라는 점이다. 미국이 대통령제를 만들어내기 전에는 모든 국가가 군주제였다. 왕이 있었고, 세습제였다. 전 세계 모든 국가들이 왕이 다스리던 시절에 미국은 왕이 아니라 다른 통치 제도를 만들어냈다. 미국이라고 해서 왕정을 만들겠다는 생각을 하지 않은 것은 아니다. 독립전쟁을 승리로 이끌고 초대 대통령이 된 조지 워싱턴을 왕으로 추대하려는 움직임도 있었다. 하지만 결국 미국은 군주제를 채택하지 않고 대통령제를 만들었다.

지금은 대통령제라는 것이 특별한 것으로 여겨지지 않는다. 전 세계적으로 볼 때 군주제를 채택하고 있는 나라보다 군주제를 채택하지 않는 나라가 더 많다. 그렇기 때문에 미국이 대통령제를 만들어낸 것이 지금 시각으로는 별게 아닌 것으로 여겨진다. 하지만 왕정을 폐지하고 대통령제를 도입한 것은 세계사적으로 볼 때 엄청난 변화이다.

군주제와 대통령제의 차이점을 이야기할 때 주로 군주제는 모든 권한이 왕에게 집중되는데 반해 대통령제에서는 권력이 분산된다는 점을 이야기한다. 대통령제는 원래 사법권, 입법권, 행정권을 분리하고 행정권의 수반을 대통령이라고 부르는 제도이다. 대통령이라고 해서 그 국가의 1인자는 아니다. 대통령제는 의도적으로 권력을 분산시켜서 권력의 남용을 방지하고자 한다. 하지만 군주제라고 해도 권력이 제한된 군주제도 있다. 영국은 근대 이후 왕이라 해도 실질적인 권력은 없는 의례적 존재가 되었다. 또 제3세계 국가에서는 대통령제라 해도 사법권, 입법권, 행정권을 모두 가지고 있는 절대적인 대통령들도 많다. 단지 군주제인가 대통령제인가에 따라 권력 집중과 분산이 결정되는 것은 아니다.

대통령제가 만들어지면서 나타난 가장 큰 변화는 '국가의 목적은 국민의 행복 추구'라는 점이 명확하게 되었다는 점이다. 국민을 위한다는 것이 국가의 목적으로 정립되었다. 원래 국가라는 것은 어떤 목적에 의해서 만들어지지 않았다. 씨족사회가 살다 보니 부족사회가 된 것이고, 부족사회로 지내면서 다른 부족과 싸움을 하다 보니 어느새 국가가 만들어졌다. 그리고 국가가 만들어질 당시 가장 큰 부족장이 왕이 되었다. 국가라는 것은 어떻게 하다 보니 만들어진 것이지 특정한 목적을 추구하면서 만들어진 것이 아니다. 그렇다 보니 국가의 주요 목적은 지배자인 왕조를 유지하는 것이 되었다. 국민을 행복하게 한다거나, 국민을 잘살게 한다거나 하는 것이 아니라 왕조 유지 그 자체가 목적이 된다.

군주는 국민을 위해야 한다고 한다. 하지만 그것은 군주가 하면 좋은 것이지 군주제의 목적은 아니다. 군주제의 목적은 어디까지나 자기 왕조를 계속 유지하는 것이다. 군주제에서는 설사 국민을 위한다고 하더라도 자기 왕조의 존립이 위험해지는 것을 감수하고 국민의 행복을 추구하지는 않는다. 자기 왕조에 위협이 될 경우에는 국민을 억압하는 것으로 돌아선다. 국민을 잘살게 하는 것보다 왕조 유지가 더 우선이다.

하지만 대통령제에서는 국민과 별도로 지속시켜야 할 왕조와 같은 별도의 존재가 없다. 오직 국가와 국민만 있다. 따라서 대통령제에서는 국가와 국민이 항상 전면에 나설 수밖에 없다. 국민을 위한 국가, 국민을 위한 정치를 요구하고, 또 이것이 실제로 가능해진 것은 미국이 대통령제를 만들고 이것이 다른 국가로 널리 퍼지면서부터다.

미국이 세계사에 기여한 두 번째는 식민지 시대를 종식시켰다는 점이다. 미국은 제2차 세계대전에서 일본을 이겼다. 일본은 무조건 항복을 하면서 패배를 했다. 이런 식으로 전쟁에 이기면 보통 그 국가 영토를 빼앗는 것이 그때까지의 일반적인 행태였다. 상대국가의 땅을 몰수하지는 않더라도 최소한 상대국가의 식민지들은 빼앗는 것이 이 당시 제국주의 시대의 일반적인 양상이었다.

영국, 프랑스 등은 전 세계에 식민지를 만들었다. 그런데 영국의 식민지라고 해서 원래부터 영국 식민지는 아니었다. 원래 지리상의 발견으로 해외 식민지를 만든 국가는 스페인과 포르투갈이다. 아시아, 아메리카는 모두 이 두 나라의 식민지였다. 하지만 영국, 네덜란드 등이 스페인, 포르투갈과 전쟁을 해서 이기고, 스페인 등의 식민지를 빼앗은 것이다.

영국, 프랑스, 독일 등은 자기들끼리 계속 싸우고, 전쟁에서 이기면 땅도 얻었다. 전쟁에서 이기면 영토가 확장되는 이점이 있었기 때문에 계속해서 이들은 전쟁을 벌였다.

일본이 영토를 확장시킨 것도 전쟁에 이기면서 영토를 할양받았기 때문이다. 오키나와를 점령해서 이곳을 일본 땅으로 했고, 청일 전쟁에서 이겨서 대만을 빼앗았다. 중국과 싸움에 이겨 만주국을 만들고 중국 내륙에 자기 영역을 만들었다. 그리고 동남아시아를 점령해 모두 일본 땅으로 만들었다. 최소한 그 땅을 군사적으로 점령하면 그때부터 자기땅이라고 주장할 수 있었고, 다른 나라들도 모두 당연한 것으로 인정을 했다.

제2차 세계대전에서 미국은 일본으로부터 무조건 항복을 받았다. 독일로부터도 항복을 받았다. 그런데 미국은 일본의 식민지를 자기 땅으로 하려고 하지 않았다. 그 대신 일본의 식민지였던 국가들을 모두 독립시키려고 했다. 당시 한국, 만주, 대만 등은 오래전부터 일본의 식민지였던 지역이었다. 이 지역을 미국이 자기 땅으로 내놓으라고 해도 이상하지 않은 시절이었다. 식민지를 확장하는 것이 당연하게 여겨지던 시절이다. 그런데 미국은 전쟁에서 완전히 승리했는데도 불구하고 식민지를 늘리지 않았다. 그 대신 식민지들이 모두 독립하도록 만들었다.

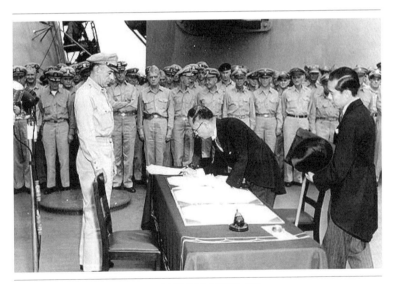

일본 외무대신 시게미쓰 마모루가 미주리호에서 항복 문서에 서명하는 모습

사실 이때 일본의 항복은 무조건 항복이었다. 일본은 무조건 항복을 하기 전, 항복을 하면 일본이 미국의 한 주로 편입될 수도 있다고 걱정을 했다. 일반적으로 전쟁에 져서 맺는 조약에서는 자국이 다른 나라에 완전히 복속되는 것까지는 걱정하지 않아도 된다. 최소한 자기 나라 국체는 유지된다. 하지만 무조건 항복은 아니었다. 일본을 완전히 없애버리고, 미국의 한 주로 만들어도 할 말이 없었다. 그래서 일본은 무조건 항복만은 막고자 했었다.

미국은 일본을 완전히 멸망시키고 일본을 미국령으로 할 수도 있었다. 하지만 그러지 않았다. 그래서 일본은 국체를 그대로 유지할 수 있었다.

유럽에서도 마찬가지였다. 독일을 미국 땅으로 할 수는 없었다 하더라도 독일의 식민지국은 미국 땅으로 해도 되었다. 하지만 미국은 독일 식민지를 자기가 뺏는 짓을 하지 않았다.

미국은 패전국의 식민지 영토를 독립시키는 것에서 한 걸음 더 나아갔다. 영국, 프랑스 등 승전국에 대해서도 식민지를 더 이상 두지 못하게 했다. 식민지가 독립을 위해 싸우면 그 식민지국을 지원하고 영국, 프랑스 등에 대해 식민지를 독립시킬 것을 압박했다.

미국이 내건 이유는 '자유'였다. 미국은 자유라는 이념을 보급시키려 했고 따라서 식민지국들도 자유 국가를 만들라는 것이 이유였다. 하지만 영국, 프랑스, 독일 등의 식민지를 독립시킴으로써 유럽 강대국들이 더 이상 세계에 영향력을 발휘할 수 없도록 하려고 했을 수도 있다. 그 이유야 어쨌든 미국이 제2차 세계대전 이후에 스스로 식민지를 취하지 않고, 그동안 식민지였던 국가들을 독립하도록 유도했기 때문에 식민지 체제가 끝난 것은 사실이다. 식민지 체제는 유럽이 아시아에 진출한 이후 시작돼서 20세기까지 수백 년 동안 이어져왔다. 열강이 있고 열강에 종속된 식민지가 있다는 것이 당연하게 여겨지던 시절, 미국은 그 식민지 체제를 종식시켰다.

최소한 미국이 일본, 독일의 식민지를 자기 식민지로 가질 수 있었는데도 그 국가들을 독립시켰다는 것, 미국이 세계사에, 그리고 한국에 가장 기여한 것은 바로 이 점일 것이다.

아메리카 노예는
아프리카 노예였다

　　　　　아메리카 대륙 발견 이후 많은 흑인들이 아메리카로 끌려가 노예 생활을 했다. 처음에는 카리브해에서 사탕수수를 재배하는 데 이 노예들을 동원했다. 그리고 나중에는 미국 남부에서 노예들을 대량 수입한다. 당시에 미국 남부는 면화 재배가 일반화되면서 많은 일손이 필요했다. 몇십만 명의 노예들이 미국에 팔려갔고, 이후 남북 전쟁 원인 중 하나가 된다.

　흑인들은 미국에서 노예로 팔렸다. 그리고 이 노예들은 아프리카에서 왔다. 주로 아프리카 서해안의 중간 지역에서 미국으로 온 노예들이다. 그런데 이 노예들은 처음에 어떻게 노예가 된 것일까? 아프리카에서 어떤 상태로 지내다가 미국에 노예로 팔리게 된 것이었을까?

흑인 노예의 인생을 그린 유명한 소설 『뿌리』가 있다. 『뿌리』를 보면 원래 아프리카의 흑인들은 자기 마을에서 행복하게 잘 살고 있다. 그런데 숲을 돌아다니다가 백인들에게 납치를 당한다. 백인들은 길목을 지키고 있다가 그물과 총을 무기로 흑인을 납치하고 배에 태운다. 말을 듣지 않는 흑인은 채찍으로 때리고 고문, 협박을 한다. 그리고 미국에 배가 도착한 후 노예 시장에 내놓는다. 이 흑인들은 아프리카에서 평범한 생활을 하다가 갑자기 노예가 되었다. 흑인 노예들은 백인 인신매매범들 때문에 인생이 크게 변하게 된 것이다. 백인 노예상들은 정말 야만적이고 나쁜 사람들이다.

처음에는 역사가들도 이렇게 알았다. 흑인 노예들은 백인 노예상들에 의해 아프리카에서 강제로 잡혀오고, 끌려온 것으로 알았다. 하지만 이후에 아프리카 해당 지역을 연구하면서 노예무역이 그런 식으로 이루어지지는 않았다는 것을 알게 된다.

평범한 사람이 갑자기 한 번도 본 적이 없는 외부인에게 납치를 당했다고 생각해보자. 이 사람을 끌고 가서 다른 곳에 팔면, 이 사람은 자신을 노예로 들인 집에서 아무 생각 없이 노예 생활을 할 수 있을까? 자기는 노예가 아니라고, 끌려온 것이라고 엄청난 반항을 할 것이다.

이렇게 반항을 하는 노예에게 채찍질을 해서 억지로 노동을 시킬 수도 있다. 하지만 비싼 돈을 주고 노예를 사는 사람은 자기가 노예를 산 다음에 노예로 길들여야 하는 수고를 추가로 들여야 한다면 노예를 사지 않을 것이다. 노예는 굉장히 비쌌다. 노예를 사려면 길이 잘 들고, 일 잘하고, 말 잘 듣는 노예로 산다. 사나운 눈빛을 하고 자기는 노예가 아니라고 발버둥 치는 사람을 사지는 않는다.

노예는 그냥 집에 들여놓는 물건이 아니다. 애완견의 경우에도 사납고 사람을 공격하려 하는 개는 사지 않는다. 하물며 같이 살아야 하는 노예는 말할 것도 없다. 노예가 20명 이상 되는 대농장에서는 노예들의 숙소가 따로 있었지만, 대부분 집에서는 노예와 주인들이 같은 집에서 살았다. 같이 사는 사람이 자기에게 적대적이라면 평안하게 사는 것이 불가능하다. 자기는 노예가 아니라고 소리를 지르면서 사슬을 풀어달라고 하는 사람하고 같이 살면서 일을 하려는 주인은 없다.

노예를 사는 주인이 노예를 직접 길들일 수는 없다. 그러면 노예상이 길을 들여야 한다. 하지만 일반 사람들을 억지로 노예 생활을 하게 만드는 것이 쉬울 리 없다. 때리고 채찍질을 해야 한다. 하지만 노예상은 그 노예를 자기가 이용하지 않는다. 노예를 팔아야 하는 사람이다. 노예 몸에 고문 자국이 있고, 채찍질 자국이 있으면 그런 노예는 팔리지 않는다. 노예를 사는 사람은 말 잘 듣고 고분고분한 노예를 원한다. 말을 듣지 않는 노예라는 것을 분명히 알려주는 온몸에 채찍질 자국이 있는 노예를 구입할 리 없다.

그리고 아프리카 마을에서 그동안 같이 지내던 사람이 갑자기 납치를 당하면 어떻게 된 일인지 조사를 하게 된다. 백인들이 주변에 나타났을 때 자기 마을 사람이 납치되었다면 그 다음부터 그 백인들은 공격 대상이 된다. 한두 명은 납치당할 수도 있다. 하지만 한 지역에서 몇십만 명이 납치당하는 것은 불가능한 일이다.

즉 원래 노예가 아닌 사람을 억지로 잡아다가 다른 사람에게 노예로 파는 것은 쉬운 일이 아니다. 아프리카에서 아무 문제없이 살고 있는 흑인을 납치해서 아메리카 대륙에서 노예로 팔았던 것이 아니다. 아메리카에서 노예로 팔린 흑인들 대부분은 원래 아프리카에서도 노예였다.

유럽인이 아프리카 중부 서해안의 노예무역으로 유명한 지역에 진출하기 전, 이 지역 아프리카 사람들의 30%~60%가 노예였다. 백인들의 노예로 지낸 것이 아니라 흑인들의 노예로 지냈다. 특히 아프리카 부족 추장들의 노예가 많았다.

백인 노예상들은 이 지역에서 아프리카 흑인들을 납치하러 다닌 것이 아니었다. 아프리카 추장들에게 돈을 주고 샀다. 흑인 노예들은 그래서 별 반항 없이 아메리카로 가는 배에 올랐고, 아메리카 노예 시장에 나왔다. 자기는 노예라고, 반항하고 대들지 않았다. 자기는 원래 노예였고, 이제 다른 곳으로 이동해서 다른 주인을 만나게 되는 것일 뿐이다.

가끔가다가 원래 노예가 아니었는데 노예로 끌려간 사람도 있다. 하지만 이 경우에도 백인들이 납치한 것은 아니다. 납치를 하면 해당 추장과의 관계가 굉장히 악화된다. 이런 경우는 아프리카 추장이 당사자의 허락 없이 몰래 노예로 판 경우였다. 백인 노예상들은 아프리카 추장에게 돈을 주고 그 사람을 노예로 끌고 간 것이었다.

어쩌면 정말 욕을 먹어야 할 사람들은 아메리카에서 노예를 부린 사람과 백인 노예상들이 아니라 자기 부족 사람들을 백인 노예상에게 판 아프리카 추장들일지도 모른다. 서구 제국은 이후 노예무역을 금지하는데, 아프리카 추장들은 그 조치에 대해 항의하기도 한다. 그동안 자기들에게 큰 이익을 주었던 노예 판매를 더 이상 할 수 없게 되었기 때문이다.

그리고 이 당시에 노예가 흑인 노예만 있었던 것은 아니다. 우리는 지금 워낙 아메리카의 흑인 문제에 대해서만 알고 있어서 노예 제도를 인종 문제로 생각하는 경향이 있다. 백인이 주인이고 흑인이 노예인 것으로 본다. 하지만 그것은 미국 남부에서만 일반적인 상황이었다. 유럽, 중동, 아프리카 등에서는 백인 노예, 흑인 노예 등이 모두 다 있었다. 아프리카 북부 지역에는 예전부터 노예로 지내는 사람이 많았다. 이곳에서 일하는 노예들은 백인들이 더 많았다. 사실 유럽에서 노예로 일하는 아프리카 사람들보다는, 아프리카에서 일하는 백인 노예들이 더 많았다.

미국에서도 흑인들만 노예였던 것은 아니다. 미국인들은 대부분 유럽에서 미국으로 배를 타고 이주한 사람들이었다. 하지만 대서양을 건너는 뱃삯은 비쌌다. 그래서 가난한 유럽인들은 미국에 도착한 후 5년 정도 노예 생활을 하는 조건으로 무료로 배표를 구했다. 미국으로 가는 뱃삯을 낼 수 없는 유럽인들은 처음에 미국에서 노예 생활을 하다가 계약기간이 끝나면 자유인이 되었다. 그래서 미국에는 백인 노예, 흑인 노예가 모두 있었다.

보통 사람에게 억지로 노예 낙인을 찍고서 노예로서 생활하라고 하는 것은 불가능하다. 아메리카 흑인 노예들은 일반인들을 억지로 끌고 가서 노예를 시킨 것이 아니다. 아프리카 노예가 아메리카 노예로 바뀐 것이었다.

청교도와
영국 귀족의 전쟁,
남북전쟁

미국 남북전쟁은 미국 역사에서, 그리고 노예 해방 등과 관련해서 세계사에서도 중요하게 다뤄진다. 남북전쟁은 미국 북부 지역과 남부 지역이 서로 싸운 전쟁이다. 북부는 연방 제도를 계속 유지하고자 했고, 남부는 연방 제도에서 떨어져 나가 독립된 국가를 만들고자 했다. 남부는 미연방에서 탈퇴하려 하고, 북부는 그 탈퇴를 막으려고 한 것이 남북 전쟁이다. 이렇게 미국 남부가 연방에서 탈퇴하려 해서 전쟁까지 하게 된 이유에 대해서는 여러 가지 설명이 있다.

우선 직접적인 원인은 노예제도 때문이다. 미 북부는 노예제도에 대해 반대했고 미 남부는 노예제도를 찬성했다. 미 북부 지역의 주들은 노예제도가 비인간적인 제도라 해서 폐지하고 금지했다.

하지만 남부 지역 주들은 노예를 필요로 했다. 남부 지역은 면화 농사 등이 주요 산업이었고, 노예가 없으면 일을 하는 것이 어려웠다. 노예제도에 대해 찬성하느냐 반대하느냐가 남북 전쟁의 주요 원인 중 하나로 거론된다. 또 이렇게 남부에서 노예제도가 필요했던 이유인 경제적 조건도 남북 전쟁의 중요한 원인으로 거론된다. 북부 지역은 상공업 중심의 경제 지역이었다. 하지만 남부 지역은 농업 중심이었다. 상공업 중심일 때 필요한 법, 제도와 농업 중심일 때 필요한 법, 제도는 완전히 다르다. 북부 지역과 남부 지역은 사사건건 서로 대치될 수밖에 없었고, 결국 전쟁까지 이르게 된다.

북부 지역의 문화와 남부 지역의 문화가 달랐던 것도 원인이다. 북부 지역은 도시 문화가 발달했다. 하지만 남부 지역은 장원 문화였다.

미국 남부의 면화 농장
미국 남부는 면화 생산지의 중심이었다. 1865년까지 면화 생산은 아프리카에서 건너온 노예의 손에 의존했다.

그런데 이런 조건들은 남과 북이 전쟁까지 이르게 할 정도의 문제라고는 하기 어렵다. 미국 북부 지역은 상공업 지역, 남부 지역이 농업 지역으로 서로 경제적 기반이 달랐던 것은 맞다. 하지만 상공업 지역과 농업 지역으로 분리되는 것은 미국에서만 일어나는 일이 아니다. 사실 모든 국가가 상공업 지역과 농업 지역으로 구분된다. 우리나라도 수도권 지역과 경남 지역이 상공업 지역이고, 전라도 지역이 대표적인 농업 지역이다. 일본에서는 도쿄권, 오사카권 등이 상공업 지역이고, 동북 지역 등이 농업 지역이다. 이탈리아는 북부 지역이 상공업 지역이고, 남부 지역이 농업 지역이다. 오스트레일리아는 동남부 지역에 상공업이 몰려있고, 나머지는 모두 다 농업 지역이다. 중국도 해안지역이 상공업 지역이고, 내륙은 농업 지역이다.

　　사실 한 지역에서 상공업과 농업이 같이 이루어질 수는 없다. 상공업 지역과 농업 지역은 언제나 분리되는 것이 원칙이다. 하지만 다른 나라에서는 상공업 지역과 농업 지역이 구분되었다 해서 전쟁까지 벌이지는 않는다.

　　또 북부와 남부가 문화가 달랐다고 하지만, 어느 나라든 지역 간 문화 차이는 존재한다. 그리고 지역 간에 서로 싫어하고 미워하는 것도 공통적인 현상이다. 한국에서도 경상도와 전라도 간 차이, 그리고 서로 지역 간 다툼이 있어왔다. 미국보다 상대적으로 국토 크기가 작은 우리나라 내에서도 문화적 차이가 존재하는데, 훨씬 땅덩이가 큰 미국에서 지역 간 문화 차이가 없을 수는 없다. 독일도 북쪽 사람과 남쪽 사람 간에 서로 다툼이 있고, 중국도 북쪽 지역의 음식, 언어, 문화가 남쪽 지역의 음식, 언어, 문화와 완전히 다르다.

사실 경제적 조건, 문화 간 차이는 어느 나라나 다 있다. 하지만 이런 차이가 있다 하더라도 자기들이 하나라는 관념이 있다면 헤어지려고 전쟁까지 하지는 않는다. 미국에서 남부가 독립하기 위해 전쟁까지 벌였다는 것은 당시 남부 사람들은 북부 사람들을 동질감 있는 일원으로 생각하지 않았다는 뜻이다.

미국은 어떻게 시작되었을까? 가장 일반적인 이야기는 1620년 메이플라워호가 지금의 매사추세츠 주에 정착하면서 미국 역사가 시작되었다고 본다. 영국에서 청교도들은 종교적 자유를 찾기 위해서 아메리카 대륙으로 향했다. 모두 102명이 메이플라워호를 타고 미국으로 건너왔고, 이것이 미국의 기원이라고 말한다.

이 메이플라워호를 타고 온 사람들이 미국의 기원이라면, 미국인들은 메이플라워호 사람들의 후손인가? 이들의 자손이 미국 각지에 퍼져나가서 미국 국가가 만들어졌나? 그렇지는 않다. 우선 메이플라워호가 미국에 도착한 것은 1620년이다. 미국 남북전쟁이 발생한 1861년까지는 241년밖에 되지 않는다. 이 사이에 그렇게 많은 후손이 생겼을 리는 없다.

미국은 유럽으로부터의 이민으로 만들어진 국가이다. 메이플라워호는 많은 이민자 집단 중 하나였을 뿐이다. 미국은 종교의 자유를 찾아 메이플라워호를 타고 온 청교도들에 의해 만들어진 국가라는 이미지를 주려고 하고 있지만, 사실 미국에 이주해온 사람들에는 다른 부류의 사람들도 많이 있다.

미국으로 온 이주민은 크게 두 가지로 분류된다. 하나는 미 북부 지역으로 이주해온 사람들이다. 이들은 메이플라워호를 타고 온 것으로 대표되는 청교도들, 그리고 퀘이커교들이 주류이다. 이들은 종교적 목적을 가지고 있는 사람으로 새로운 땅에 새로운 종교 사회를 건설하려는 생각을 가지고 왔다.

그리고 미 남부에 이주해 온 그룹들이 있다. 이들은 영국 귀족 출신들이었다. 영국 왕실을 인정하는 왕당파이고, 또 영국에서 귀족 생활을 하던 사람들이지만 신대륙으로 이주했다. 북부 지역에 이주한 사람들은 영국, 유럽 등에서 잘사는 사람들은 아니었다. 보통 유럽에서 미국으로 이주한 사람들은 유럽에서의 삶이 힘들었기 때문에 이주한 것이다. 유럽에서 잘먹고 잘사는 사람들이 일부러 먼 미국으로 이민하지는 않았다. 그런데 남부 지역에 이주한 사람들은 귀족들이었다. 귀족이면서 미국으로 이주를 한 이유는 영국의 상속 제도 때문이었다. 영국에서는 장자 우선으로 상속이 되었다. 장자는 아버지의 재산과 권리를 대부분 물려받을 수 있다. 하지만 차남부터는 상속받을 수 있는 재산이 많지 않았고, 귀족 신분 유지에도 한계가 있었다. 이들은 아버지가 돌아가시면 다른 도시에 가서 상인이 되거나 해운업을 주로 했다. 그동안 누리던 귀족 생활을 계속 유지할 수 없었다. 그래서 이들은 미국행을 결심한다.

이들은 귀족이기 때문에 부유했다. 미국에 올 때도 혼자 온 것이 아니라 하인들을 데리고 왔다. 그리고 미국 남부에 정착해서 영국에서 생활하던 귀족 생활을 계속해서 영위하고자 했다. 그래서 미국 남부의 집들은 대저택이다. 경제적으로 잘산다는 미국 북부 지역의 집들은 도심 지역에 조그맣고 다닥다닥 붙어있지만, 남부 지역은 넓은 대지와 그 중심에 큰 저택이 있는 것이 일반적인 모습이다.

미국 북부와 남부가 서로 완전히 다른 문화인 것은 당연하다. 미국 북부는 서민 문화이고 청교도 문화이다. 서민들이 북부 지역으로 이주했고, 종교적 목적으로 이주했다. 반면 미국 남부는 귀족들이 이주했고, 영국에서 더 이상 누릴 수 없는 귀족 생활을 미국에서 계속 누리는 것이 목적이었다. 북부는 서민들이었기 때문에 하인을 거의 두지 않았다. 노예가 필요하지도 않았다. 하지만 남부는 귀족들이기 때문에 하인이 많이 있어야 했다. 노예도 있어야 했다.

평균적으로는 미국 북부 지역이 남부 지역보다 소득이 높고 잘살았던 것은 맞다. 하지만 남부가 북부보다 못살았다고 보기는 어렵다. 남부 지역에는 귀족 외에 더 많은 수의 하인들과 노예들이 있었기 때문에 평균 소득이 북부보다 적었던 것이지, 사실 진짜 부자들은 남부에 있었다.

지금 미국은 메이플라워호를 타고 온 청교도 집단에 의해 미국이 만들어졌다고 하고 있다. 하지만 사실 종교의 자유를 찾아온 청교도 집단, 그리고 귀족 생활을 계속 영위하고자 했던 영국 귀족들이 미국을 세운 주역들이다. 이들은 같은 미연방이라는 틀 속에 있기는 했지만 서로가 평등한 존재라고 생각하지는 않았던 것 같다. 결국 이들은 남북 전쟁에서 대판 싸운다.

북쪽이 승리했고, 이후 미국은 '청교도들이 자유를 찾아서 온 나라'로 이미지가 굳어진다. '귀족 생활을 계속 누리기 위해 온 나라'라는 이미지는 이제 말하지 않는 역사가 된다.

라이트 형제가
처음 하늘을 날았을까?

하늘을 처음 난 사람은 누구였을까? 라이트 형제이다. 라이트 형제가 최초로 비행기를 발명하고 하늘을 날았다. 라이트 형제는 1903년 12월에 첫 비행에 성공했다. 라이트 형제는 당시 비행 전문가도 아니었고, 단지 자전거 수리공들이었을 뿐이었다. 이런 라이트 형제가 비행기를 발명했다는 것은 대단한 일이었다.

사실 이때 미국에서 기대했던 사람은 따로 있었다. 비행 관련 전문 학자인 새뮤얼 랭글리이다. 국방부는 새뮤얼 랭글리에게 당시 5만 달러라는 거금을 지원했다. 비행기를 만들고자 하는 많은 사람들이 랭글리를 찾아와 최고의 팀을 만들었다. 언론에서도 랭글리의 비행기에 대해 많은 관심을 기울였다. 하지만 이런 사회적 평가에서 완전히 벗어나있던 아웃사이더인 라이트 형제가 처음 비행에 성공했다.

1903년 12월 17일, 동력 비행에 성공한 라이트 형제의 비행기
라이트 형제가 최초로 하늘을 난 것은 아니다. 라이트 형제는 미국에서 최초로 동력 비행에 성공했다.

라이트 형제 이야기는 현대판 다윗과 골리앗 이야기였다.

그런데 정말로 라이트 형제가 처음으로 비행기를 만들고 하늘을 난 거였을까? 라이트 형제가 처음 비행기로 하늘을 난 것은 맞다. 단, 미국에서 처음이었다. 시야를 세계로 돌리면 다른 이야기가 진행된다.

사실 사람이 하늘로 올라간 것은 라이트 형제보다 훨씬 더 오래전 일이었다. 사람들은 기구를 이용해서 하늘로 올라갔다. 천 속에 뜨거운 공기나 헬륨, 가스 등을 채우면 하늘에 떴다. 이 기구를 크게 만들면 사람이 탈 수도 있었다. 기구를 이용해서 처음 사람이 하늘로 올라가 운항을 한 것은 1852년이었다.

이 기구는 19세기 말에 이미 엄청나게 발전을 한다. 1900년경에는 길이 128미터에 달하는 기구도 만들어졌다. 한두 명의 사람이 아니라 몇십 명의 사람도 태울 수 있는 크기였다. 하지만 이런 식으로 기구를 이용해서 하늘로 올라가는 것은 마음대로 조종을 할 수가 없었다. 단지 가스를 주입하면 하늘로 올라가고, 가스를 빼면 땅으로 내려오는 시스템이었다. 엔진과 프로펠러를 달아서 조정해보고자 했지만 방향 조정이 잘 되지 않았다. 사람이 기구를 원하는 방향으로 조종하는 것이 불가능했고, 바람이 어떻게 부는가에 많은 것이 달려 있었다. 이런 식으로 하늘을 나는 것을 가지고 하늘을 정복했다고 말할 수는 없었다.

1900년 4월, 파리항공클럽에서 '인간이 조정하는 비행' 발전을 위한 공고를 냈다. 바람의 힘이 아니라 기구 자체의 동력으로 파리 생클루를 출발해서 에펠탑을 돌아오는 비행에 성공한 사람에게 10만 프랑의 상금을 지급하겠다고 발표했다. 이 당시 기구의 속도를 고려할 때 생클루에서 에펠탑까지 왕복하려면 30분 정도 걸렸다. 30분 동안 기구를 마음대로 조종할 수 있는가가 성공을 판단하는 기준이었다.

브라질 출신인 산투스두몽이 여기에 도전을 했다. 자신의 재산을 모두 털어서 기구와 엔진을 만들었다. 실험 과정에서 몇 번이나 죽을 고비를 넘기기도 했다. 하지만 결국 산투스두몽은 비행정을 조정해서 에펠탑을 돌아오는 데 성공했다. 바람의 힘이 아니라 엔진의 힘만으로, 그리고 방향 조정을 마음대로 하면서 최초로 비행정을 운항했다. 이때가 1900년 4월이었다. 라이트 형제가 하늘을 날기 3년 8개월 전이다. 라이트 형제의 첫 비행시간은 12초였다. 하지만 이때 이미 30분 이상 조종 가능한 비행이 있었다.

비행정은 이후 급속도로 발전을 한다. 가장 유명한 비행선은 독일 체펠린 백작의 비행선이다. 1909년에는 프랑크푸르트, 뒤셀도르프, 함부르크 등의 도시들이 비행선으로 연결되었다. 군사용이 아니라 일반인들을 태우고 운반하는 여객선이었다. 한 번에 200명 이상이 탈 수 있는 대형 비행정이었다. 1919년에는 대서양 왕복 횡단에도 성공했다. 대서양을 횡단하는 여객선도 운항되었다. 일반 비행기가 대서양 왕복 횡단에 성공한 것은 1927년이었다. 비행정의 기술이 10년 정도 빨랐다.

사실 이 당시만 해도 기구 없이 동력만을 이용해서 하늘을 나는 방식보다 기구와 동력을 이용해서 하늘을 나는 것이 더 장래가 유망했다. 기구와 동력을 이용하는 것이 훨씬 더 부드럽고 안전했다. 엔진만으로 하늘을 나는 것은 이륙과 착륙을 할 때 위험했고 많은 사람을 태울 수도 없었다.

하지만 제2차 세계대전 이후 분위기가 달라진다. 비행정이 불타는 경우가 발생했고 폭풍에 휘말려 추락, 폭발하는 경우도 발생했다. 결국, 비행정은 그 지위를 지금의 비행기에게 넘기게 된다.

하늘을 처음 난 사람, 동력 비행을 처음 한 사람은 누구였을까? 과연 라이트 형제라고 말할 수 있을까? 하지만 지금은 비행기를 처음으로 만들고 하늘을 난 사람은 라이트 형제라는 것이 상식이 되었다. 인류 전체를 기준으로 해서는 라이트 형제가 비행의 시대를 처음으로 연 사람이라고 말하기 어렵다. 하지만 미국 역사에서는 라이트 형제가 정말 중요하다. 미국이 처음 만든 동력 비행기가 결국 세계를 제패하게 된 것이다. 미국에서 라이트 형제를 최초라고 하고 중시하는 것은 이해할 수 있다. 하지만 다른 나라에서 라이트 형제를 비행의 시초라고 하는 것은 미국에서 주장하는 이야기를 아무 생각 없이 받아들이는 것일 뿐이다.

　노예 해방 이야기도 마찬가지이다. 노예 해방을 한 사람은 누구일까? 너나 할 것 없이 링컨 대통령을 말한다. 에이브러햄 링컨은 노예 해방을 주장하면서 미국에서 대통령이 되었다. 미국 남부는 노예제 유지를 고집했고, 결국 미국은 1861년부터 1865년까지 남북전쟁을 치른다. 링컨은 남북전쟁이 진행되는 도중인 1863년에 공식적으로 노예 해방을 선포한다. 링컨은 노예 해방을 이끈 훌륭한 대통령이다. 우리나라 사람들은 노예 해방하면 바로 링컨을 떠올린다.

　사실 링컨이 노예를 해방시키기 위해서 전쟁까지 했던 것은 아니다. 링컨의 목적은 미국 연방제 유지였다. 연방제 유지를 위해서 남북 전쟁을 했고, 노예가 많은 남부에 타격을 입히기 위해 노예 해방을 선언했다. 링컨이 원래 노예 해방을 목적으로 한 것은 아니지만, 어쨌든 링컨이 노예 해방을 이끈 것은 맞다. 이 당시 다른 나라들은 어땠을까? 다른 나라들은 노예제를 계속 시행하고 있었고, 링컨의 노예 해방에 자극을 받아 미국을 따라 노예 해방을 한 것일까? 그렇지 않다. 이 당시 이미 서구 제국들은 모두 노예제가 폐지된 상태였다. 영국에서 노예제도가 폐지된 것은 1833년이었다. 덴마크와 노르웨이는 1803년, 프랑스는 1818년에 이미 노예제를 폐지했다. 서양에서 인권이 가장 열악한 나라라고 보는 러시아도 1861년에 이미 노예 해방을 했다. 물론 이때까지 아직 노예 해방이 되지 않은 국가들도 있기는 했다. 브라질은 1888년이 되어서야 노예 해방을 했다. 하지만 선진국이라 하는 서구 국가 중에서 1863년까지 노예 해방이 이루어지지 않은 미국밖에 없었다. 미국은 노예 해방과 관련해서 다른 나라들보다 훨씬 늦은 것이다.

링컨의 노예 해방은 세계사에 어떤 의미가 있었을까? 특별한 의미가 없다. 세계에서 최초로 노예 해방 선언을 한 것도 아니고, 미국의 영향을 받아 다른 나라에서 노예 해방을 하게 된 것도 아니다. 단지 미국에서 노예 해방을 선언했다는 것뿐이다. 미국인들에게는 링컨의 노예 해방이 큰 의미가 있다. 링컨으로 인해 자기 나라의 노예가 없어졌기 때문이다. 하지만 다른 나라 사람들에게 미국의 노예 해방은 특별히 기억할만한 일은 아니다. 세계 최초도 아니고, 우리가 영국의 노예 해방, 프랑스의 노예 해방이 어떻게 이루어졌나를 기억하지 않는 것과 비슷한 일일 뿐이다.

그런데 왜 우리는 미국 링컨의 노예 해방을 기억하고, 노예 해방을 이루어낸 링컨을 위대하고 좋은 대통령으로 생각하는 것일까? 그것은 우리가 세계 역사를 객관적으로 보지 않고 미국의 시각으로 보기 때문이다. 미국을 기준으로 역사를 보기 때문에 노예 해방 하면 링컨을 떠올리고, 세계 최초로 하늘을 난 사람으로 라이트 형제를 떠올린다.

이런 오해는 굉장히 많다. 우리는 전구의 발명가를 에디슨으로 알고 있다. 미국에서 최초의 전구 발명가는 에디슨이 맞다. 하지만 세계 최초의 전구 발명가는 영국의 험프리 데이비이다. 험프리 데이비는 1808년에 전구를 발명했다. 그리고 에디슨은 1879년에 전구를 발명했다. 사실 에디슨이 전구를 발명한 것은 아니다. 전구를 일반 사람들이 사용하기 편하게 개량했을 뿐이다. 세계의 발명사에서 에디슨 전구가 그렇게까지 의의가 있는 것은 아니다. 하지만 미국에서는 에디슨이 최초이다. 그래서 미국에서는 에디슨을 최초의 전구발명가라고 부른다.

미국이 그렇게 말하는 것은 이해할 수 있다. 하지만 우리나라 사람이 최초의 전구 발명가가 에디슨이라고 말하는 것은 이상하다. 우리나라 사람들은 세계의 시각에서 역사를 보는 것이 아니라 미국 시각에서 역사를 보고 있다.

유대인 차별은
독일에서만 있었을까?

히틀러 나치당의 유대인 차별과 학살은 악명 높다. 그러면 당시 서구 사회에서 독일만 유대인을 차별했고, 다른 유럽 국가들은 유대인에 대해 차별하지 않았을까? 특히 자유, 평등을 기치로 하는 미국은 유대인을 차별하지 않는 평등한 국가였을까?

사실 유대인 차별은 서구 사회에서 뿌리 깊은 것이었다. 스페인에서는 역사상 몇 번이나 유대인 추방령이 내려졌었고, 다른 나라에서도 유대인은 게토Ghetto라 불리는 유대인 지역에서만 살아야 했다. 그리고 무엇보다 유대인은 제대로 된 직업을 가지는 것이 불가능했다. 우선 유대인은 귀족이 되는 것이 불가능했는데 그래서 귀족만 될 수 있는 군대의 장교, 고위 공무원, 정치인이 될 수 없었다. 또 농토를 소유하는 게 불가능해서 농사를 지어 먹을 수도 없었다. 서구의 기술직은 대부분 길드 제도였는데 어려서부터 길드에 소속되어 길드 내에서 자라야 했다. 하지만 유대인은 길드에서 받아들이지 않았으니 기술 직업을 가지는 것도 불가능했다.

결국, 유대인은 장사를 하거나 그 나라 사람들이 꺼리는 직업만 가질 수 있었다. 사회적으로 천대받는 일에 종사를 했고, 또 서양 사람들이 죄악이라 생각하는 돈놀이 일을 했다. 그 돈놀이 일이 지금은 금융 산업이 되어서 유대인이 세계의 금융을 지배한다는 말을 하지만 유대인이 금융을 하게 된 것은 그것 외에는 할 수 있는 일이 달리 없어서이다.

서구 사회에서 유대인은 항상 차별을 받았던 민족이었다. 히틀러는 그 차별을 더 강화하고 유대인을 완전히 제거하려 했다는 점에서 문제가 되었지만, 사실 유대인을 사회에서 완전히 제거해야 한다는 말을 꺼낸 건 히틀러가 처음이 아니다. 20세기 초 유대인 차별이 가장 심하고, 유대인을 제거하려는 프로젝트를 주창한 것은 사실 미국이었다. 히틀러가 아직 정권을 잡기 전에 유대인 정책의 모범 국가로 꼽은 것이 바로 미국이었다. 히틀러는 독일도 미국처럼 유대인들에 대해 강력히 대처해야 한다고 주장했다.

공원에 '개와 유대인 출입금지'라는 표어가 처음 나온 곳이 미국 뉴욕이었다. 이 표어는 나중에 중국 상하이에서 '개와 중국인 출입금지'로 바뀐다. 인종차별의 대표적 표어인 이 말이 처음 나온 것은 미국에서 유대인을 대상으로 한 말이었다. 또 미국의 신문 『디어본 인디펜던트Dearborn Independent』는 유대인을 공격하는 신문으로 유명했다. 유대인은 사회적 악이고, 유대인을 몰아내야 한다는 논조를 계속 유지했다. 『디어본 인디펜던트』는 자동차 회사인 포드사 소유의 신문으로 1920년대에 나온 신문이다. 히틀러는 포드를 전우로 여겼고, 독일에서 이 『디어본 인디펜던트』를 계속 보았다. 히틀러의 반유대인주의의 상당 부분은 이 미국 신문에 사상적 기반을 두고 있다.

히틀러는 독일 아리안족이 가장 우수한 민족이라고 여기고, 다른 민족들을 차별하고 학대했다. 그런데 이런 민족 차별주의도 미국이 더 먼저이다. 시어도어 루스벨트는 1901년에 미국 대통령에 당선되었는데, 대통령으로 취임하면서 미국의 우월성은 앵글로색슨족의 우월성 때문에 나온다고 하였다. 다른 민족과 앵글로색슨 족이 어울리는 것은 민족의 순수성과 우수성을 떨어뜨린다. 그래서 다른 민족들이 미국에 들어오는 것을 막아야 한다고 주장했다. 결국, 1924년 미국에서는 이민제한법이 시행된다. 미국은 원래 이민으로 만들어진 국가였기 때문에 이민에 대해서는 굉장히 관대했다. 그런데도 이민제한법을 만들어 낙후 민족들이 미국에 들어오는 것을 막으려 했다.

사회적으로 열등한 사람들에 대해 강제 불임 수술을 처음 시도한 것도 미국이다. 범죄자, 정신장애인, 걸인 등 사회적으로 문제가 있는 사람은 자손을 낳지 못하게 해서 사회적으로 열등한 사람들이 계속 나오지 못하도록 하는 조치를 취했다. 1907년에 이미 범죄자를 대상으로 비밀리에 강제 불임 수술이 시작되었다. 1930년대에는 미국 30개 주에서 강제 불임 수술법이 통과되어 시행되었다. 히틀러보다 훨씬 빨리 이런 차별적 정책이 집행되었다.

미국이 독일만큼 유대인을 제거하지 못한 것은 사실 미국이 유대인을 덜 차별해서 그런 것이 아니라 미국에는 유대인보다 더 낮게 취급당하는 민족들이 있었기 때문일 것이다. 독일에는 주로 백인들만 살았다. 백인 중에서는 유대인과 집시가 가장 낮은 계급이었기 때문에 유대인에게 공격이 집중되었다. 하지만 미국에는 백인 외에 황인, 흑인도 있었다. 흑인은 이미 미국에서 오래 살았고, 사회적 하급 계층을 담당하니 제거하려고까지 하지는 않았다. 하지만 갑자기 미국 사회에 들어온 황인은 미국 사회에서 제거 대상이었다.

동양인의 미국 이주는 사실 19세기부터 많이 이루어졌다. 한국에서도 1902년에서 1905년 사이에만 약 7,200명이 하와이로 이민했다. 한국인 이민자는 하와이의 사탕수수 농장에서 일할 일꾼들이었다. 이렇게 미국은 자기 나라에서 부족한 일꾼을 다른 나라에서 데려왔는데, 특히 서부 개발은 동양인의 힘을 많이 빌렸다.

샌프란시스코에 막 도착한 중국인들에게 돌팔매질을 하는 미국인들

미국의 서부 개척이라 하면 보통 미국 동부에서 서쪽으로 진출하는 것만 생각한다. 물론 동부에서 서쪽으로 이동하는 사람들도 있었지만, 미 서부에서 더욱 가까운 동양에서 사람들을 끌어모았다.

미국 뉴욕이 있는 동부에서 로스앤젤레스가 있는 서부까지는 약 4,500km이다. 중간에 인디언들도 있고, 또 사람이 살지 않는 지역도 많다. 이 지역을 말을 타고 가는 것은 엄청나게 위험하기도 했고 시간적으로도 또 오래 걸렸다. 동부와 서부를 기차로 잇는 대륙횡단철도가 만들어지기 전까지 동부에서 서부로 이동하는 가장 빠른 길은 동부에서 배를 타고 남아메리카 남쪽 끝 마젤란 해협을 지나 북상하는 것이었다. 이때에는 파나마 운하도 없어서 아메리카 대륙 전체를 배로 돌아야 했지만 그래도 그것이 육지로 이동하는 것보다 더 빠르고 안전했다.

미국은 동부와 서부를 잇기 위해 대륙횡단철도를 만든다. 대륙횡단철도는 1869년에 완성되는데, 이것은 미국 발전사에서 획기적인 일로 꼽힌다. 그런데 대륙횡단철도는 동쪽에서 서쪽으로만 공사한 것이 아니다. 동쪽과 서쪽 양쪽에서 공사를 진행했다. 동쪽에서 서쪽으로 들어가는 공사는 주로 아일랜드 이민자들이 맡았다. 그리고 서쪽에서 동쪽으로 들어가는 공사는 중국인과 인도인, 특히 중국인들이 맡았다. 당시 서부에는 백인들이 적었다. 철도 공사에 동원할 수 있는 사람이 거의 없었다. 그래서 몇만 명의 중국인들을 받아들여 대륙횡단철도 공사에 투입한다.

하지만 미국은 미국 사회에 중국인들이 늘어나는 것은 원하지 않았다. 그래서 일을 해야 하는 중국인 남성만 이민을 받고, 중국인 여성은 이민을 받지 않았다. 중국인 남성들은 결혼할 상대가 없었다. 서양 여성이 있었지만, 이 당시 인종 간 결혼은 금지되었다. 불법 여성 이민자, 그리고 창녀 등으로 여성들이 수입되어 중국인 중에서도 결혼을 하고 자손을 남기는 사람도 있었다. 하지만 결국 많은 중국인 남자들은 미국에서 험한 일만 하고 자손은 남기지 못했다.

이런 차별에도 불구하고 중국 본토에서는 먹고 살기 힘든 중국인들의 이민은 계속 이어졌다. 결국, 미국은 1924년 중국인의 이민을 완전히 금지한다.

그런데도, 불법 이민은 계속 이어졌다. 미국 서부에서 동양인 비중은 계속 늘어났고, 결국 1924년 미국은 동양인의 이민을 완전히 금지한다. 미국 사회에서 황인종이 계속 증가하는 것을 막으려는 조처였다.

또 대표적인 미국 인종차별 정책의 하나로 꼽히는 게 하나 있는데, 제2차 세계대전이 발발하자 미국에 살고 있는 일본계를 모두 수용소에 가둔 일이다. 미국은 1941년 일본과 전쟁을 시작하자 미국에 거주하는 일본계 12만 명을 사막 한가운데 가둔다. 일본 사람이 아니고 미국 국적을 가진 사람들이었고, 미국에서 태어난 일본계 2세들이 대부분이었다. 사실 일본에서도 전쟁이 나자 일본에 살고 있는 백인들을 모두 수용소에 가두었다. 전쟁이 발생하면 적국 사람들을 가두는 것이 아주 이상한 일은 아니다. 그런데 미국은 같은 적국인 독일계, 이탈리아계에 대해서는 아무런 조치를 하지 않았다. 오로지 일본계에 대해서만 사막에 가두었다. 미국은 독일 못지않은 인종차별을 시행했었다.

아이러니하게도 미국, 그리고 서양사회에서 유대인 차별, 민족 차별에 대해 전향적인 태도를 취하게 된 것은 독일의 유대인 학살 때문이었다. 전쟁 기간 동안 미국은 독일의 유대인 차별과 학살에 대해 비난했다. 독일의 비인도적인 측면을 부각하기 위해서였다. 그리고 전쟁이 끝난 후 독일의 유대인 학살, 집시 학살이 알려지고 미국과 유럽 국가들은 독일의 인종차별, 민족차별에 대해 강력히 비난한다. 그런데 이렇게 독일을 비난하다 보니 자기도 더는 유대인을 차별하기가 힘들어졌다. 독일의 아리안 민족주의, 열등 민족을 제거하려는 것이 잘못된 것이라고 계속 비난하고 있는데, 거기서 미국이 앵글로색슨 민족주의, 열등 민족 제거를 주장할 수는 없는 것이다. 민족 우월주의, 민족 차별은 그 부작용이 굉장히 컸다. 더 이상 미국과 유럽에서는 민족 우월주의, 민족 차별을 공식적으로 말하지 않게 된다. 민족차별주의의 선두 주자였던 미국은 이때부터 민족차별을 주장하는 이야기는 하지 않는다.

맥아더가 태평양전쟁을
승리로 이끌었을까?

더글라스 맥아더는 제2차 세계대전 당시 활약한 유명한 미국의 장군이다. 맥아더는 군인으로서의 명성 덕에 미국 대통령 선거에 나서기도 했다. 한국전쟁 당시 유엔군 사령관으로 인천상륙작전을 지휘하여 한국에서도 유명하다.

맥아더는 미국 군인의 전형으로 모범이 되기도 한다. 맥아더는 군인 집안의 아들이었다. 아버지의 뒤를 이어 군인이 되기 위해서 미국의 육군사관학교인 웨스트포인트에 입학했다. 웨스트포인트를 졸업할 때 수석으로 졸업했는데 졸업 점수는 당해 졸업생들뿐만 아니라 역대 최고 점수였다. 사관학교 때부터 맥아더는 전도유망한 장교였다.

맥아더는 제1차 세계대전 당시 서유럽에서 참전했다. 그리고

1941년에는 필리핀 지역 사령관이었다. 당시 필리핀은 미국의 식민지였고, 이 지역을 대표하는 사령관으로 파견되어 왔었다. 그리고 이때 일본이 진주만을 공습하면서 태평양전쟁이 발발한다.

맥아더는 일본의 기습적인 공격으로 호주로 대피했다. 그리고 그 후 일본에 대해 반격을 펼쳤다. 미국은 서유럽과 태평양 두 군데에서 전쟁을 했는데, 태평양 지역의 미국 사령관이 맥아더였다. 미국은 일본과의 전쟁에서 승리했고, 1945년 9월 2일 일본의 외무대신 시게미쓰 마모루가 미국 미주리호 선상에서 항복 문서에 사인을 한다. 이때 미주리호에서 미국을 대표해서 있던 사람이 맥아더 장군이었다. 맥아더는 태평양전쟁에서 싸운 미군을 대표해서 그 자리에 섰다.

맥아더는 일본으로부터 항복을 받았다. 이 장면을 미국 언론에서 크게 소개했고 맥아더는 미국을 상징하는 군인, 유명한 군인, 인기 있는 군인이 되었다. 그런데 정말로 태평양전쟁에서 미국이 승리한 것은 맥아더의 활약 때문이었을까?

우리는 한 국가가 전쟁을 하거나 할 때 그 국가가 하나의 주체로서 모든 힘을 합해서 싸운 것으로 생각한다. 하지만 실제는 그렇지 않다. 국가는 하나로 이루어진 유기체가 아니라, 그 내부에 여러 세부 단위들, 단체들, 사람들이 서로 섞여있는 조직이다. 그리고 이 세부 조직들은 서로 별개의 활동을 하기 마련이다. 설사 군대가 전면적으로 나서는 전쟁이라고 해도 마찬가지이다. 군대는 하나의 조직이 아니다. 군대에는 육군, 해군, 공군이 있다. 이들은 서로 별개의 관점과 논리를 가지고 전쟁을 준비하고 전쟁을 치른다.

1940년대에는 미국 공군은 아직 조직화되지 않았다. 육군과 해군만 있었다. 미군이 태평양전쟁을 수행했다고 하지만 육군과 해군은 서로 다른 전쟁을 했다.

육군 사령관은 더글라스 맥아더였다. 그리고 해군 사령관은 체스터 니미츠였다. 원래 태평양 해군 사령관은 허스밴드 킴멜이었는데, 진주만 참패의 책임을 지고 옷을 벗었다. 그 후임으로 태평양 방면 해군 사령관으로 임명된 것이 니미츠다.

육군 사령관인 맥아더는 필리핀을 공격하고자 했다. 그런데 이때 일본군의 주 점령 지역은 인도차이나반도였다. 홍콩 등 중국 남부에서 베트남, 말레이시아 등 인도차이나반도, 그리고 인도네시아까지 모두 일본이 점령했다. 일본이 이 지역을 점령한 것은 인도네시아의 석유가 필요해서였다. 육군이 싸운다면 주전장은 이 인도차이나반도나, 인도네시아여야 했다. 하지만 맥아더는 필리핀을 공격하기로 한다. 그 이유는 간단했다. 자기가 필리핀에서 일본군에게

체스터 니미츠 Chester William Nimitz
체스터 니미츠는 해군 역사상 가장 탁월한 전략가였다. 니미츠의 원만한 성격과 친화력, 관용성은 고집이 센 맥아더와 협력해 전쟁을 승리로 이끄는 데 큰 힘을 발휘했다.

패해 도망쳤기 때문이다. 이때까지 계속해서 승리만 해온 맥아더는 일본군에게 도망치고 자기가 관할하던 필리핀을 잃은 것을 참을 수 없었다. 필리핀을 되찾아서 자기 명예를 회복하려 했다. 그래서 육군은 계속 필리핀 공방전에 매달린다. 제2차 세계대전이 끝날 때까지 미 육군은 필리핀 전쟁에 몰두한다.

해군 사령관인 니미츠는 바다를 통해서 일본 본토를 공격하고자 했다. 그래서 태평양의 섬들을 점령하고 이 섬에 비행장을 만들어서 기지로 삼았다. 비행장을 만들어서 전투기를 띄우면, 전투기 운행 거리 내에서는 모두 미군이 제공권을 가지고 일본군에게 폭격을 퍼부을 수 있었다.

처음에 남태평양의 과달카날 섬을 점령하고 여기에 비행장을 만들었다. 그 이후 뉴기니, 괌, 사이판, 이오시마, 오키나와 등에 상륙 작전을 실시하고 이 섬들을 점령했다. 괌과 사이판을 점령하고 비행장을 건설하고 나서는 일본 본토도 폭격할 수 있었다. 하지만 일본 본토하고는 멀어서 미군 비행기의 피해도 컸다. 하지만 오키나와를 점령하고부터는 아무런 제약이 없었다. 미군 전투기는 일본 전역을 마음대로 폭격할 수 있었고, 여기서 전쟁은 결판이 난다.

미군과 일본과의 전쟁에서 유명한 것은 과달카날 전투, 사이판 전투, 이오시마 전투, 오키나와 전투 등이다. 이 전투들은 모두 태평양의 섬들에서 이루어진 전투이다. 그리고 일본군과 미군의 전투가 아니라, 일본군과 미 해군의 전투였다. 육군은 필리핀에만 매달리고 있었다. 일본에 큰 타격을 입힌 유명한 전투는 모두 미 해군이 담당했다.

사실 이렇게 육군의 전투와 해군의 전투가 다른 것은 미국만은 아니다. 일본도 마찬가지였다. 일본의 해군은 태평양을 중시했다. 하지만 일본의 육군 입장에서 중요한 전쟁터는 중국 대륙이었다. 동남아 지역, 인도차이나반도 등에서 연합군과 전쟁이 있었지만, 일본의 주력은 여전히 중국 대륙과 만주에 있었다. 태평양으로부터 일본 본토가 공격받을 수 있는 상황이 되었음에도 일본 육군의 대다수는 중국과 만주에 주둔하고 있었다. 일본 육군은 태평양에서의 전세보다 자기가 그동안 몇십 년 동안 주둔하고 싸워온 이 지역이 더 중요했다.

일본이 타격을 받은 것은 미 육군의 공격 때문이 아니라 미 해군의 공격 때문이었다. 사실 일본은 인도차이나반도, 인도네시아를 점령하면서 만약 미군의 반격이 시작된다면 이 지역에서부터 시작될 것이라고 생각했었다. 미군이 인도네시아를 점령하고, 그 다음에 중국 본토로 들어오고 하는 식으로 전쟁이 전개될 것으로 보았다. 그런 식의 전투가 되면 일본 본토까지는 너무 멀다. 설사 전쟁에서 일본이 지더라도 일본 본토가 적의 공격을 받는 것은 걱정하지 않아도 되었다.

하지만 미 해군은 태평양의 섬에서 섬으로 이동하는 전략을 구사했다. 소위 말하는 아일랜드 호핑Island Hopping 전략이다. 일본의 광대한 점령지, 식민지는 건드리지 않고 오직 일본 본토만을 목적으로 다가왔다. 일본은 이렇게 점령지가 많은 상태에서 직접 일본 본토가 공격받는 것은 예상하지 못했다.

결국, 태평양전쟁에서 미군을 승리로 이끈 것은 미 해군의 아일랜드 호핑 전략이었다. 원자폭탄도 아일랜드 호핑 전략에 의해서 히로시마, 나가사키에 투하될 수 있었다. 미 육군이 목표로 했던 필리핀은 멀어서 일본 본토까지 비행기가 날아갈 수 없었다. 미 해군의 아일랜드 호핑 전략이 아니었다면 원자폭탄이 있어도 일본에 투하할 수 없었다는 뜻이다.

일본이 항복을 선언하자 미군에서는 누가 미군의 대표자로 나서야 하는가 하는 논의가 있었다. 태평양전쟁에서 미군이 승리한 주공로자는 해군이기 때문에 해군 사령관인 니미츠가 나서야 한다는 주장이 있었다. 사실 업적으로 보면 이것이 당연했다.

하지만 맥아더는 자기가 대표자로 나서야 한다고 주장했다. 자신의 군인으로서의 경력이 니미츠보다 훨씬 더 나았고, 또 무엇보다 미군을 대표하는 것은 육군이어야 한다는 주장이었다. 맥아더는 나중에 대통령 선거에 나선 것을 보듯이 정치적인 면모가 강했다. 맥아더는 자기 자신이 미군 대표가 되어야 한다고 나섰고, 니미츠는 양보했다. 그래서 맥아더가 미주리호 함선에 미군을 대표하는 자격으로 서게 되었다.

이후 맥아더는 일본 점령군 사령관으로 있다가 한국전쟁에서 유엔군 사령관을 맡게 된다. 인천상륙작전을 성공시켰지만, 중공군이 한국전쟁에 끼어들 리는 절대로 없다고 주장하다가 중공군의 참전으로 결국 후퇴하게 된다. 그동안 맥아더 인생에 후퇴는 일본의 필리핀 공격으로 인한 후퇴밖에 없었다. 그것을 복수하기 위해 태평양전쟁 내내 필리핀 수복전에만 매달렸다. 그런데 이제 또 중공군 때문에 후퇴를 했다. 맥아더는 중국에 그 보복으로 수십 개, 수백 개의 핵폭탄 폭격을 할 것을 주장했다. 하지만 미국은 한국전쟁이 제

3차 세계대전으로 확대되는 것을 원하지 않았고, 그래서 핵폭탄 투하를 계속 주장하는 맥아더를 그만두게 한다.

맥아더는 일본군을 무찌른 제2차 세계대전의 영웅으로 알려져 있다. 하지만 일본군은 맥아더의 육군으로부터는 피해를 받은 것이 없다. 일본군을 항복하게 한 것은 미 해군이었고, 미 해군의 지휘자는 체스터 니미츠였다. 맥아더가 영웅으로 올라선 것은 육군과 해군 중에서 육군을 더 우선시하는 군대 내의 전통, 그리고 맥아더의 정치적 성향 때문이었다.

제5장_ 말하지 않는 경제사

자유를 위한 혁명?
돈을 위한 혁명?

서양에서 근대는 혁명으로 시작되어 혁명으로 완성되었다. 1688년 영국의 명예혁명, 1775년 미국의 독립전쟁, 그리고 1789년 프랑스혁명이 오늘날의 서구를 만든 근대 3대 혁명으로 불린다. 이 혁명들은 자유와 민주를 위한 혁명이었다. 그동안 왕은 국민을 억압하고 자기 맘대로 독재정치를 해왔다. 이런 왕의 힘을 제압하고, 국민의 자유를 추구한 것이 근대 3대 혁명이다. 혁명 이전까지만 해도 왕은 국민의 뜻을 제대로 따르지 않고, 자기 마음대로 국가를 운영했다. 국민의 뜻을 무시하고 정치를 펼쳤다. 혁명 이전까지 국민의 의견이 제대로 국정에 반영되지 않았다. 근대 3대 혁명은 국민이 직접 정치에 참여하는 민주를 이룩했다.

영국 명예혁명, 미국 독립전쟁, 프랑스혁명은 자유와 민주, 그리고

보스턴 차 사건
1773년 12월 16일 밤, 영국에 반대하는 급진파를 중심으로 인디언으로 위장한 보스턴 시민들이 보스턴 항구에 정박 중인 동인도회사의 선박을 습격했다.

박애 등 인간의 기본권을 얻기 위해서 국민들이 일으킨 것이고 결국 성공했다. 그 후 자유와 민주는 서구 근대 사회의 중심 가치가 된다.

그런데 정말로 명예혁명, 독립전쟁, 프랑스혁명은 자유와 민주를 위한 혁명이었을까? 혁명의 표어와 구호, 이념은 분명히 자유와 민주였다. 그런데 정말로 자유의 억압과 민주제의 제한이 혁명의 직접적인 원인이었을까?

미국 독립전쟁의 직접적인 원인은 1773년 12월에 이루어진 보스턴 차tea 사건이다. 영국은 미국의 차에 대해 세금을 매겼다. 이 세금에 반대해서 미국 주민들이 인디언으로 위장해 보스턴 항구의 배를 습격한다. 배에 들어있는 차 상자를 들어내서 모두 바다에 던졌다.

이 사건으로 영국은 보스턴 항구를 폐쇄하고 미국을 압박했다.

미국은 그런 압박하에서 1774년 9월에 1차 대륙 회의를 열었고, 여기에서 미국의 독립을 요구한다. 즉, 미국 보스턴 차 사건은 미국 독립전쟁의 불씨를 댕긴 사건이었고, 그래서 미국의 독립 역사에서 보스턴 차 사건은 매우 큰 의의가 있는 것으로 인정된다.

그런데 보스턴 차 사건이 발생한 까닭은 영국이 미국인들의 자유를 억압한 것 때문일까? 나아가 보스턴 차 사건이 미국인들의 박애에 큰 영향을 미친 것이었나? 물론 간접적으로는 자유, 민주, 박애 등과도 연관이 있다. 하지만 보스턴 차 사건은 영국이 차에 세금을 매겼고, 미국인들은 그 세금이 싫다고 해서 발생한 사건이다. 즉 보스턴 차 사건의 본질은 '세금 문제'였고, '돈 문제'였다. 미국 독립전쟁은 세금, 즉 돈 문제에서 시작된 것이다.

보스턴 차 사건만으로 미국이 반란을 일으킨 것으로 볼 수는 없다. 보스턴 차 사건 이전에도 미국에서 논란이 된 정책이 많았다. 그 대표적인 것으로는 설탕법, 인지세법 등이 있다. 1764년에 영국은 설탕법을 만들었다. 설탕 등 미국으로 들어가는 물품 대부분에 관세를 부과하는 법이다. 그리고 1765년에는 인지세법을 만든다. 미국에서 발행되는 법률 서류, 신문, 달력 등 인쇄물들에 인지를 붙이게 하는 법이다. 인지를 구하기 위해서는 돈을 내야 한다. 실질적으로 법률 서류, 신문 등 인쇄물에 대해 세금을 내게 만든 법이었다. 1767년에 영국은 타운센드법을 만들어 식민지로 수출되는 원자재 등에 대해서도 관세를 부과했다.

즉, 미국에서 논란이 되고 주민들이 사이에서 큰 쟁점이 된 것은 모두 세금과 관련된 문제들이다. 이런 세금 문제가 계속 누적이 되었고, 결국 미국인들은 1773년에 영국이 차에 세금을 매기는 것에 분노했고, 미국인들의 분노는 보스턴 차 사건으로 폭발한다. 세금 문제, 즉 돈 문제가 미국 독립 전쟁을 일으킨 주된 원인이었다.

1789년 프랑스혁명은 왜 발생했을까? 국민의 자유가 억압되고 국민에 의해서 정치가 이루어지는 민주주의가 성립되지 않았기 때문에 발생한 것인가? 프랑스혁명의 시초는 삼부회였다. 루이 16세는 1789년 5월 5일 베르사유 궁전에서 삼부회를 소집한다. 삼부회는 귀족, 성직자, 평민의 대표가 모여 정책에 대해 의논하고 결정하는 자리였다. 삼부회를 소집한 이유는 세금을 더 거두기 위해서였다. 그동안 프랑스는 계속해서 엄청난 재정적자를 보고 있었다. 왕실이 그동안 사치를 한 것도 문제였지만 미국의 독립전쟁에서 미국을 지원하기 위해 프랑스 군대를 파견한 것이 치명적이었다. 재정적으로 더는 버티지 못하게 된 프랑스는 삼부회를 소집해서 세금을 더 올리려고 했다.

사실 삼부회 이전에 루이 16세는 귀족과 성직자들에게 세금을 걷으려 했다. 하지만 귀족과 성직자들은 자기들에게 세금을 부과하는 것을 반대했고, 결국 삼부회를 통해 국민들에게 세금을 더 부과하고자 했다.

하지만 시민들은 아무 조건 없이 세금을 올리는 것에 대해 반대한다. 세금을 올리는 대신 여러 개혁 조치들을 조건으로 내건다. 결국, 삼부회는 왕명에 의해 폐쇄되었고, 이 일로 인해 프랑스혁명이 시작된다. 프랑스혁명의 시작은 세금 문제였다. 세금을 내라, 내지 않겠다가 주된 쟁점이었고, 그로 인해 프랑스 왕정이 몰락한다.

영국 명예혁명도 마찬가지였다. 명예혁명의 가장 직접적인 원인은 왕이 세금을 올리고자 한 것이다. 이에 귀족들이 한데 모여서 왕을 협박한 것이 명예혁명이다. 왕이 세금을 올릴 때는 귀족들의 동의를 받아야 하고, 마음대로 세금을 걷을 수 없다는 것을 문서로 만든 것이 마그나카르타이다.

마그나카르타에서 가장 중요한 조항으로 꼽는 것은 왕이 세금을 마음대로 올릴 수 없다는 것, 그리고 왕이 국민을 마음대로 체포할 수 없다는 것이다. 왕이 국민을 마음대로 체포할 수 없고, 법에 따라서만 인신 구속이 가능하다는 점에서 이 조항이 민주와 자유를 주된 목적으로 한 것으로 생각할 수도 있다. 하지만 왕이 국민을 마음대로 체포하는 주된 이유 중 하나가 돈 때문이었다. 돈을 거두기 위한 수단으로 체포를 했다.

돈을 받아내기 위해서 부자들을 체포하는 것은 왕조 시대에 자주 있는 일이었다. 물론 왕이라 해도 아무 죄도 없는데 부자를 잡아다가 감옥에 넣고 돈을 내라고 할 수는 없다. 그 대신 무언가 꼬투리를 잡고 사소한 죄목을 들이대어 부자를 잡아간다. 일반 사람이라면 아무 문제 없는 사소한 잘못에 대해서도 죄를 물어 부자들을 감옥에 넣는다. 부자가 풀려나기 위해서는 엄청난 벌금을 물거나 재산을 바치거나 해야 했다. 또는 부자의 재산을 몰수했다.

이런 일은 중국에서 특히 많았다. 중국에서는 관리들 사이에 부자의 재산을 뺏을 수 있는 매뉴얼 같은 것도 있었다. 일단 부자 본인을 잡아오면 안 된다. 돈을 가져와야 하는데 부자 본인을 잡아오면 돈을 마련해서 가져올 사람이 없다. 부자의 자식을 잡아와도 안

된다. 자식은 또 낳을 수 있다. 돈이 아까워 자식을 포기하고 그냥 감옥에서 지내게 할 수도 있다. 부자의 돈을 뺏기 위해서는 부자의 부모를 잡아와야 한다. 중국에서 효는 중요한 가치이고, 부모를 감옥에서 빼내기 위해서는 전 재산을 바칠 수 있다. 이런 식으로 중국 부자들은 언제든지 관리들에게 수탈을 당할 수 있었기 때문에 가족이나 친척을 어떤 방법으로든 관직에 올리려고 했다. 가족이나 친척이 관직에 있으면 관리들이 공격하지 않았다. 하지만 주변에 돌보아줄 관리가 없는 부자들은 관리들의 먹잇감이었다.

법에 따라서만 체포하는 것은 원래 왕이 이런 식으로 재산을 침탈하는 것을 막기 위한 것이었다. 미리 정해진 법 규정에 의해서만 체포할 수 있게 한 것은 개인의 재산을 보호하려는 조치다. 즉, 권리장전은 개인의 재산을 왕으로부터 보호하는 것이 목적이었다.

영국 명예혁명, 미국 독립전쟁, 프랑스혁명은 자유, 민주를 위한 것이다. 법에 의한 지배, 국민에 의한, 국민을 위한 통치, 왕권에 대한 제한 등이 이 혁명에서 나왔다. 그런데 혁명이 발생하게 된 주된 원인을 살펴보면 세금 문제, 돈 문제이다. 왕은 국민에게 세금을 내라 했고, 국민은 세금을 못 내겠다고 했다. 국민들이 세금을 못 내겠다고 들고 일어난 것이 혁명이었다.

하지만 국민들도 돈 문제, 세금 문제 때문에 혁명을 했다고 할 수는 없다. 돈 때문에 들고일어난다는 것은 너무 세속적이다. 그래서 국민들은 자유, 민주, 박애를 위해서 혁명을 일으킨다고 내세운다. 돈 같이 저속한 것을 위해 혁명을 하는 것이 아니라 자유, 민주와 같은 고귀한 가치를 위해 혁명을 하는 것이다. 역사 서술에서도 마찬가지이다. 위대한 근대의 혁명이 돈 문제 때문에 발생했다고 할 수는 없다. 서구 혁명은 어디까지나 자유, 평등, 민주, 박애와 같은 인간 본연의 가치를 위해서 이루어진 것이라고 서술한다. 하지만 국민들이 들고일어난 직접적인 원인은 항상 돈, 세금 문제였다. 그러나 이런 이야기는 역사에서 대놓고 이야기하지 않는다. 돈 문제는 언제 어디서나 노골적으로 이야기하기는 힘든 주제이기 때문이다.

구텐베르크는
성서 때문에 파산을 했다?

15세기, 구텐베르크는 서양에서 금속활자를 발명하여 인쇄술의 혁명을 이끌었다. 구텐베르크의 금속활자 발명 이전에는 책을 더 만들기 위해서는 손으로 책을 베껴야 했다. 그런데 손으로 책을 베낄 때는 하루에 삼천 단어 이상 쓰기 힘들다. 이 정도의 속도로 일반적인 책 한 권을 베끼기 위해서는 보통 한 달이 넘게 걸린다. 성서같이 두꺼운 책을 베끼는 데는 백이십 일이 넘게 걸린다. 일 년 동안 한 사람이 계속 책을 베껴도 일반 책의 경우에는 열두 권, 성서는 세 권이 나오기 힘들었다.

또 손으로 쓰는 글씨는 인쇄물 글씨보다 훨씬 크다. 최소한 두 배 이상 글자 크기가 크다. 그래서 책의 분량도 지금의 책보다 두 배 이상 많을 수밖에 없었고, 제본 비용도 그만큼 더 많이 들었다. 이렇게 책을 만들어내는 것이 어려워 책은 아무나 사서 읽을 수 없었다. 지금처럼 인터넷이 없던 시절에는 지식은 책으로만 전해졌다. 책이 비쌌고 귀했기 때문에 지식도 오늘날처럼 널리 전파될 수 없었다.

그러다가 금속활자가 발명되면서 책을 쉽게 만들 수 있게 된다. 한 번 활자를 만들면 몇백 권, 몇천 권을 종잇값만 부담하면 찍어낼 수 있었다. 그래서 그 이전의 지식이 훨씬 잘 보급되고, 퍼져나갈 수 있었다. 이것이 서양의 근대화를 이끄는 원동력이 된다.

그런데 이렇게 인쇄술 발달로 책이 증가하면서 사람들은 어떤 지식을 더 많이 가지게 된 것일까? 구텐베르크가 처음 만든 책은 성서라고 알려져 있다. 라틴어로 된 42행 성서이다.

'그동안은 책값이 비쌌기 때문에 성서는 성직자들만 가지고 있었다. 일반 사람들은 성서를 볼 수 없었다. 그런데 구텐베르크가 성서를 제작해서 일반인들도 성서를 직접 볼 수 있게 되었다. 인쇄술 발달은 그동안 성직자, 전문가들만 알고 있는 지식을 일반 사람들에게 전파하게 되었다. 일반인들이 성서를 볼 수 있게 만든 구텐베르크는 위대한 혁명가이다. 구텐베르크는 성서를 제일 처음 인쇄물로 만들어 신의 말씀을 전파하는 데 기여했다.'

이것이 일반적으로 알려진 상식이다. 그렇다면 정말 구텐베르크가 처음 인쇄한 것이 성서였을까? 구텐베르크가 인쇄한 것 중에 성서가 가장 많이 팔렸을까?

구텐베르크가 처음 인쇄한 책은 '도나투스'이다. 라틴어 문법책이다. 당시에는 학문적인 언어가 라틴어였다. 대학에서 배우는 모든 교재는 라틴어로 되어있었다. 하지만 라틴어는 일반적으로 사용

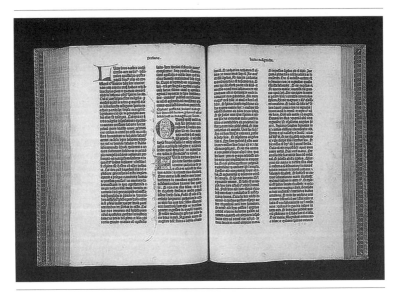

구텐베르크가 인쇄한 42행 성경

구텐베르크가 처음 인쇄한 것은 성서라고 알려졌지만 사실 처음 인쇄한 책은 라틴어 문법책이었다.

하는 용어가 아니었다. 프랑스어, 독일어 등이 일반적으로 사용하는 언어였기 때문에 대학에 들어가면 라틴어를 배워야 했다. 지금 영어를 배우는 학생들이 영어 문법책을 사서 공부하듯이, 라틴어 문법책도 학생들이 반드시 거쳐야 하는 책이었다. 이 책은 시장에서 분명히 팔릴 수 있는 책이다. 돈을 벌 수 있는 확실한 출판 시장이었다. 그래서 구텐베르크는 제일 처음 라틴어 문법책인 도나투스를 만든다.

도나투스 다음에 주된 인쇄 사업 품목은 면죄부였다. 가톨릭 교회에서는 예수를 믿고 회개하면 모두가 천국에 갈 수 있다. 그런데 죽은 다음에 바로 천국에 가는 것은 아니다. 중간에 연옥을 거친다. 이승에서 죄를 많이 지으면 이 연옥에서 오랫동안 지내다가 천국을 간다. 가톨릭교도라는 이유로 모두가 다 천국에 바로 가면 이승에서 착하게 살 이유가 없다. 이승에서 착하게 살면 연옥을 거치지 않고 바로 천국에 가고, 이승에서 나쁜 짓을 많이 하면 연옥에서 오랫동안 고생하다가 천국을 간다.

가톨릭 교회에서는 면죄부를 발행했다. 면죄부는 삼 개월, 일 년 등의 기간이 있었다. 이 면죄부를 돈을 주고 사면 그 기간에 지은 죄가 용서받았다. 그 기간에 해당하는 죄에 대해서는 연옥에서 처벌을 받지 않았다. 즉, 면죄부는 연옥에서 지내는 기간을 단축하는 효과가 있었다. 가톨릭 교회는 이 면죄부를 팔아서 수입을 얻었다. 하지만 면죄부를 대량으로 팔 수는 없었다. 면죄부를 만드는 데 시간이 걸렸다. 죄를 용서하고 연옥에서 보내는 기간을 줄여주는 면죄부를 그냥 아무렇게나 써서 만들 수는 없었다. 최대한 멋있고 기품 있게 만들어야 한다. 그래야 그것을 받는 사람들도 가치 있는 것으로 여긴다. 하지만 이렇게 잘 만들기 위해서는 시간이 걸린다. 손으로 직접 쓰고 그려야 했기 때문에 면죄부를 많이 제작하는 데는 한계가 있었다.

구텐베르크가 인쇄술을 발명하고, 면죄부를 인쇄하기 시작했다. 이제는 면죄부를 손으로 쓰고, 그리지 않아도 되니 대량생산이 가능해졌다. 구텐베르크가 처음 큰 이익을 얻은 것은 바로 면죄부 인쇄였다.

서구에서 종교개혁의 시작은 루터가 1517년에 비텐베르크 교회의 문에 95개 조의 논제를 내건 것에서 시작된다. 그는 가톨릭 교회의 비리, 특히 면죄부의 발행에 대해서 비판을 했다. 사실 가톨릭

금속활자로 인쇄된 면죄부

인쇄술의 발병은 종교개혁을 불렀지만, 인쇄술의 발달로 면죄부가 대량생산되면서 교회가 타락하는 모순이 있었다.

교회에 대한 비판의 목소리를 루터가 처음 낸 것은 아니다. 루터 이전에도 돈만 밝히는 가톨릭 교회를 비판하는 목소리는 있었다. 하지만 그냥 그 지역에서의 소동으로만 끝났다. 그런데 1517년에 지역마다 활자 인쇄술이 보급되고, 루터가 내건 95개 조 반박문이 인쇄돼서 전국으로 퍼져나갔다. 그로 인해 가톨릭 교회에 대한 비판이 전국적으로 일어나고, 결국 종교개혁이 시작된다. 서양 역사에서 중요한 부분인 종교개혁은 단순히 가톨릭 교회에 대한 비판에서 시작된 게 아니다. 인쇄술의 발달로 종교개혁이 일어난다. 그래서 구텐베르크의 인쇄술은 종교개혁을 일으킨 주요 공로자로 평가

된다. 그런데 루터가 가장 많이 비판한 가톨릭 교회의 문제점이 면죄부였는데, 면죄부가 대량으로 발행될 수 있었던 원인도 바로 구텐베르크 인쇄술 발명 때문이었다. 인쇄술 덕분에 면죄부가 대량생산되었고, 면죄부가 대량생산되면서 교회에 대한 비판이 늘어난다. 그리고 인쇄술 때문에 교회를 비판하는 글이 전국에 퍼진다. 인쇄술은 가톨릭 교회 타락의 원인이기도 했고, 종교개혁의 원인이기도 했다.

구텐베르크가 면죄부 다음에 인쇄한 것은 '시빌의 예언'이었다. 시빌의 예언서는 고행자들이 스스로 채찍질을 하는 등 고행을 해야만 구원을 받을 수 있다고 하는 시였다. 여기서 채찍질은 은유적인 표현이 아니라 직접적인 표현이다. 자기 몸에 실제로 채찍질을 하고, 심지어 팔다리를 절단하는 고행을 해야 천국에 갈 수 있다고 주장했다. 당시 가톨릭 교회는 이 시빌의 예언을 이단으로 금지했고, 이것을 주장하는 사람들을 종교재판을 거쳐 화형에 처했다. 하지만 시빌의 예언은 일반인들에게 인기가 있었는데, 구텐베르크는 이를 놓치지 않고 시빌의 예언서를 인쇄해서 판매했다.

이렇게 구텐베르크는 도나투스, 면죄부, 시빌의 예언을 인쇄하면서 돈을 벌었다. 그리고 그다음에 성서를 발행했다. 하지만 성서는 생각보다 많이 팔리지 않았다. 구텐베르크는 성서 이백 권을 인쇄한 다음에 파산한다. 빚을 갚을 수 없을 정도에 이르자 인쇄기기를 전부 다른 사람에게 넘기고, 인쇄업에서 손을 떼게 된다.

지금은 구텐베르크가 처음 인쇄한 것은 성서라고 말을 한다. 구텐베르크가 처음 만든 '두꺼운 책'이 성서인 것이 맞다. 하지만 구텐베르크가 처음 인쇄한 책, 문서는 분명 성서가 아니었다. 하지만 근대화의 불을 댕긴 위대한 인쇄혁명의 처음이 학생의 문법책, 가톨릭 교회 부패의 상징인 면죄부, 이단의 문서인 시빌의 예언이라고 하면 곤란하지 않을까? 그래서 구텐베르크 인쇄혁명은 성서에서 시작했다고 말을 한다. 성서라고 해야 인쇄혁명이 고급문화를 전파하고, 인류에 공헌했다고 여겨지기 때문이다.

처음 시작이 어떻든, 구텐베르크의 인쇄혁명은 서양의 지식 세계를 완전히 변화시킨다. 하지만 그 당시 지식인들이 기대했던 방식, 그리고 현대에 우리가 생각하는 방식은 아니었다. 우리는 구텐베르크의 인쇄혁명으로 성서와 같은 양서, 그리고 아리스토텔레스, 베르길리우스의 책이 많이 보급되었을 것으로 생각한다. 그동안 일반인들이 잘 알지 못했던 고급지식이 전파되었을 것이라 본다. 그때까지 전문가들만 알던 지식이 일반인들에게 알려져 지식혁명이 일어난 것으로 생각한다. 하지만 지금도 성서를 처음부터 끝까지 다 읽는 사람, 아리스토텔레스, 베르길리우스의 서적을 읽는 사람은 극소수 말고는 없다. 지금도 안 보는 것을 그 당시 사람들이 보았을 리는 없다.

그 당시 구텐베르크의 인쇄술을 배워 다른 사람들도 인쇄소를 차리기 시작했다. 이들은 먼저 성서를 더 많이 인쇄했다. 라틴어가 아닌 자기 나라 언어로 성서를 출판했다. 그다음에는 아리스토텔레스의 작품처럼 그때까지 전해지던 유명한 책, 명저, 명작들을 인쇄하기 시작했다. 하지만 이런 작품들은 돈은 잘 안 된다. 일반 사람들이 사서 볼 내용은 아니었다. 그래서 그다음에는 아예 새로운 작품을 만들어서 팔기 시작했다. 보통 사람들이 좋아할 만한 내용의 소설, 여행기, 당시 상류층 인물에 대한 전기물 등이 만들어졌다. 손으로 책을 쓰는 시절에는 절대 만들어지지 않을 가벼운 내용의 책들이 만들어졌다. 인쇄업자는 이런 책을 써달라고 작가를 찾아가 부탁했다. 이전에 책은 중요한 가치를 갖는 가보였지만, 이제 책은 재미있게 한번 읽고 버리는 오락거리가 된다. 가장 잘 팔리는 것은 로맨스, 성애 소설이었다. 그런 식으로 지식혁명이 이루어진다. 인쇄술의 혁명은 성서의 발간, 고전 지식의 보급 등이 주류를 이루며 고급스럽게 이루어진 것은 아니다.

위대한 예술 후원자
로렌초 데 메디치

최근에는 기업들에 예술 분야에 후원하라고 요구한다. 한국만 해도 기업들이 건물을 지으면 일정 면적 이상을 예술 조각품에 할애해야 한다. 예술을 지원하기 위해 의무화한 것이다. 큰 건물 앞에 조각품이 서있는 것은 그 때문이다. 기업들에 예술 문화 진흥에 기여하고, 예술가, 문화인을 지원하기를 요구한다. 이렇게 기업에 대해 예술문화 지원을 요구하면서 주로 거론되는 예가 로렌초 데 메디치Lorenzo de Medici이다.

로렌초 데 메디치는 1449년에 이탈리아 피렌체에서 태어났다. 15세기는 유럽에서 르네상스가 막 꽃피려는 시기였다. 1453년 콘스탄티노플이 무슬림 세력에게 함락당했다. 콘스탄티노플은 동유럽 제국의 수도로서 천 년 넘게 동유럽과 중동의 중심지였다. 그리스 로마 문명을 이어받고, 이후 그리스 정교 문화도 콘스탄티노플에 녹아있었다. 그런데 콘스탄티노플이 오스만 튀르크에게 넘어가자, 동로마 사람들은 서유럽으로 이주하기 시작했고, 이때 서유럽에서는 오래전에 잊힌 그리스 문화가 다시 들어온다. 이렇게 새롭게 유입된 그리스 문화를 바탕으로 서유럽에서는 르네상스가 시작된다.

르네상스 개혁의 중심지 중 하나가 바로 피렌체였다. 피렌체에는 로렌초 데 메디치가 있었고, 로렌초는 예술가들을 적극적으로 지원했다. 예술가들이 요구하는 지원은 지금이나 옛날이나 다른 것이 없다. 돈이다. 예술가들은 자기가 원하는 작품을 만들고 싶어 한다. 다른 세상일은 생각하지 않고 오로지 작품 활동만 하고 싶어 한다. 하지만 작품 활동만 하면 먹고 살 수 없다는 게 문제다. 작품이 팔리지 않더라도 생계를 해결할 수 있는 지원을 원한다. 그리고 자기 작품이 그렇게 훌륭하지 않다고 하더라도 자기를 위해서 작품을 사주는 지원을 바란다.

로렌초는 바로 그 금전적 지원을 했다. 예술가들과 인문학자들에게 전폭적인 지원을 했다. 당시 피렌체에서 활동하던 주요 인문학자와 예술가는 거의 모두 로렌초의 지원을 받았다. 당시 최고의 장인이었던 베로키오가 만들었던 대부분의 작품은 로렌초를 위해 만든 것이다. 로렌초가 위대해서, 로렌초에게 헌정하기 위해 스스로 만든 것이라는 뜻이 아니다. 로렌초에게 돈을 받고 만든 작품이라는 뜻이다. 로렌초에게 돈을 받고 만든 것이니, 자기가 만든 작품들을 로렌초에게 건네준 것이다.

로렌초 데 메디치는 당시 이탈리아뿐만 아니라 유럽 전체에서도 유명한 은행가 가문이었다. 재력을 바탕으로 예술 분야에 막대한 지원을 했다. 유명한 보티첼리의 비너스의 탄생도 메디치의 지원으로 나온 것이고, 미켈란젤로도 메디치의 지원을 받았다. 당시 유명한 예술가들이 메디치의 지원을 받으며 활동했고, 그 덕분에 르네상스의 위대한 작품들이 탄생했다. 메디치로 인해서 르네상스가 꽃피게 되었다는 말은 절대 과장이 아니다.

은행가 메디치는 이런 예술 후원 활동으로 예술계에 크게 기여했다. 그래서 오늘날 기업들에 메디치를 본받아 예술 활동에 더욱 지원해 달라고 요구한다. 그런데 이렇게 예술가들에게 많은 지원을 한 메디치 금융은 그 후 어떻게 되었을까? 예술가를 적극적으로 지원한 메디치가의 운명에 대해서는 잘 말하지 않는다.

메디치 가문은 대대로 금융 가문이었다. 조반니 데 메디치, 코시모 데 메디치는 금융업계에서 큰 규모가 아니었던 메디치은행을 유럽의 대표적인 금융기관으로 키워낸다. 메디치는 피렌체뿐만 아니라 당시 유럽의 중심 도시인 이탈리아의 베네치아와 밀라노, 벨기에의 브뤼제, 프랑스의 리옹, 영국의 런던에도 지점이 있었다. 또 금융업만 한 것도 아니다. 모직 공장도 있었고 실크 공장도 있었다. 명실공히 유럽 최대의 기업 가문이었다.

로렌초는 1469년, 스물 살의 나이에 메디치 가문을 물려받는다. 그런데 로렌초는 기업 활동에 대해서 아무것도 몰랐다. 금융계에 대해서도 잘 몰랐다. 심지어 금융계의 수장이었음에도 메디치은행의 재무제표조차 잘 이해하지 못했다. 재무제표 같은 숫자를 보는 것을 싫어했다. 그래서 로렌초는 메디치은행의 운영에 대해 전혀 신경 쓰지 않았다. 전문경영인을 선정해서 은행과 지점 등을 알아서 관리하게 했다. 그리고 전문경영인이 어떻게 회사를 운영하는지도 거의 간여하지 않았다. 단지 회사의 이익금만 자기에게 잘 보내주기만 하면 됐다.

금융 부문의 최고 경영자의 지위에 있으면서 사업 활동은 전혀 하지 않았다. 그 대신 문화 활동과 정치 활동에 몰두했다. 자신을 예술가로 여기고 시도 썼다. 예술가들을 위대하다고 칭송하고, 예술가에 대해 후원했다. 그렇게 예술 활동에 초점을 맞추면서 메디치 은행은 점차 몰락의 길을 걷기 시작한다.

1472년 메디치 런던 지점이 문을 닫았다. 로렌초가 최고 책임자로 오르고, 3년 만의 일이다. 기업을 이어받은 지 3년밖에 되지 않은 상태였으니, 여기까지는 로렌초의 책임이라기보다는 그 전대의 책임이라고 주장할 수도 있었다. 그런데 1478년에 밀라노 지점도 문을 닫는다.

런던과 밀라노라는 유럽의 주요 도시에서 메디치은행이 망했으면 로렌초는 이제 사업에 관심을 두고, 사업을 보호하기 위해 노력해야 했을 것이다. 하지만 메디치는 예술 활동에만 관심이 있었지 사업 활동에는 전혀 관심이 없었다. 엄청난 자금이 계속 예술 지원에 사용되었고, 사업을 구하기 위해서는 사용되지 않았다.

1480년에는 브뤼제 지점이 폐점되고, 1481년에는 베네치아 지점도 문을 닫는다. 로렌초는 1492년에 사망한다. 로렌초가 사망할 때에는 피렌체 본점만 남아있는 상태였다. 로렌초는 유럽 전역의 16개 도시에 지점을 둔 메치디 은행을 물려받았다. 그러나 당대에는 본점만 남기고 모조리 문을 닫고 만다. 결국, 로렌초가 죽고 2년 후인 1494년에 피렌체에 있던 메디치은행 본점도 문을 닫는다.

로렌초는 당시 유럽 최고의 우량 기업을 물려받았지만 25년 사이에 그 기업을 파산시켰다. 기업 역사에서 이렇게 한 명이 대기업을 말아먹은 경우는 흔치 않다. 로렌초는 후계자가 잘못 처신해서 유명한 기업을 망하게 한 대표적인 경우이다.

메디치은행이 망하게 된 것은 로렌초 때문은 아니라는 변명도 있다. 사실 메디치은행이 부실하게 된 원인은 로렌초가 아니라 로렌초가 믿고 맡긴 전문경영가 토마소 포르티나리 Tommaso Portinari에게 있다. 토마소의 방만한 경영으로 메디치은행은 망하게 된다. 그런데 토마소가 대리인으로 임명된 이유는 로렌초 때문이었다. 로렌초는 토마소와 어려서 함께 자랐고, 그래서 토마소를 대리인으로 임명했다. 토마소가 은행 경영에 리더십이 있어서거나, 은행 업무를 잘해서가 아니다. 단지 자기와 친하다는 이유로 은행 지점장을 시켰다. 그리고 토마소가 어떻게 운영하든 별 상관하지 않았다. 지

(좌) 〈위대한 로렌초의 초상〉 조르지오 바사리 작품 (우) 〈비너스의 탄생〉 산드로 보티첼리 작품

점들이 계속 폐쇄되는데도 큰 신경을 쓰지 않았다. 한 지점이 폐쇄된 것은 토마소의 잘못이라 할 수 있다. 하지만 지점들이 모두 문을 닫고, 결국 메디치 금융이 망하게 된 것은 분명 로렌초의 잘못이다.

로렌초는 예술에 대한 후원자로 칭송을 받을 수 있을까? 로렌초는 분명 예술가에 대해 많은 지원을 했다. 하지만 그 대가는 적지 않았다. 메디치은행이 파산했다. 메디치은행이 유럽의 주요 금융기관일 때 피렌체는 유럽에서 주요한 도시 중 하나였다. 하지만 메디치가 사라진 후 피렌체는 유럽 역사에서 별다른 영향을 끼치지 못한다. 메디치의 사망은 피렌체의 사망이기도 했다.

최근 기업들에 대해 로렌초를 본받아 예술 활동을 지원하라는 목소리가 높다. 로렌초의 지원으로 피렌체의 문화가 얼마나 융성했는지 이야기한다. 하지만 로렌초가 이렇게 예술 지원 활동만 하다가 메디치 금융 가문을 망하게 했다는 이야기는 하지 않는다.

기업가로서 예술 활동에 많은 지원을 한 사람들은 많이 있다. 미국의 카네기, 록펠러, 그리고 빌 게이츠도 문화 활동, 사회 활동에 많은 기여를 하고 있다. 그런데 이들은 기업 활동을 하는 중에 문화, 예술에 대해 적극적으로 기여한 것은 아니다. 경영 일선에서 은퇴한 이후, 자기가 그동안 번 돈으로 문화 활동에 기여하고 있다.

로렌초는 기업 최고경영자 자리에 있으면서도 경영에는 참여하지 않고, 예술 활동만 했다. 그리고 결국 그 기업은 망하고 만다. 이것이 기업이 후원하는 문화 활동의 좋은 예가 될 수 있는지는 생각해 볼 필요가 있다.

정화 대함대는
세계 최강의 함대였을까?

　　　　　서양은 함대를 이용해서 지리적 발견을 하고 동양
을 침략했다. 동양에서는 이런 서양의 함대에 필적할 만한 함대가
없었기 때문에 서양의 힘에 굴복해야 했다. 하지만 동양은 사실 서
양보다 뛰어난 항해 기술과 함대의 힘을 가지고 있었다. 동양도 대
양을 항해할 수 있는 능력이 있었지만, 그것을 잘 활용하지 못했다.
그것을 보여주는 대표적인 것이 바로 명나라의 정화 함대이다.

　명나라 영락제는 정화에게 함대를 이끌고 대원정을 하도록 지시
했다. 정화는 황제의 명령을 받들어 1405년부터 대항해를 시작한
다. 1405년, 1407년, 1409년, 1413년, 1417년, 1421년, 1430년 총
일곱 차례에 걸친 대항해가 이루어졌다.

　이 함대는 세계 다른 나라의 어떤 함대와도 비교할 수 없는 엄청

난 규모였다. 서양의 유명한 함대와도 상대가 되지 않을 만큼 큰 규모였다. 정화의 함대에서 큰 배는 길이가 44장 4척, 넓이는 18장이었다. 장이 정확히 어떤 크기를 가리키는 단위인가에 대해 논란이 있지만, 어쨌든 길이가 130m는 넘고, 폭도 56m가 넘는다. 이에 비해 서양 함대의 배들은 길이가 보통 30m 내외에 불과했다. 희망봉을 돌았던 바스코 다 가마의 함대 네다섯 대를 늘어놓았을 때 정화 함대 한 대 크기 정도 비율이었다.

서양의 배들에 비해 이렇게 큰 배가 한 대도 아니고, 몇십 척이 함께 항해했다. 1405년, 1차 항해에서는 주선만 62척이었다. 보조 선들까지 총 317척의 배들이 약 3만 명의 사람들을 태우고 항해를 했다. 바스코 다 가마 함대는 3척이었고, 콜럼버스 함대도 3척, 마젤란 함대는 4척이었다. 승무원 수도 바스코 다 가마는 170명, 콜럼버스는 88명이었다. 정화 함대의 규모는 서양 함대와는 비교할 수 없을 정도로 거대했다.

정화는 이렇게 거대한 함대를 이끌고 인도양, 아프리카 등지를

정화의 배와 콜럼버스의 산타마리아호
배의 크기 면에서는 정화의 배가 월등하게 컸지만, 명나라의 해금 정책 때문에 중국의 정치나 경제에 끼친 영향은 거의 없었다.

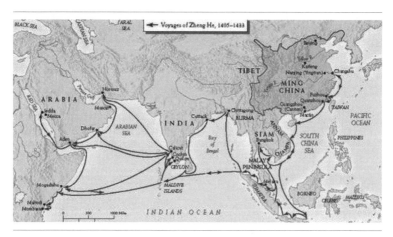

정화 함대의 이동 항로

정화는 1405년 남해 원정에 나서 1433년까지 총 7차례에 걸쳐 동남아시아, 인도를 거쳐 아라비아 반도, 아프리카 동해안까지의 뱃길을 개척했다.

누볐다. 인도의 캘리컷, 사우디아라비아의 메카, 아프리카의 케냐까지 방문했다. 서양의 지리적 발견 당시 항해보다 더 길면 길었지 짧지는 않은 항해였다. 정화 함대의 항해술은 절대 서양보다 뒤처지지 않았다.

그러면 이렇게 규모가 큰 정화 함대는 세계 최강의 함대였다고 말할 수 있을까? 그리고 이런 함대를 만들었던 명나라가 세계 최강의 해군력을 가졌었다고 말할 수 있을까?

정화 대함대가 세계 최대였던 것은 맞다. 하지만 세계 최강이었다고는 말하기 어렵다. 그리고 정화 함대의 항해력이 서양 국가들보다 더 뛰어났다고도 말하기 힘들다.

지금 일본 도쿄는 높이 634m 규모의 스카이트리를 만들었다. 한국은 123층의 롯데월드 빌딩을 만들고, 대만은 101층 빌딩, 말레이시아에는 88층 빌딩이 있다. 그리고 중국에는 고층 빌딩들이 무수히 많이 있다. 베이징, 상하이, 광저우 등에서 여러 개의 고층 빌딩을 만들었다. 상하이에서 가장 높은 건물은 632m이고, 광저우에서 가장 높은 빌딩은 437m이다. 또 홍콩에는 118층 건물이 있다. 하지만 유럽 국가들은 이렇게 높은 빌딩이 없다. 미국은 세계 최강대국이지만 세계 10대 건물에 포함되는 것은 2001년 9.11 테러로 무너진 무역센터 건물을 다시 지은 세계무역센터뿐이다. 나머지 아홉 개 고층 빌딩은 모두 개도국에서 지었다.

그러면 동양의 국가들이 유럽 국가들보다 더 우수한 것일까? 동양 국가들이 서양보다 더 기술이 발달하고, 더 부유한 것일까? 그렇지는 않다. 유럽, 미국은 초고층 빌딩을 만들지 못해서 못 만들고 있는 것이 아니다. 만들 수는 있지만 안 만드는 것이다. 초고층 빌딩은 사무실 임대 수입이 비용을 감당할 수 없어 적자가 나기 때문이다.

초고층 빌딩은 수익성이 없다. 적자이다. 그런데도 초고층 빌딩을 짓는 것은 상징적인 의미 때문이다. 우리도 이런 건물을 지을 수 있다는 자신감, 랜드마크를 만들어야겠다는 사회적 목적, 우리 도시가 이렇게 뛰어나다는 자랑 등을 위해서 만들어진다.

정화 함대의 규모는 서양의 어떤 함대 규모보다 더 컸던 것은 사실이다. 그런데 그 이유가 중국이 서양보다 더 뛰어나서, 중국의 함대 기술이 더 나아서는 아니다. 서양도 만들려고 하면 충분히 만들 수 있다. 하지만 서양은 그런 규모의 함대를 만들 필요가 없었다.

서양에서 배는 상업용, 그리고 전투용이다. 상업용에서는 배는 만드는 비용과 배를 이용해서 나를 수 있는 물건으로 인한 수익성이 중요하다. 배를 만들 때는 배를 만드는 건조비용, 그리고 배를 운영할 때 발생하는 비용 등이 있다. 배를 크게 만들면 건조비용이 급등하고, 또 배를 운용할 사람도 많이 고용해야 해서 운영비도 커진다. 배를 통해 얻을 수 있는 수익을 고려하지 않고, 배를 무조건 크게만 만들면 비용만 많이 들기 때문에 적자가 난다. 큰 배가 아니라 적정한 크기의 배를 만들어야 하는 것이다.

전투용 배도 마찬가지이다. 전투에 사용하는 배는 빨라야 한다. 크기만 큰 배는 습격당해서 빼앗기기 딱 좋다. 지금도 전함은 컨테이너선이나 상선보다 작다. 무거운 대포 등을 운용할 수 있을 정도에서 최대한 날렵하게 만들어야 한다.

그런데 정화 함대는 상업용도 아니었고 전투용도 아니었다. 정화 함대의 목적은 중국 명나라의 국위를 선양하는 것이었다. 명나라가 이렇게 위대한 국가라는 것을 다른 나라에 보여주고 자랑하기 위해서 항해를 했다. 자랑하기 위해서는 배의 크기도 커야 하고, 수행원도 많아야 한다. 그래서 그런 어마어마한 함대가 구성된다.

하지만 정화 함대의 수익은 거의 없었다. 단지 다른 나라들에 대해 명나라가 이렇게 크고 대단한 나라라는 인식만 줄 수 있었을 뿐이다. 그런 명목적인 인식을 위해서 엄청난 비용이 들어갔다. 그래서 정화 함대는 계속 유지되지 못하고 폐기된다. 유럽의 배는 상거래 규모가 더욱 커지면서 상선 규모도 커진다. 그리고 대포 같은 무기가 개발되면서 그에 따라 배도 커진다. 하지만 상선도 전투선도 아닌 자랑하기 위해서 만들어진 정화 함대는 계속 유지되고 발전해 나갈 수 없었다.

정화 함대의 항해 거리가 서양 함대보다 훨씬 더 길었다고 정화 함대의 항해술이 뛰어났다고 말하는 것도 무리다. 서양 함대의 우수성은 긴 거리를 항해한 데서 오는 것이 아니라, 그동안 알려지지 않은 항로를 개척한 데 있다. 당시 남아프리카 항로, 특히 희망봉을 도는 항로는 알려지지 않았다. 아메리카로 가는 뱃길, 세계 일주 뱃길도 알려지지 않았다. 서구는 그렇게 알려지지 않은 바닷길을 개척했다. 하지만 정화 함대는 그동안 알려진 항로를 따라 운항했을 뿐이다. 중동 지역에서 인도, 동남아, 그리고 중국, 한국, 일본을 잇는 뱃길은 이미 신라 시대 때부터 있었다. 7세기, 8세기부터 이 항로는 해상 무역으로 이미 다 알려졌다. 중동에서 동아프리카의 항로도 이미 존재했다. 정화 함대는 그 거대한 함대를 가지고 있으면서도 새로 바닷 길을 개척한 것은 없다. 바닷사람들한테는 기존에 이미 다 알려져 있고, 오랫동안 운항해왔던 길을 따라서 운항한 것이다. 중국 입장에서는 자기 역사 최초로 해외 원정을 한 것이기 때문에 의미가 있을지 몰라도, 세계사적으로는 큰 의미가 없는 항해였다.

그리고 사실 정화 함대의 원정이 중국에서 최초로 해외로 나간 것도 아니다. 중국 동남 지역인 광둥성, 복건성 등에서는 역사상 항상 동남아, 인도, 아라비아 등과 무역 거래를 했다. 중국은 해외 무역에는 전혀 관심이 없었고, 해외로 나가는 것을 막았다. 그런데 사실 중국 양쯔강 이남 지역은 전통적인 중국 지역이 아니다. 이 지역이 중국 역사에 들어간 것은 남송 시대 이후이다. 금나라의 침입으로 송나라가 남쪽으로 도망간 1127년 이후 이 지역에서 본격적인 중국 역사가 시작된다.

광둥성 지역은 지금도 해외 무역 거래로 유명한 지역이다. 하지만 이것은 중국이 현대화되면서 이루어진 것이 아니라 원래 역사적으로 이 지역은 동남아, 인도, 아라비아 등과 무역을 했던 지역이다. 중국 명나라에서 해외 무역 금지를 했다고 하지만 이 지역은 중앙 정부 몰래 계속해서 해외 무역을 했다. 이들의 흔적은 동남아 전체, 아프리카, 태평양 여러 제도에 남아있다. 중국 북쪽 사람들은 뱃길을 좋아하지 않고 해외 무역 거래를 좋아하지 않았다. 하지만 중국 남쪽은 늘 국제 무역을 하면서 살아온 곳이다.

정화 함대는 중국 정부 차원에서 공식적으로 함대를 외국에 파견했다는 의의는 있다. 하지만 중국에서 최초이자 마지막으로 해외 대양으로 진출한 것은 아니다. 공식적으로는 최초이자 마지막이겠지만, 비공식적으로는 중국 남부는 항상 해양에서 큰 영향을 미쳤었다.

야마시타
골드

세계에는 보물 사냥꾼들이 있다. 이들은 과거에 버려진 보물, 숨겨놓았지만 잊혀진 보물들을 찾아서 돈을 벌고자 하는 사람들이다. 가장 일반적인 보물 사냥꾼은 난파선을 찾는 보물 사냥꾼이다. 고대부터 지중해에는 많은 배가 통상을 위해 왔다 갔다 했는데, 지중해는 파도가 몹시 사납다. 그래서 지중해에서는 일 년에도 몇십 척의 배가 난파당하곤 했다. 또 신대륙 발견 이후에는 대서양 항로에서 많은 배가 난파당했다.

이 배들은 보통 물품을 싣고 장사는 하기 위한 배, 신대륙에서 보물들을 싣고 유럽으로 향하는 배들이다. 이 배에는 많은 금은보화가 실려있는 경우가 많았고, 그 보물들과 같이 바닷속에 가라앉았다. 이런 난파선을 찾으면 그 배 안에 있는 보물들을 가질 수 있다.

국가에 어느 정도 비율을 세금으로 내면 나머지는 모두 자기 소유가 된다. 그래서 카리브해, 지중해 등에는 지금도 난파선을 찾아 건지려는 보물 사냥꾼들이 존재한다. 한국에서도 가끔 서해안에서 고려 시대, 조선 시대 난파선이 발견되어서 고려청자나 조선백자를 건졌다는 기사가 나온다.

난파선을 찾는 보물 사냥꾼 말고, 역사에서 잊혀진 보물을 찾는 보물 사냥꾼들도 있다. 이들은 역사에서 분명히 존재했지만, 지금은 행방을 알 수 없는 보물들을 찾아 나선다. 집에 불이 나거나 지진으로 무너질 것 같거나 하면 집주인은 집에서 가장 가치 있는 것들을 들고나온다. 금은보석, 현금 등 중요한 것들을 먼저 챙겨 나온다. 나라가 망할 때도 마찬가지이다. 외적이 침략해 오거나 혁명 등이 발생해서 왕이 도망을 가야 할 때가 있다. 이때 궁궐 내에서 가장 진귀한 보석이나 예술품을 갖고 나간다. 중국의 장제스는 대륙에서 대만으로 도망쳐야 했을 때 보물들을 가장 먼저 챙겼다. 장제스가 중국에서 가지고 도망간 보물들은 지금 대만의 국립고궁박물관에 보관되어 있다. 대만의 국립고궁박물관은 장제스가 중국에서 가져온 유물 덕분에 세계 4대 박물관 중 하나라는 명성을 얻고 있다.

중국의 경우에는 그 이후의 경로가 파악된다. 반면에 보물들을 가지고 나간 역사적 기록은 있지만 그 이후 사라진 것들도 있다. 대표적인 것이 러시아 로마노프 황실의 보물이다. 러시아 마지막 황실인 로마노프 황실은 1917년 소비에트혁명 당시에 소멸한다. 로마노프 황실은 혁명이 발생하자 많은 재산을 가지고 도망을 쳤다. 하지만 결국 혁명군에게 붙잡혀 황실 가족이 몰살을 당한다. 그런데 그때 같이 가지고 나간 보물들의 행방이 어떻게 되었는가는 밝혀지지 않았다. 보물 사냥꾼은 이런 보물들이 어떻게 되었는가에 대한 단서를 찾아 잊혀진 보물을 찾고자 한다.

실제 이런 보물들이 대량 발견되는 경우도 있다. 히틀러는 독일의 패색이 짙어지자 그동안 모은 금을 광산의 지하 동굴에 숨겼다. 미국의 패튼 장군은 이 정보를 입수하고 지하 700m의 소금 광산에 숨겨 있는 금괴들을 발견했다. 이렇게 발견된 것 외에도 히틀러는 많은 장소에 금과 예술품들을 숨겼다. 아직까지도 히틀러의 보물은 많은 보물 사냥꾼들의 목표다.

동양의 유명한 잊혀진 보물은 야마시타 골드이다. 제2차 세계대전 기간 때까지 일본은 조선, 만주, 중국 일부, 그리고 동남아 전부를 정복했다. 그리고 모든 지역에서 금, 보물들을 모았다. 그래서 전쟁이 끝날 때쯤에 일본은 막대한 양의 금과 보물들을 가지고 있었다.

한국의 경우 1920년대는 황금광 시대였다. 전국적으로 많은 금이 채취되었고, 금광이 운영되었다. 일반 사람들도 금을 찾아 한몫 챙기려고 산을 뒤지곤 했다. 당시 한국은 세계에서 유명한 금 채광지였다. 이렇게 채굴한 금은 당시 정부가 사 갔다. 당시 정부는 일본이었고, 그래서 조선의 일본은행 본점에는 금이 쌓여 있다는 소문이 있었다. 하지만 해방 이후 조선의 일본은행 창고를 열어보았을 때 텅 비어있었다. 분명 조선에서 많은 금이 채굴되었고, 그 금이 일본 은행으로 들어갔다. 그런데 막상 조선의 일본은행 창고에는 남아있는 금이 없었다. 이런 현상은 조선만이 아니라 일본의 다른 점령지에서도 마찬가지였다. 동남아 등지에서도 일본이 많은 금을 갈

취해갔는데, 일본 점령이 끝났을 때 그 금의 행방은 묘연했다.

그 많은 금은 어디로 갔을까? 당시에 그 금은 필리핀 땅에 묻혔다는 소문이 돌았다. 전쟁이 끝날 때 필리핀 지역의 일본군 사령관은 야마시타 도모유키였다. 야마시타 장군의 지휘 아래 모든 금괴가 필리핀 땅에 묻혔다고 한다. 그래서 이 금은 야마시타 골드라고 불리었다.

야마시타 골드는 정말로 존재하는가 아니면 단순한 소문일까? 처음에는 단순한 소문이라고만 생각되었다. 하지만 야마시타 골드가 실제로 존재한다는 것이 세상에 알려진다. 1970년대 필리핀에서 도로 건설 등으로 땅을 파다가 야마시타 골드가 묻혀 있는 구덩이가 여러 개 발견되었기 때문이다. 그렇게 야마시타 골드의 일부가 발견되고, 그 이후 야마시타 골드와 관련된 관련자들의 증언도 나오기 시작했다. 웅덩이에서 발굴된 보물의 소유권을 둘러싸고 미국에서 재판이 이루어졌고, 그 재판 과정에서 야마시타 골드와 관련된 많은 이야기가 공개된다. 일본은 정말로 정복지 전역에서 금과 보물들을 약탈해서 끌어모았다. 그리고 그 보물들을 필리핀에 보관하고 있었다. 일본은 전쟁 초기에 동남아시아의 다른 식민지는 도로 빼앗길 수도 있다고 보았지만 필리핀은 계속 자기 나라 땅으로 남을 거라고 생각했었던 것 같다.

하지만 태평양전쟁에서 패할 것이라는 예측이 강해지면서 필리핀에 보관하고 있는 보물들을 일본 국내로 옮길 생각을 한다. 그러나 이때는 이미 제해권이 미국에 넘어간 후다. 필리핀에서 배로 보물을 싣고 일본으로 가는 도중에 미국의 폭격이나 어뢰 공격으로 보물이 바닷속에 잠길 위험이 있다. 실제로 전쟁 말기에는 적십자 마크를 단 의무선 이외에는 일본 배의 안전한 항해가 불가능했다.

그래서 일본은 필리핀의 보물들을 일단 필리핀 각지에 묻어두기로 했다. 이 작업에는 황실이 개입했다. 황실의 둘째 왕자인 지치부 야스히토 황자의 지휘 아래 일본이 약탈한 금과 보물들을 필리핀의 동굴과 땅속에 묻었다.

워낙 보물이 많아 한군데에 묻을 수는 없었다. 모두 175개의 땅속 보물 창고가 만들어졌다고 한다. 보물 창고마다 담당 건설 엔지니어가 배당되었다. 각 엔지니어의 지휘 아래 군사들, 그리고 필리핀 노역자들이 끌려와서 일했다. 군사들과 노역자들은 자기들이 만드는 동굴이 금과 보물을 묻기 위한 것이라는 것을 몰랐다. 적의 폭격을 피하기 위한 방공호를 만드는 것으로 생각했다. 동굴이 완성된 후에 보물을 옮기고 밀봉했다. 밖에서 알아보기 어렵게 주변 땅과 똑같이 보이도록 다지는 작업도 했다. 175개 공사장에서 이 모든 작업이 끝난 것은 1945년 6월 초였다. 일본이 항복하기 2개월 전의 일이다.

보물이 묻혀 있는 장소는 황실 이외에는 아무도 알아서는 안 되었다. 그래서 일본은 옛날 이야기에 나오는 잔인한 짓을 했다. 175명의 엔지니어를 지하 벙커에 한데 모아 일이 마무리된 것을 축하하는 잔치를 벌였고, 그 연회 도중에 지하 벙커를 폭파했다. 황실 관계자, 야마시타 장군 등 고위직 외에 보물이 묻혀 있는 장소를 알고 있는 사람 모두가 생매장되었다. 일본은 이렇게 숨겨진 보물들을 나중에 시간이 지나 평화가 찾아오면 다시 발굴하려 생각했다.

하지만 이 보물들은 계속해서 땅에 묻혀있지 않았다. 보물들이 묻혀있는 장소를 알고 있었던 사람은 엔지니어들만은 아니었다. 황실 관계자, 고위직 사람들은 죽일 수 없었다. 그래서 이들 관계자로부터 야마시타 보물의 존재가 알려지기 시작한다. 황실 인사나 야마시타 장군 등은 이것을 비밀로 했다. 하지만 황실 왕자를 가까이 모시던 필리핀 하인이 있었고, 야마시타 장군을 모시고 다녔던 운전기사가 있었다. 특히 야마시타 장군의 운전기사는 미국 CIA에서 집중적으로 조사를 받았고, 야마시타 골드에 대해 미국에 털어놓았다.

미국은 이 보물들을 발굴했다. 하지만 175개 모두를 다 발굴하지는 못했다. 175군데의 모든 장소를 다 기억할 수는 없었다. 숨겨진 장소를 문서로 가지고 있는 것은 일본 황실뿐이었다. 하지만 일본 황실이 앞장서서 보물이 묻힌 장소를 공개할 수는 없었다. 아직 발굴되지 않은 곳이 많이 있었고, 그중 일부가 1970년대부터 우연히 공사 중에 발굴되기 시작했다.

야마시타 골드는 실존하는 것으로 드러났지만, 공개적으로 이야기할 수 있는 건 아니다. 우선 일본의 입장에서 식민지국에서 많은 금은보화를 약탈해서 모았다는 것, 그리고 일본인 엔지니어들을 생매장했다는 것은 숨기고 싶은 이야기이다. 미국은 야마시타 골드를 발굴해서 자기 소유로 했다. 야마시타 골드 이야기가 공식화되면 주변국에서 발굴한 금은보화를 돌려달라는 이야기가 나올 수 있다. 그리고 필리핀은 자기 나라 땅에서 나온 보물들을 일본이나 주변국에 돌려주어야 하는 부담이 있다. 야마시타 골드는 말하고 싶지 않은 이야기다.

동양은 산업혁명 이후
서양에 뒤처지게 된 것일까?

오늘날의 세계는 서양 문명이 지배하고 있다. 서양은 15세기 말 신대륙 발견 이후 세계에서 주도적 위치를 차지하고 있다. 지금 우리가 사용하는 철도, 자동차, 비행기, 텔레비전, 전화, 영화, 인터넷, 스마트폰 등은 모두 서양에서 발명한 것이다. 이렇게 새로 발명된 물건만이 아니라 지금 우리가 입고 있는 옷이나 신발도 서양식이다. 한국인은 한복이나 짚신을 찾지 않고, 일본인도 기모노와 게다를 특별한 날에만 입고 신는다. 중국의 고유 복장인 치파오도 일반적으로 입는 옷은 아니다. 그리고 지금은 비즈니스를 할 때는 어느 나라든 양복을 입고, 넥타이를 맨다. 오늘날 우리의 복장은 서양에서 만들어진 양식이다.

물건만이 아니라 제도도 서양에서 만들어진 것을 사용하고 있다.

동양의 전통적인 국가 제도는 왕이 국가를 다스리는 군주제이다. 대통령제, 의원내각제 등은 모두 근대 서양에서 만들어진 제도이다. 법치주의, 선거제도, 권력분립 등 국가 통치의 기본 원리도 모두 서양에서 시작되었다. 지금 중국, 북한 등이 서구적인 대통령제, 의원내각제가 아니라 독재정권을 가지고 있다고 해도 마찬가지이다. 주석 등을 중심으로 하는 공산당의 집단지도체제는 러시아 소비에트가 만든 시스템이다. 유럽에서 만들어진 통치 체제를 중국, 북한 등에서 사용하고 있는 것이지, 동양 고유의 시스템은 아니다.

이렇게 서양 제도와 문물 아래서 살고 있는 동양이지만, 동양이 원래부터 이렇게 서양에 뒤처지게 된 것은 아니라고 생각한다. 산업혁명 이전에는 동양사회가 서양사회보다 훨씬 더 발달한 사회였다. 산업혁명으로 인해서 서양의 물질문명은 크게 발달했고, 그로 인해서 동양이 서양에 뒤처진 것으로 본다. 원래 이 세계는 동양과 서양이 큰 차이가 없었고, 오히려 동양의 문물이 서양보다 더 뛰어났다. 하지만 최근 이삼백 년 사이에 서양이 크게 발전하면서 동양이 추월당한 것이다.

그 근거는 여러 가지가 있다. 우선 고대부터 사용된 실크로드가 있다. 실크로드는 중국 등 동양의 물품을 서양으로 실어 나르기 위한 길이다. 서양에서는 동양의 선진 물품을 원했고, 중국의 도자기, 비단 등이 이 실크로드를 통해 서양으로 건너갔다. 동양이 서양의 물건을 수입하기 위해 실크로드가 만들어진 것이 아니다. 실크로드는 동양의 물품을 서양으로 수출하는 길이었다. 물이 높은 곳에서 낮은 곳으로 흘러가는 것처럼 문물도 발전된 곳에서 덜 발전된 곳으로 유입된다. 실크로드에서 물품의 움직임을 보면 동양이 선진국이었다는 것이 분명히 드러난다.

그리고 지금 남아있는 건물이나 유물을 보아도 동양이 절대 서양에 뒤지지 않았고, 오히려 서양보다 더 웅장하다는 것을 알 수 있다. 아무리 베르사유 궁전이 화려하다 해도 그 규모 면에서 중국의 자금성에 비할 바는 못 된다. 중국만이 아니라 인도의 타지마할, 그리고 인도의 많은 왕조의 궁전을 봐도 서양의 궁전을 압도한다. 동양의 도자기 같은 공예품은 서양에서 큰 인기를 끌었다.

또 국내 총생산을 산출해봐도 동양, 특히 중국의 국내 총생산이 서양보다 더 높았다. 중국의 국력은 근대 이전까지 세계 최대였다. 서양에서 산업혁명이 발생하면서 동양이 뒤처지게 된 것이다. 서양이 지배하는 세계는 단지 이백여 년밖에 되지 않은 현상일 뿐이다.

그런데 정말로 산업혁명 이전에는 동양의 국력이 서양보다 더 뛰어났던 것일까? 동양의 문화와 문물이 서양보다 더 우수했고 다양했을까?

국력을 측정하는 가장 대표적인 지표는 전투력이다. 산업혁명 이후에 동양과 서양의 전쟁에서는 번번이 동양이 졌다. 서양의 무기는 함대와 대포인데, 동양의 무기는 주로 칼과 활, 창이었기 때문이다. 그러면 산업혁명 이전에 동양 국가와 서양 국가가 싸웠다면 동양이 이겼을까? 서양에서 대포와 함대가 아직 일반적이지 않고 칼, 활, 창으로 싸우던 시대에 붙었다면 동양이 이길 수 있었을까?

산업혁명 이전에도 서양의 기술이 더 뛰어났다. 서양의 장궁은 유효거리가 180m나 되었다. 최대 사거리는 400m가 넘었다. 이 거리에서부터 서양 궁수들은 하늘을 향해 화살을 쏘아댔다. 그 화살은 철로 만든 갑옷도 꿰뚫었다.

철로 만든 갑옷으로 화살을 막을 수 없기 때문에 서양에서는 강철을 발명한다. 강철은 일반 철보다 훨씬 더 튼튼하다. 하지만 이런 강철도 100m 거리 내에서는 장궁의 화살에 뚫렸다.

동양의 활은 100m가 날아갈까 말까다. 그리고 동양의 활은 강철로 만든 갑옷을 뚫을 수 없다. 하지만 서양 장궁은 동양의 갑옷을 쉽게 뚫을 수 있다. 이때 중국 군대와 서양 군대가 서로 싸우면 서양의 화살에 중국 군대는 몰살을 당했을 것이다.

산업혁명 이전에 국내 총생산은 동양이 높았다고 하는데 그것이 사실이긴 하다. 그런데 산업혁명 이전에는 전 세계 모든 지역에서 일인당 국내 총생산은 간신히 먹고 살 수 있을 정도의 수준이었다. 즉, 세계 어느 곳이나 일인당 국내 총생산은 비슷비슷했다. 가족이 하루하루 끼니를 이어갈 수 있는 정도의 소득만 겨우 얻었을 뿐이다. 서양에서도 산업혁명 이후에야 일인당 국내 총생산이 끼니를 유지할 수 있는 수준을 넘어서게 된다.

일인당 국내 총생산이 이렇게 비슷한 수준이라면 국가 국내 총생산을 결정하는 요소는 그 국가의 인구다. 인구가 많으면 국내 총생산이 높아지는 것이고, 인구가 적으면 국내 총생산이 낮아진다. 그런데 중국, 인도, 동남아 등은 전 세계에서 인구가 가장 많은 지역이다. 동양이 서양보다 인구가 많았기 때문에 국내 총생산이 더 높았던 것이다. 생활 수준이 서양보다 더 나아서 국내 총생산이 높았던 게 아니다.

그리고 일인당 국내 총생산은 거의 같은데 동양에서 공예품 등이 발달하고 이를 사용하는 부자가 많았다는 것은 그만큼 가난한 사람들이 많았다는 뜻이다. 지금 중국에는 잘사는 부자가 매우 많다. 백만장자가 많은 국가 목록에 중국이 포함된다. 그런데 중국의 일인당 국내 총생산은 8,154달러 수준이다. 아직 개발도상국 수준이다. 일인당 국내 총생산이 8,154달러밖에 안 되는데 백만장자가 가장 많은 국가 중 하나라는 것은 그만큼 빈부의 격차가 크다는 이야기이다.

이것과 마찬가지이다. 근대 이전, 동양의 귀족들은 서양 사람들이 부러워할 정도로 잘살았던 것은 사실이다. 하지만 그것은 동양의 보통 평민들은 서양보다 훨씬 더 어렵게 살았다는 뜻이다. 절대 자랑할 수 있는 사안이 아니다.

그리고 실크로드 등을 통해서 주로 동양의 문물이 서양으로 전해진 것은 맞다. 명나라, 청나라 때도 주로 중국의 동양의 공예품이 서양으로 넘어갔다. 중국이 수출을 하고, 서양이 수입을 하는 시스템이다. 문물은 높은 곳에서 낮은 곳으로 흐른다는 것을 고려하면 중국이 서양보다 더 우수한 문물을 가진 것 같다.

하지만 문물이 높은 곳에서 낮은 곳으로 흐른다는 것은 문물의 유통이 자유로울 때 맞는 말이다. A국에서 B국으로 문물 이동이 자유롭고, B국에서 A국으로의 문물 이동도 자유로울 때, 이때 문물 이동의 방향을 보면 어느 나라가 더 선진국인지 판단할 수 있다. 하지만 A국에서 B국으로의 문물 이동은 자유로운 데 반해 B국에서 A국으로의 문물 이동은 금지되어있다면, 이때 A국에서 B국으로의 문물 이동이 문물의 우수성을 말해주는 것이라고는 보기 어렵다.

중국은 서양 국가들에 많은 물품을 수출했다. 비단, 도자기 등이 대표적인 상품이었다. 하지만 서양에서 중국으로 이동한 물품은 거의 없다. 그런데 그 까닭은 서양 물품의 수준이 낮아서가 아니었다. 중국에서 서양 물품의 수입을 금지했기 때문이다.

동양 국가들은 기본적으로 쇄국 정책을 폈다. 다른 나라와의 거래를 금지했다. 중국도 마찬가지이고, 조선도 마찬가지다. 조선 시대 때도 외국과 거래하는 것은 특허를 받은 소수의 상인만 가능했다. 일반인들이 외국인과 거래를 하는 것은 중죄에 해당했다. 그리고 상인들도 자기가 원하는 품목을 쉽게 수입할 수 있었던 것도 아니다. 정부가 허가한 물품만 수입할 수 있었다. 동양은 서양 물품을 수입하지 않은 것이 아니라 수입할 수 없었다. 하지만 자기 나라 물품을 돈을 받고 수출하는 것은 허가했다. 그래서 주로 동양의 공예품만 서양으로 수출된 것이다. 동양이 선진국이라서 일방적으로 물품이 서양으로 이동한 것은 아니다.

산업혁명 이전이라고 해서 서양이 굉장히 못살았던 것은 아니다. 또 산업혁명 이전에 동양이 서양보다 훨씬 더 잘살았던 것도 아니다. 이 당시는 전 세계 사람들의 평균 수입은 비슷했다. 서민들은 똑같은 수준에서 못살았다. 단지 사회의 부가 얼마나 불평등하게 분배되었느냐에 따라 각국 귀족들의 생활 수준에 차이가 있었을 뿐이다. 만약 동양 귀족들이 서양 귀족들보다 더 잘살았다고 해도, 이것이 자랑하고 내세울 수 있는 일은 아니다.

제6장_ 말하지 않는 제2차 세계대전

독재자 히틀러의
아이러니

20세기에서 가장 악랄한 독재자로 손꼽히는 사람은 히틀러이다. 다른 독재자들도 많이 있지만, 히틀러는 누구보다 많은 해악을 끼쳤다. 무엇보다 히틀러는 제2차 세계대전을 일으킨 당사자이며, 유대인 600만 명을 학살했다. 유대인만이 아니라 유럽의 집시들도 몇십만 명이 히틀러 치하에서 학살당했다.

히틀러는 분명 20세기만이 아니라 앞으로의 인류 역사에서도 악명 높은 독재자로 남을 것이다. 그런데 이런 히틀러가 어떻게 독일의 최고 권력자가 될 수 있었던 것일까? 어떤 식으로 정치를 했길래 인류 최악의 독재자가 된 것일까? 여기에서 리더십 연구자들이 말하기 어려워하는 히틀러의 아이러니가 시작된다.

일반적으로 독재자는 무력으로 권력을 탈취한다. 한국의 박정희,

전두환 등도 군대의 힘으로 권력의 자리에 오를 수 있었다. 한국만이 아니라 세계의 모든 독재자가 거의 다 마찬가지이다. 군의 힘, 아니면 경찰, 정보기관의 힘을 바탕으로 권력의 자리를 차지한다. 이들을 직접적으로 지휘하지는 않더라도 최소한 이들과 협력하여 권력을 획득한다.

그런데 히틀러는 그런 무력을 통해서 권력을 획득한 사람이 아니다. 히틀러는 독일에서 선거를 통해 권력을 얻었다. 그것도 거의 자기 혼자의 힘으로 독일의 최고 권력자 자리에 오른다. 1919년 히틀러는 독일 근로자당에 가입한다. 독일 근로자당은 독일 민족과 국가가 최우선이라고 생각하는 극우 정당이다. 당시 이 정당은 당원이 100여 명에 불과한 소수당이었다.

하지만 히틀러는 이 정당을 독일 제1당으로 키워낸다. 히틀러는 계속해서 집회를 열어 연설을 했다. 1919년, 히틀러가 최초로 주최

연설하는 히틀러
히틀러는 쉬운 단어, 쉬운 문자를 드라마틱한 박자에 얹어 대중을 사로잡았다. 강렬하고 웅장한 손짓, 발성, 목소리는 군중의 이성을 마비시켰다.

한 집회의 참석자는 7명뿐이었다. 그러나 세 달 후에는 2,000명이 되었다.

히틀러는 격정적인 연설로 사람들을 끌어 모았다. 1925년에는 당원이 27,000명이 되었고 1928년에는 178,000명으로 늘었다. 1930년에는 투표에서 600만 표를 얻어 독일 제2당이 되었다. 그리고 1932년에는 1,300만 표를 얻어 드디어 독일 제1당이 되었다. 당원이 100여 명밖에 되지 않는 소수당이 10여 년 만에 독일 국민 37%의 지지를 받는 다수당이 된 것이다.

히틀러는 제1당 당수의 자격으로 독일 수상이 된다. 이 과정에서 히틀러는 어떤 무력도 동원하지 않았다. 히틀러가 독일 수상이 되기 전에는 어디까지나 야당이었을 뿐이다. 야당은 경찰, 군인 등 무력을 동원하려 해도 할 수가 없었다. 히틀러가 경찰, 군인을 이용하게 된 것은 권력을 잡고 난 이후의 일이다.

여기서 첫 번째 아이러니가 발생한다. 히틀러는 독재자로 시작한 것이 아니었다. 독일 국민의 지지를 받아 민주적인 절차로 지도자가 되었다. 그렇게 가장 민주적인 길을 밟은 사람이 권력을 가진 이후에는 악랄한 독재자가 되었다. 그렇다면 히틀러 독재의 책임은 히틀러에게 있는 것일까, 당시 독일 국민들에게 있는 것일까?

히틀러가 정권을 잡기 전에 주장했던 내용을 보면 더 놀랍다. 히틀러는 평화를 사랑한다고 하지 않았다. 모두가 평등한 사회를 건설하겠다고 하지도 않았다. 다른 나라를 침략하지 않겠다고 말하지도 않았다. 히틀러는 유대인을 탄압하겠다고 했다. 아리안 민족주의, 독일 민족주의로 가겠다고 했다. 독일을 큰 나라로 만들겠다고,

다른 나라를 침략해서라도 큰 나라를 만들겠다고 했다. 민주적 국가를 만들겠다고 하지 않고 독재를 실시하겠다고 했다.

다른 독재자들은 정권을 잡기 전에는 평화롭고 좋은 사회를 만들겠다고 말한다. 그리고 정권을 잡고 나서 그때까지 한 말을 뒤집고 독재를 실시한다. 하지만 히틀러는 정권을 잡기 전에는 좋은 말을 하고 정권을 잡은 이후에 말을 뒤집은 것이 아니다. 히틀러는 처음부터 유대인을 탄압하겠다고 했고, 독재를 하겠다고 했다. 아리안 민족주의를 실현하겠다고 계속 공약을 했다. 사실 히틀러가 독재자가 된 다음에 한 정책들은 모두가 다 정권을 잡기 전에 자기가 하겠다고 한 것들이다. 히틀러는 정권을 잡기 전과 잡은 후에 주장한 것이 똑같았다. 오히려 정책의 일관성이 히틀러만큼 유지된 정치가가 드물 정도이다.

여기서 두 번째 아이러니가 발생한다. 히틀러는 분명 정권을 잡기 전부터 유대인을 학살하겠다고, 아리안 민족주의를 실시하고 독재를 하겠다고 선언했다. 그런데 왜 독일 국민들은 히틀러의 나치당에 표를 던진 것일까? '말은 그렇게 했지만 설마 정말 그럴 줄은 몰랐다'는 것이 일반적인 대답이다. 하지만 히틀러는 자신에게 표를 준 독일 국민들에게 정말 자신의 공약대로 실천했다. 600만 명의 유대인을 학살했고 주변국들을 정복해서 '대독일'을 만들었다. 히틀러에게 표를 준 독일 사회가 나쁜 것일까, 아니면 독일 국민에게 미리 약속한 대로 실천한 히틀러가 나쁜 것일까? 히틀러는 독일 제1당이 되어 정권을 잡은 후, 자신의 공약을 버려야 했던 것일까 아니면 자신의 공약대로 실천을 해야 했던 것일까?

히틀러의 세 번째 아이러니는 히틀러가 정말 성실한 사람이었다는 점이다. 보통 독재자들 중에는 국민을 위해 일한다고 선전하고 홍보하지만 사실은 자기 이익을 챙기는 사람들이 많다. 겉으로는 국가를 위한다고 말하지만, 대부분은 뒤에서 자기 재산을 챙긴다. 20세기에는 전 세계에 많은 독재자들이 있었다. 이들은 모두 자기 나라에서 최고의 부자가 되었다. 또 해외에 많은 재산을 빼돌렸다. 자기 가족과 친척들도 모두 부자가 되었다. 사치를 하고 낭비를 하고 또 부패를 저질렀다.

독재자이면서 이런 사치, 낭비, 부패를 저지르지 않은 사람은 참 드물다. 그런데 히틀러는 정말 깨끗하게 독재자 생활을 했다. 히틀러는 재산을 모으지도 않고 챙기지도 않았다. 생활 자체도 굉장히 성실했다. 술도 하지 않고 담배도 하지 않았다. 여자 문제도 없었다. 히틀러에게는 오직 한 명의 애인이 있었다. 에바 브라운이다. 하지

히틀러와 에바브라운
"처음 만났을 때부터 나는 설사 죽음에 이른다고 해도 그 어디든 그를 따르기로 맹세했다. 나는 당신의 사랑을 위해서만 살아간다." - 자살 기도 후, 에바 브라운이 히틀러에게 보낸 편지 내용 中

만 히틀러는 자기에게 애인이 있다는 것을 공개하지 않았다. 사람들이 에바 브라운에게 로비를 하는 등 부패가 발생할지 모르는 상황을 아예 만들지 않기 위해서였다. 에바 브라운은 히틀러와 같이 자살을 하는데, 독일 국민들은 그 후에야 히틀러에게 애인이 있다는 것을 알게 될 정도였다.

히틀러는 전쟁에 패하고 마지막에 자살을 했는데 자살 이유도 놀랍다. 보통 독재자가 마지막에 자살을 하는 이유는 적에게 잡힌 이후에 모욕을 당하기 싫어서, 그리고 잡힌 이후에는 어차피 죽을 것이기 때문에 자살을 택한다. 그런데 히틀러는 혼자만 자살하는 것이 아니라 독일 국민들 모두가 자기를 따라서 죽기를 바라고 먼저 자살을 했다.

히틀러가 다른 나라를 침략한 이유, 그리고 다른 나라 민족들이 독일에 복종해야 한다고 생각한 이유는 독일 민족이 다른 민족들보다 우수하다고 생각했기 때문이다. 열등한 민족은 우수한 민족의 지배를 받는 것이 당연하다. 그러니 열등한 다른 민족들은 우수한 민족인 독일 아리안족의 지배를 받아야 한다는 논리이다. 아주 열등한 유대인 민족, 집시 민족은 인류로서 가치가 없다. 그래서 유대인, 집시를 죽인 것이다.

히틀러는 독일 민족을 가장 우수한 민족으로 생각해서 다른 민족들을 점령해나갔다. 그런데 이제 독일이 전쟁에 졌다. 독일 민족이 가장 우수한 민족이 아니라는 것이 밝혀졌다. 그러니 독일 민족들은 이 세상에 존재할 가치가 없고, 이 세상에서 사라져야 한다. 그래서 히틀러는 먼저 자살했다. 독일 민족이 따라서 죽을 것을 바라면서 말이다. 히틀러는 분명 미치광이였다. 하지만 최소한 일관성 있게 자기 신념을 계속 유지한 것은 사실이다.

히틀러가 다른 독재자들처럼 무력으로 권력을 쟁취하고, 자기 이익에 따라 계속 말을 바꾸고, 또 사치, 낭비, 부패를 한 독재자였다면 얼마나 좋았을까? 그러면 역사가나 리더십 학자들이 아무런 고민 없이 히틀러를 나쁜 지도자의 대명사로 내세울 수 있었을 것이다. 그런데 히틀러는 아주 민주적으로 권력을 잡았고, 자기가 말한 공약대로 실천을 했고, 정말 모범적으로 생활을 했다. 이런 리더로서 이상적인 모습을 가진 히틀러가 세계 최고의 독재자라는 것은 정말 아이러니일 수밖에 없다.

일본이 진주만을
공격하지 않았더라면

1940년 9월, 일본은 인도차이나를 침공한다. 그동안 일본이 침략한 조선, 만주, 중국 등은 서방 강국과 특별한 관련이 없었다. 그래서 서양 강국들도 일본의 침략을 용인해주었다. 하지만 인도차이나는 달랐다. 이곳은 서방 열강이 지배하고 있는 곳이었다. 일본은 그동안의 성공에 취해 드디어 서양의 식민지까지 세력을 넓히기 시작했다. 이 일로 인해서 일본은 미국, 영국, 네덜란드 등과 완전히 대립하게 되고, 결국 일본은 진주만까지 공격해서 제2차 세계대전에 참여하게 된다.

일본은 끝도 없이 영토 욕심을 냈고 계속해서 다른 나라들을 침략했다. 전쟁이 끝난 지 70년이 지난 지금까지도 일본은 이 당시 확장 정책에 대해 비난을 받는다. 그런데 만약 일본이 욕심을 내지 않고, 일정 수준에서 침략을 멈추었다면 어떻게 되었을까? 일본이 끝 없이 침략 야욕을 불태운 것은 아시아 국가들, 특히 우리 한국에게 이로운 일이었을까 해로운 일이었을까?

일본이 인도차이나를 침공한 이후 미국과 일본은 계속해서 협상을 벌였다. 미국은 일본이 인도차이나에서 물러나기를 요구했다. 그리고 중국에 대한 침공도 멈추기를 원했다. 이것을 약속하면 만주, 한반도, 대만 등에 대한 지배권을 인정하겠다고 했다. 하지만 일본은 인도차이나에서 물러나지 않았고, 결국 미국과 전쟁을 벌이게 된다.

일본은 미국과의 전쟁에서 지면서 무조건적인 항복을 선언한다. 미국은 일본이 근대화하면서 얻은 영토들을 모조리 반환하게 했다. 일본은 1895년부터 대만을 자기 영토로 하고 있었고, 한국은 1910년부터 일본 영토였다. 만주도 1932년부터 실질적으로 일본 영토

진주만 공습
1941년 12월 7일, 일본은 미국 하와이 주의 오아후섬 진주만에 정박해 있던 미 태평양 함대를 기습 공격했다.

였다. 미국과 싸움에 지면서 일본은 이 영토를 모두 뱉어냈다.

만약 일본이 이때 미국과 협상을 하면서 인도차이나를 포기했다면 어떻게 되었을까? 그랬다면 일본은 더 이상의 영토 확장은 할수 없었을 것이다. 하지만 만주, 한국, 대만에 대한 지배권은 인정받을 수 있었을지 모른다. 그런 식으로 이야기가 진행되었다면 한국, 대만 등은 1945년에 일본으로부터 독립할 수 있었을까?

당시 일본의 국력, 그리고 한국과 대만 등의 국력을 비교할 때 일본이 미국과의 전쟁에서 지지 않았다면 한국이 스스로의 힘으로 독립하는 것은 쉽지 않았을 것이다. 결국 한국이 1945년에 광복을 할수 있었던 것은 일본이 스스로를 자제하지 못하고 계속해서 다른 나라를 침략했기 때문이다. 미국과의 협상에서도 절대 물러서지 않고 야욕을 불태웠기 때문에 결과적으로 한국은 1945년에 광복을할 수 있었다. 일본이 그런 식으로 영토를 확장하려고 하지 않았다면 한국의 광복은 훨씬 더 늦어졌을 것이다. 일본이 계속 다른 나라를 침략한 것은 한국에게 이득이었을까 독이었을까?

동남아 국가들도 마찬가지이다. 동남아는 영국, 프랑스, 네덜란드 등의 식민지였다. 이들이 서구 열강들로부터 자체적으로 독립을 할수 있었을까? 이때까지 이들 국가에서 중요한 독립 운동은 일어나지 않았었다. 동남아 식민지들은 서구 열강에 맞서 싸울 힘도 부족했고 그럴 의지도 크지 않았다. 이렇게 동남아 식민지들이 독립을 하는 것이 요원한 실정에서 일본군이 들어왔다. 일본군은 식민지 지배세력인 영국, 프랑스, 네덜란드 등을 이 지역에서 쫓아냈다.

동남아 식민지 국가들은 일본군이 쳐들어오는 것을 환영했다. 이들은 일본군을 자기들을 식민 열강들에게서 벗어나게 해주는 고마운 존재로 생각했다. 하지만 이들의 생각은 바로 바뀐다. 일본군은 이 지역을 영국, 프랑스 등보다 더 독하게 통치했다. 처음에는 일본군을 같은 동양인이라는 이유로 환영했는데, 오히려 일본의 통치는 서양 국가들의 통치보다 더 잔인했다. 일본은 조선에서 신사참배를 시킨 것처럼 이곳에서도 신사참배를 강요했다. 동남아시아 전통 문화와 종교를 완전히 부정하고 일본의 신민으로 만들려고 했다. 피점령국의 고유문화를 서양인들보다 더 인정하지 않았다. 그래서 이들 동남아 국가들은 일본에 적대적이 된다.

일본은 1945년 전쟁에 패하면서 이들 동남아 국가에서 철수한다. 이 지역은 일본이 침략하기 전에 영국, 프랑스, 네덜란드의 식민지였다. 그래서 이들 국가들이 다시 이 지역의 지배자로 들어오려 했다. 하지만 동남아 국가들은 이들 서양 국가들이 다시 자기 나라의 지배자가 되는 것을 받아들이지 않았다. 서양 국가들이 과거에 자기들 국가의 지배 국가인 것은 분명했지만, 더 이상 이들 국가의 지배를 받아들이지 않고 독립 국가가 되고자 했다.

우선 동남아 국가들은 일본의 침략기를 거치면서 서양 사람들이 자기들보다 더 우월하지 않다는 것을 알게 되었다. 20세기 초는 사회진화론이 유행하던 시기이다. 백인이 황인보다 더 우월하고 따라서 황인종은 백인의 지배를 받아야 한다는 생각이 보편적이었다. 동남아 사람들은 인종적으로 서양인들이 자신들보다 더 낫고 우수한 사람들이라고 생각했다. 그래서 그들은 서양인들의 지배를 용인하고 받아들일 수 있었다.

하지만 일본이 동남아시아를 침공할 때 서양 지배자들의 보여준 행태를 보고서는 그런 존경심은 완전히 사라졌다. 자기들만 살려고 도망가는 모습, 자기들과 별로 다르지 않은 포로로서의 행동, 같은 황인종인 일본에게 계속 패퇴하고 항복하는 서양인의 모습을 보면서 서양인이 아시아인보다 더 낫다는 생각을 완전히 버렸다.

또 서양 지배자들이 동남아시아 국가들을 일본의 침략으로부터 지켜내지 못한 것도 문제가 되었다. 그들은 자기들을 지배하려면 최소한 외적의 침입으로부터 지켜주어야 한다고 생각했다. 그런데 서양 지배자들은 일본의 침략으로부터 그들을 지키지 않고 방치를 했다. 그러고 나서 일본이 패하고 도망가자 다시 지배자가 되려하는 것을 용납할 수 없었다.

그래서 동남아시아 국가들은 서양 국가가 계속 지배자로 군림하려는 것을 받아들이지 않았다. 계속 지배자로 남아있으려는 국가와는 전쟁을 했고, 결국 이들 국가들을 몰아냈다. 동남아시아 국가들은 지난 몇백 년 동안 서양 열강들의 식민지로 지내왔던 동남아시아 국가들은 이때 비로소 독립국이 된다.

여기에서 아이러니가 시작된다. 일본이 인도차이나 반도, 동남아시아를 침공한 것은 분명히 잘못된 것이다. 분명한 침략 행위였고 영토를 늘리려는 야욕이었다. 하지만 만약 그 일본의 침공이 없었다면 동남아시아는 언제 독립을 이룰 수 있었을까?

일단 영국, 프랑스 국가들이 자발적으로 동남아시아 국가들에게 독립을 하라고 했을 리는 없다. 제2차 세계대전 이후에 아프리카 각국은 독립을 원했다. 하지만 그 과정이 쉽지는 않았다. 프랑스 등은 식민지를 계속 유지하기 위해서 전쟁을 했다. 동남아시아도 독립을 하기 위해서는 전쟁을 치러야만 했다. 실제로 베트남은 프랑스와 전쟁을 해서 독립을 쟁취했다. 하지만 일본이 1940년 초 이지역에서 서양 열강을 몰아내지 않았더라면 동남아시아가 독립을 추진하는 과정이 훨씬 늦어졌을 것이다. 설사 동남아시아 국가들이 서양 제국들로부터 독립을 했더라도, 지금 역사보다는 훨씬 더 어렵고 또 늦어졌을 것이다.

일본은 끝없이 영토에 대해 욕심을 가졌고 다른 나라들을 침략했다. 이런 일본의 침략은 분명히 옳다고 볼 수 없다. 하지만 이렇게 끝없이 일본이 다른 나라들을 침략했기 때문에 결국 미국과도 싸우게 되고, 무조건 항복까지 하게 된 것이다. 만약 일본이 끝없는 야욕을 부리지 않고 중간에 멈추었다면 미국과 싸울 일도 없었을 것이다. 분명히 일본이 인도차이나반도까지 침략하지 않았더라면 미국은 일본과 싸우지 않았을 것이다. 그러면 중국 대륙까지는 몰라도 분명 만주, 한국, 대만은 그 이후로도 한참 동안 일본의 영토로 남았을 가능성이 크다. 그리고 동남아시아도 일본이 이 지역을 침략하지 않았다면 언제 독립했을지 기약할 수 없었을 것이다.

의도가 무엇이었든 일본의 끝없는 침략은 동남아시아 지역에서 서양 열강을 몰아내고 이 지역이 빨리 독립할 수 있게 하는 계기가 되었다. 또 한국, 대만이 일본 식민지에서 벗어나 독립할 수 있게 되는 동인이 되었다. 물론 일본의 침략 행위는 정당화될 수는 없다. 하지만 일본의 침략 행위가 결과적으로 식민지를 빨리 독립시킨 계기가 되었다는 것은 역사의 아이러니이다.

독일군을
패망시킨 것은
미군일까?

히틀러의 독일은 제2차 세계대전을 일으켰다. 그리고 영국과 러시아를 제외한 거의 모든 유럽이 독일 수중에 떨어진다. 영국의 처칠은 절대로 독일에 항복하지 않으려 결심하고 계속 독일과 싸운다. 그러나 1941년 12월, 일본이 미국 진주만을 공격하면서 미국이 제2차 세계대전에 참전한다. 이후 미국은 영국과 힘을 합쳐 독일과 싸운다. 특히 1944년 6월 6일 시작된 노르망디 상륙작전은 결정타였다. 노르망디 상륙작전으로 미군은 유럽 대륙에 성공적으로 안착을 하고 독일군과 다투게 된다. 유럽 서부 해안가인 노르망디에 미군이 상륙하면서 독일은 러시아와 싸우는 동부 전선과 미군과 싸우는 서부 전선으로 전력이 분산된다. 동쪽에서는 러시아가 진격하고, 서쪽에서는 미국이 진격했다. 결국 미국과 러시아 사이에 끼인 독일은 제2차 세계대전에서 패하게 된다.

독일을 패하게 만든 것은 누구였나. 끝까지 독일에 대항한 처칠, 그리고 노르망디 상륙작전으로 독일에 진격한 미군을 주역으로 생각한다. 특히 일본의 진주만 폭격으로 미국이 제2차 세계대전에 참전하게 된다는 것을 알게 된 처칠이 "이제 일본은 끝났다. 독일도 끝났다. 이 전쟁은 우리가 이겼다."라고 말했다는 에피소드는 제2차 세계대전에서 미군의 역할을 보여주는 간접적 사례이다.

그런데 정말 독일군을 패망하게 한 것은 미국이었을까? 독일군은 미국과 싸우느라 국력을 소진했고, 미국과 전쟁을 수행하면서 독일 전력을 잃게 된 것이었을까? 독일 입장에서 자기들을 망하게 한 국가는 어디였을까?

제2차 세계대전은 1939년 9월 1일 독일이 폴란드를 침공하면서 시작된다. 그 후 독일은 1941년 초까지 영국을 제외하고 유럽 대륙 대부분을 제패한다. 모든 나라가 독일 수중에 떨어진 것은 아니었지만, 최소한 유럽 대륙 내에서 독일에 대항할 수 있는 국가는 없었다.

영국 외에 독일의 영향권에서 벗어난 국가가 하나 더 있긴 했다. 러시아이다. 그런데 독일과 러시아는 1938년 8월 독소 불가침조약을 체결했다. 러시아는 독일과 싸울 생각이 없었다. 서유럽, 중부유럽에서 독일의 우선권을 인정했다.

하지만 독일은 1941년 6월, 러시아와의 전쟁을 시작한다. 처음 독일이 전쟁을 시작한 후 이때까지는 본격적인 전투라고 할 만한 것이 없었다. 프랑스 점령전 과정에서 전투가 좀 있었지만 독일이 전력을 다한 전투는 아니었다. 독일군의 무력은 압도적이었다. 큰 피해 없이 전체 유럽을 지배할 수 있었다.

그렇게 쉽게 모든 전투에서 이겼기 때문에 독일은 자신의 능력을 과신했을 수 있다. 러시아만 복속시키면 명실공히 유럽 대륙 전체가 독일의 수중에 들어온다. 또 독일은 전쟁에서 필수적인 석유가 필요했다. 유럽에서 석유가 풍부한 지역은 소련의 흑해 바쿠 유전 지역이다. 그래서 독일은 독소 불가침 조약을 어기고 소련과 전쟁을 시작했다. 1941년 6월 22일, 독일군은 소련을 침공하는 바르바로사 작전을 시작한다. 바로 이때부터 독일군은 본격적인 전쟁에 돌입하고, 전쟁의 어려움을 겪기 시작한다.

바르바로사 작전에서 독일군 320만 명은 소련과 인접한 3200km

바르바로사 작전
히틀러는 스탈린의 소련을 정복하고자 기습했지만 실패했다. 이 실패는 아돌프 히틀러의 전체 전쟁 작전에 차질을 빚게 했고, 결국 나치 독일의 패배 원인이 되었다.

전선에서 한꺼번에 진격한다. 러시아는 독일과 불가침조약을 체결했기 때문에 독일군이 쳐들어올 거라고 생각하지 못했다. 무방비 상태였던 러시아는 엄청난 피해를 입었다. 그러나 러시아는 바로 반격을 준비한다. 러시아 군대와 독일군 간 전쟁이 시작된다. 제2차 세계대전에서 가장 중요한 격전은 바로 이 소련군과 독일군의 전투이다.

스탈린그라드 전투에서 독일군과 소련군은 각각 100만 명 이상이 참가했다. 총 200만 명이 한 지역에 모여 전투를 벌였다. 이 전투는 6개월 넘게 계속되었다. 독일군도 이 전투에서 70만 명 이상의 사상자를 냈고, 소련군도 이 전투에서 70만 명 이상의 사상자가 났다. 민간인도 4만 명 이상이 죽었다. 미국과 일본 사이에 벌어진 이오시마 전투, 오키나와 전투가 참혹하다고 하지만, 이 전투에서 사망자는 미국군과 일본군 각각 약 2만 1천 명, 약 9만 7천 명이다. 하지만 스탈린그라드 전투에서 사상자는 150만 명이 넘는다. 미국과 일본 간 전투와 비길 바가 아니었다. 스탈린그라드 전투는 인류 역사상 최대의 전투라고 할 만했다.

스탈린그라드 전투에서 독일군은 결국 추위를 이기지 못해 전투에서 패퇴한다. 이때 독일군 중 9만 명 이상이 소련에 투항을 했다. 장성급도 23명이 투항을 했다. 독일군 100만 명 이상이 참여해서 75만 명 이상이 사상을 당했고 9만 명 이상이 투항을 했다. 85만 명 가까운 독일군이 희생을 당했다. 지금 한국군 전체보다 더 많은 전력이 사라졌다. 이 전쟁으로 독일은 치명적인 피해를 입는다.

1943년 이후 소련군은 서쪽으로 진군을 시작한다. 그동안은 독일군의 공세에 방어만 하다가 이제는 독일군을 공격하기 시작한 것이다. 그 막강하다는 독일군과 싸우면서 독일군을 이겨내기 시작한다. 물론 소련군도 엄청난 희생을 낸다. 제2차 세계대전에서 소련군은 1,000만 명 이상의 사상자를 냈다. 모두 독일과 싸우면서 발생한 희생이다.

독일군도 이 소련군을 상대하면서 엄청난 피해를 입는다. 독일은 동부 전선에서 소련과 싸우면서 200개 이상의 사단 병력을 동원했다. 그리고 소련과 싸우면서 600만 명 이상의 병력을 잃었다. 우리는 독일군이 미군과 영국군과 싸우면서 전력을 잃은 것으로 생각하지만, 독일군이 미군과 영국군과 싸우면서 잃은 전력은 100만 명 정도이다. 북아프리카 전선, 그리고 노르망디 상륙작전 이후 서부 전선에서 잃은 독일군 전력을 합해서 100만 명이다. 소련군과의 전쟁에서는 600만 명을 잃었지만, 미국, 영국 연합군과의 전쟁에서는 100만 명을 잃었다. 독일군은 소련군을 상대하면서 거의 모든 전력을 사용해버린다. 독일은 소련과 싸우다가 망해간 것이다.

미군이 독일 점령 지역에 상륙한 노르망디 상륙작전은 분명 제2차 세계대전에서 전기가 될 만한 사건이었다. 한데, 이때는 이미 소련군이 독일군을 압박하면서 진격을 시작했을 때였다. 언제 소련이 독일 베를린까지 진격할지는 모르지만, 소련의 진격과 독일의 패퇴는 시간문제였을 뿐이다. 노르망디 상륙작전은 1944년 6월에 이루어진다. 이때 이미 소련은 중부유럽 상당 부분을 점령하고 있었다. 노르망디 상륙작전 때문에 독일군이 진 게 아니다. 이미 독일은 소련에 지고 있었다.

사실 미국은 독일의 약세가 분명해질 때까지 전력을 다해 독일과 싸우지 않았다. 일본의 진주만 폭격 이후 제2차 세계대전에 참전했지만, 막강한 전력을 자랑하는 독일과 1:1로 붙는 것은 최대한 피했다. 그래서 미국, 영국 등 연합군은 아프리카 지역에서 전투를 했고, 이탈리아 등 남부 유럽 지역에서 전투를 벌였다. 특히 영국은 대영제국 식민지였던 중동 지역을 더 중시했다. 그런데 이 지역은 독일 입장에서 볼 때 중요도가 떨어지는 지역이다. 이곳에서 독일군이 패했다고 해서 독일 본토에 큰 문제가 발생하는 것은 아니었다.

미국과 영국은 가능한 한 독일군과 전쟁을 피하고자 했다. 계속해서 독일과 싸운다는 홍보 메시지를 전 세계에 보내고 전투 실적을 자랑했지만, 실제로 독일군 주력과는 부딪히지 않았다. 독일군 주력과의 전쟁은 어디까지나 소련군이 담당했다. 미국과 영국이 독일군 주력과 싸우기 시작한 것은 노르망디 상륙작전 이후이다. 독일군이 소련에 패퇴하기 시작하여 이제 독일의 운명이 얼마 남지 않았다는 것이 분명하게 보이기 시작했을 때이다.

실제 전쟁 과정을 보면 독일은 소련 때문에 치명적인 타격을 입었고, 소련과 싸우다가 모든 국력을 소모했다. 히틀러의 독일을 망하게 한 것은 소련이었다. 그런데 왜 제2차 세계대전에서는 미국의 역할, 그리고 노르망디 상륙작전의 위대함에 대해서만 주로 이야기하는 것일까?

프랑스의
과거 청산이 남긴
빛과 그림자

한 나라가 다른 나라의 지배를 받는 경우, 모든 국민들이 다른 나라의 지배를 반대하고 그에 저항하는 것은 아니다. 식민지 주민이면서도 점령 국가의 편에서 일을 하는 사람들이 존재한다. 이들은 자기 나라가 식민지가 되었는데도 자기 나라를 위해서 일을 하지 않고 점령 국가의 관직을 받고 점령 국가에서 높은 자리를 유지한다. 한국이 일본의 식민지일 때도 모든 한국인들이 일본인의 지배에 반대하고 저항했던 것은 아니다. 일본 편에 서서 일본 관리, 일본 경찰이 되어 일을 하는 사람들이 있었다. 소위 친일파들이다.

하지만 식민 국가가 점령군을 몰아내고 독립을 하면 운명이 바뀐다. 식민 국가에서 그동안 독립을 위해 노력한 사람들이 새로 독립한 국가의 권력을 잡는다. 그리고 점령군을 위해서 일한 사람들은 그 자리에서 쫓겨난다. 단순히 그 자리에서 물러나는 것으로 끝나지는 않는다. 자기 나라를 배신하고 다른 나라 편을 든 것이기 때문에 이들에게는 보복이 이루어진다. 감옥에 보내거나 재산을 몰수하거나, 그 정도가 심한 경우에는 사형을 하는 등의 보복이 이루어진다. 그동안 조국을 배신한 자들에 대한 청산 절차를 거친다.

한국 현대사에서 문제가 되는 것은, 한국이 일본으로부터 해방된 이후 과거 청산 절차를 제대로 거치지 못했다는 점이다. 한국이 일본으로부터 독립을 했으면 그동안 한국인이면서 일본 편을 들었던 친일파들을 처벌했어야 했다. 하지만 한국은 친일파들을 제대로 숙청하지 못했다. 오히려 일제 치하에서 관리, 경찰, 군인으로 지냈던 사람들이 해방된 한국에서도 관리, 경찰, 군인이 되었다. 이렇게 친일파를 그대로 유지한 것이 이후 계속 역사 청산과 관련해서 논란의 씨앗이 되었다.

한국이 친일파 문제를 제대로 해결하지 못한 것에 비해, 배신자에 대한 처리로 가장 모범적 사례로 거론되는 것이 프랑스이다. 제2차 세계대전이 발발하고 독일이 프랑스를 침입했다. 프랑스 정부는 독일에 항복을 했고, 친독일 정부가 만들어졌다. 소위 말하는 비시 정부이다. 이 비시 정부는 독일 편에 서서 독일에 유리한 정책을 많이 시행했다. 독일의 식민 정권이라 할 수 있으니 당연하다면 당연하다고 할 수 있다. 하지만 1944년, 독일이 패퇴하면서 이 프랑스 비시 정권도 무너지고 그동안 영국으로 망명해서 프랑스 레지스탕스를 이끌었던 드골이 정권을 잡는다.

프랑스는 독일을 몰아내고 프랑스인에 의한 정부를 만들면서부터 과거 청산 작업에 들어간다. 단순히 비시 정부에서 권력자로 살았던 사람들만 심판한 것이 아니다. 비시 정부의 권력자들은 당연히 처벌받았고, 기타 어떤 방식으로든 독일 편을 들었던 사람들도 모두 심판했다. 독립성을 보장받는 언론에 대해서도 과거 청산이 있었다. 당시 프랑스에는 900여 종의 신문 잡지가 있었는데, 드골은 이 중에서 나치 독일에 협력한 약 700여 종의 신문과 잡지를 폐간시키거나 그들의 재산을 몰수했다. 실질적으로 나치 독일 치하에서 활동하던 주요 신문사, 잡지사 대부분이 처벌을 받았다.

이런 과거 청산은 반드시 필요한 것이다. 점령군에서 협력한 사람들은 나중에 처벌받는 전통이 만들어져야 이후 또 다른 점령군이 있을 때 그들에게 협력하는 사람이 나오지 않는다. 자기 국가를 배신하고 점령군 편에 선 사람들이 아무 피해를 받지 않으면, 다음에 다시 점령군이 올 때 또 배신자들이 나올 수 있다. 그래서 프랑스의 엄격한 과거 청산은 칭찬을 받는다.

하지만 프랑스 과거 청산은 정말 독일의 협력자를 솎아내는 모범적인 과거 청산이었을까? 프랑스 과거 청산과 관련해서 잘 말하지 않는 부분이 있다.

1944년 미군 등 연합군이 진군함에 따라 독일군은 프랑스에서 물러난다. 프랑스인들은 독일군이 도망치고 미군이 들어오는 것을 환영한다. 길거리에 뛰어나가 미군 전차를 반기고, 프랑스 도시들은 해방의 기쁨을 누린다. 그리고 이 순간부터 바로 독일에 협력한 사람들에 대한 보복에 들어간다. 프랑스의 과거 청산은 새로 프랑스 정권을 잡은 드골 정부에 의해서 시작된 것은 아니다. 드골 정부가 제대로 들어서기 전, 프랑스 국민들은 이미 자체적으로 친독 인사들에 대한 처벌을 시작했다. 그동안 독일 편에 섰던 사람들을 잡아들이고 이들에게 보복을 시작했다.

이 보복은 잔인했다. 유명한 독일 협력자와 비시 정부 관리들이 처벌을 받는 것은 이해할 수 있다. 하지만 일반 시민들 중에서 누가 배반자이고 누가 끝까지 프랑스 편이었는지 어떻게 구별할 수 있을까? 하지만 그런 구별은 중요하지 않았다. 그동안 지하에서 독립운동을 했던 레지스탕스 요원들은 해방 후 자기 마음대로 민족 재판을 했다. 이들이 독일 협력자로 인정한 몇 십만 명에 대해 심판을 내리면서 처형을 하고 징역을 보냈다.

그런데 이렇게 독일 협력자로 찍혀서 처벌을 받은 사람들 중 대다수는 여성들이었다. 독일군은 프랑스에서 약 4년을 진주했다. 독일군이 프랑스에 머무는 동안 독일 병사들과 사귄 프랑스 여성들이 많이 있었다. 독일 군인과 동거한 프랑스 여인들도 있고 독일인의 자식을 낳은 프랑스 여성들도 있다. 본격적으로 사귀지는 않고 데이트를 한 여성들도 있다.

독일이 패배하면서 이 독일군도 철수해야 했다. 독일 남자는 떠나고 프랑스 여성만 남았다. 그리고 프랑스 남성들은 이렇게 독일군과 만났던 프랑스 여성들을 공격했다. 이 여성들은 거리로 끌려나와 삭발을 당했다. 옷이 모두 벗겨진 채, 나체로 거리를 걸어야 했다. 몸에 타르를 칠하고 대중의 앞에 서야 했다. 이런 여성에 대한 보복은 프랑스 전역에서 이루어졌다.

이 여자들의 죄는 무엇이었을까? 아무리 완벽하게 과거를 청산

나치 독일군에게 협력했다는 이유로 삭발당한 프랑스 여성
독일강점기에서 벗어난 프랑스는 당시 형법으로 대독협력자를 처벌하는 데 한계가 있자 '국민부적격'이라는 새로운 죄를 만들어 과거사 청산에 매달렸다. 그 결과 엄청난 사람들이 재판을 받거나 약식 처형, 공개 삭발 등의 처벌을 받았다.

하려 한 프랑스라 해도 단지 독일 남자와 사귀었다는 이유만으로 여성들의 머리를 삭발하고 나체로 만들 수는 없었나보다. 프랑스인들은 독일군에게 밀고를 했다는 이유로 이 여성들을 처벌했다. 이 여자들이 독일군과 많은 대화를 했으니 프랑스에 해가 되는 사항들을 밀고했을 것으로 보았다. 증거는 없었다. 하지만 독일군 남자와 만났다는 사실 자체만으로 이 여성들은 피해를 받았다. 꼭 독일 남자와 사귀었다는 사실까지 갈 필요도 없었다. 사르트르에서는 독일군에게 샴페인을 팔았다는 이유만으로 삭발당한 여성들도 있었다.

현재 프랑스의 과거 청산은 너무 심했다는 평가도 많다. 정말로 독일 편을 들었던 사람을 숙청한 것은 정당하다고 할 수 있다. 하지만 아무런 증거도 없이 너무 많은 사람들이 숙청을 당했다. 제대로 된 재판 없이 당시 레지스탕스들의 독자적인 판단만으로 너무 많은 사람들이 죽었다. 이때 숙청당해 죽은 사람들이 어느 정도나 되는지는 현재까지 제대로 추정이 안 된다. 사망한 사람의 수는 1만 명에서 10만 명까지 추정된다. 제대로 절차를 거쳐 시행된 처형이 아니라 프랑스 각지에서 마음대로 이루어진 처형이기 때문이다.

지금은 프랑스 여성들에 대한 보복을 잘 말하지 않는다. 아무리 독일군을 만난 것이라 해도, 젊은 여자가 남자들을 만났다는 이유로 처벌을 하는 것은 정당하지 않았다는 것을 안다. 특히 젊은 여자들을 공개적으로 삭발을 시키고 나체로 거리를 끌고 다닌 것은 처벌이 아니라 광기였다. 독일에 대해 협력했다는 것에 대한 보복이 아니라, 여자들에 대한 복수였다. 프랑스 남자들은 전투를 하고 레지스탕스가 되는 등 어렵게 전쟁 시기를 보내고 있는데, 많은 여자들은 독일 남자를 만나 데이트를 하고 잘 지냈던 것에 대한 보복이었을 뿐이다.

프랑스의 과거 청산은 모범적이었을까? 지금은 모범적인 부분만 이야기될 뿐이다. 여자들에 대한 '마녀사냥'은 이제 프랑스에서도 이야기되지 않는다.

일본은
원자폭탄 때문에
항복했을까?

1945년 봄, 일본군은 사이판, 오키나와 등을 잃으면서 패색이 짙어진다. 특히 오키나와가 미국에서 함락된 것은 일본에 엄청난 타격을 주었다. 그동안 사이판, 괌 등을 미군에게 빼앗기기는 했지만, 이 섬들은 원래 일본 영토가 아니었다. 전쟁 기간 동안 자기가 빼앗았던 것을 도로 뱉은 것에 불과했다. 하지만 오키나와는 아니었다. 오키나와는 1879년부터 일본 영토였다. 원래 일본 영토였던 곳이 미군에게 점령당한 것이다. 그리고 미군이 오키나와를 점령하면서 미군 폭격기는 아무런 제약이 없이 일본 본토를 폭격할 수 있게 된다. 그동안에도 미군 폭격기가 일본 본토를 공격할 수 있기는 했지만 거리가 멀어서 미군도 위험부담이 있었다. 일본을 폭격하고 돌아오다가 연료가 떨어지는 일도 있었고, 특히 귀환

도중에 악천후를 만나 미군 비행장까지 돌아오지 못하고 추락하는 일도 빈번했다. 하지만 오키나와에서 일본 본토까지는 약 685km 밖에 되지 않는다. 미군 비행기는 거리에 대한 제약 없이 일본 본토를 폭격할 수 있게 되었다. 오키나와가 점령되면서 일본의 패전은 거의 확정적이었다. 하지만 일본은 항복할 생각이 없었다. 1억 명의 모든 일본인이 일본 본토에서 미군과 싸울 준비를 했다. 미군이 상륙하면 미군과 일본인들 사이에 육탄전이 벌어질 것이다. 미군이 이기기는 하겠지만 미군도 엄청난 희생을 각오해야 했다.

미군이 사이판을 점령할 때 약 3천 명이 죽었다. 일본군 약 3만 명, 일본 민간인은 약 1만 명이 죽었다. 이오시마를 점령할 때는 일본인들 약 2만 명이 죽었고, 미군은 약 7천 명이 죽었다. 오키나와 전투에서는 미군 약 1만 4천 명, 일본군 약 7만 7천 명, 그리고 일본 민간인이 약 12만 명이 죽었다. 일본군의 피해도 엄청났지만 미군의 피해도 그에 못지 않았다. 이 3개 섬을 점령하는 데 미군 2만 4천 명이 죽어나갔다.

미군은 오키나와를 점령하고 나서 이제는 일본 본토에 상륙해야 했다. 사이판, 이오시마, 오키나와 같은 작은 섬들을 점령하는 데만도 2만 4천 명이 죽었는데, 일본 본토에 상륙하려면 얼마나 많은 사람이 죽어야 할까? 미군은 엄청난 희생을 각오해야만 했다.

그래서 미국은 원자폭탄을 사용했다. 미국은 7월 16일에 미국 뉴멕시코주 앨라모고도 사막에서 원자폭탄 실험에 성공했다. 미국은 엄청난 위력을 보여준 이 무기를 일본에 사용하기로 했다. 원자폭탄을 사용하지 않고 일본 본토 상륙작전을 실행하면 미군이 얼마나 죽을지 모른다. 미군만이 아니라 일본인들도 엄청나게 죽어나갈 것이다. 하지만 원자폭탄을 사용하면 이 무기의 가공할 파괴력에 놀라 일본도 항복할 것이다. 그러니 원자폭탄을 사용하는 것은 결국 미군과 일본인들의 생명을 구하는 일이다. 원자폭탄 때문에 수만 명이 죽지만, 원자폭탄을 사용하지 않고서 전쟁을 계속할 때에 비해서는 희생자가 훨씬 적다. 미국은 이런 이유로 원자폭탄을 일본에 투하했다고 주장한다. 일본은 히로시마에 원자폭탄이 떨어진 후 9일, 나가사키에 원자폭탄이 떨어진 후 6일 만에 항복을 한다.

그런데 정말로 일본은 이 원자폭탄 때문에 항복한 것일까? 원자폭탄의 위력에 놀라 이대로 가면 일본인들이 다 죽게 될 것 같아 항복을 하게 된 것일까?

사실 일본은 이대로 가면 전쟁에 질 것이라는 것을 알고 있었다. 제정신을 가진 사람이라면 일본이 지게 될 것이라는 것을 모를 리 없었다. 그래서 일본은 그동안 항복을 하겠다고 교섭도 했다. 러시아를 중간에 내세워 미국 측에 항복 의사를 전했다.

문제는 항복의 조건이었다. 연합국 측, 특히 미국은 무조건 항복을 요구했다. 무조건 항복은 점령군인 미국이 일본에 어떤 짓을 해도 된다는 뜻이다. 일본이 완전히 멸망하고 미국의 한 주로 복속될 수도 있다는 뜻이다. 특히 그동안 일본이 천년이 넘게 유지해온 천황제도 폐지될 수 있다. 천황이 전범으로 재판을 받아 사형을 당할 수도 있었다. 그래서 일본은 무조건 항복만은 피하고자 했다. 무조건 항복이 아니라, 일본의 국체인 천황제만 유지시켜 준다면 항복을 하겠다는 의사를 계속 전달했다. 하지만 미국은 무조건 항복만을 요구했다. 1945년 봄부터는 무조건 항복인가 아닌가가 문제였다. 미국은 무조건 항복이 아니면 인정하지 않는다고 했고, 무조건 항복만은 받아들일 수 없었던 일본은 계속 전쟁을 수행했다. 이대로 계속 전쟁을 하면 일본인 모두가 다 죽을지도 모른다. 하지만 그렇더라도 일본 국가의 존재 여부와 천황제가 어떻게 될지 모르는 무조건 항복만은 하지 않으려 했다.

원자폭탄은 일본의 항복에 어떤 영향을 미쳤을까? 일본인들은 원자폭탄이 무서워서 무조건 항복을 하게 된 것일까? 일단 이 당시 일본은 히로시마, 나가사키에 떨어진 폭탄이 원자폭탄이라는 것을 몰랐다. 그동안 보지 못했던 새로운 폭탄이 떨어졌다는 것은 알았지만, 그것이 원자폭탄이라는 것은 알지 못했다. 원자폭탄은 신무기였다. 처음 사용된 신무기가 무엇인지 일본인들이 알 수는 없는 것이다. 전쟁이 끝난 후에 일본인들은 원자폭탄에 대해서 제대로 알게 된다.

그러면 한 번에 약 10만 5천 명(히로시마 약 7만 명, 나가사키 약 3만 5천 명)이 죽어나간 것이 놀라운 일이었을까? 하지만 이런 정도의 몰살은 그동안 일본인들에게는 익숙한 것이었다. 1945년 3월 10일 도쿄 대공습에서 하루 만에 약 10만 명이 죽었다. 히로시마에서 약 7만 명이 죽은 것은 오히려 도쿄 대공습보다 사망자가 적다. 도쿄 대공습 이후 일본인들은 미국이 마음만 먹으면 얼마든지 일본 모든 도시를 폭격하고 일본 민간인들을 몰살시킬 수 있다는 것을 알게 된다. 미군은 일본을 폭격할 수 없어서 폭격을 안 하는 것이 아니다. 미국이 마음만 먹으면 천황 거주지도 얼마든지 잿더미로 바꿀 수 있는 것이다. 이런 상태에서 히로시마, 나가사키에 폭탄이 떨어졌다는 것은 놀라운 일이 아니다. 몇만 명이 죽었다는 것도 놀라운 일이 아니다. 단지 10분 만에 몇만 명이 죽었다는 것이 놀라운 일이기는 하지만, 하룻밤 사이에 몇만 명이 죽나 10분 만에 몇만 명이 죽나 별 차이는 없는 것이다.

그러면 원자폭탄이 떨어진 후 발생하는 방사능 피해 때문에 항복을 하려 했나? 이 당시는 아직 원자폭탄의 2차 피해인 방사능 피해를 잘 모를 때였다. 방사능이 몸에 해롭다는 것을 알지 못했다. 방사능이라는 것이 무엇인지도 모르는데 이걸 두려워해서 항복하려 할 리는 없다.

일본은 원자폭탄 때문에 항복을 한 것이 아니다. 일본은 원자폭탄에 대해서 잘 알지도 못했고, 원자폭탄으로 인한 희생자가 그동안 다른 폭탄들에 의한 피해보다 특별히 더 많았던 것도 아니다. 그리고 원래 일본은 미군이 본토에 상륙하면 1억 일본인 전원이 미군과 싸우다 옥쇄해 죽으려 했다. 이런 상황에서 몇만 명이 한 번에 죽었다고 항복하겠다고 나설 리는 없다.

일본이 결국 조건부 항복을 포기하고 무조건 항복을 하게 된 이유는 러시아의 참전이었다. 독일이 패배한 후 얄타 회담에서 러시아는 유럽 전쟁이 끝나고 3개월 이내에 일본과 전쟁을 시작하기로 미국과 협의한다. 그 협약에 따라 러시아는 8월 8일 일본에 선전포고를 했고, 만주에 러시아군이 쏟아져 들어오게 된다. 일본은 러시아와 불가침조약을 체결하고 전쟁에 돌입했었다. 러시아와 불가침조약을 맺었으니 북쪽에서 공격받을 일은 없고, 그러니 동남아시아 등 남쪽에서 작전을 수행할 수 있었다. 러시아가 북쪽에서 쳐들어오면 일본이 동남아시아로 침략할 수 있었던 기본 전제가 사라진다. 러시아와 싸운다면 일본은 더 이상 어디에서도 전선을 유지할 수 없다. 또 일본은 러시아를 중재자로 삼아 미국과 협의를 했었다. 그런데 그 중재자가 자기와 전쟁을 시작했다. 러시아가 일본과 전쟁을 선포하면서 일본은 이제 더 이상 아무런 기대도 할 수 없게 되었다. 무조건 항복을 하거나, 아니면 정말로 1억 명이 다 죽는 옥쇄를 하거나 둘 중의 하나만 남았다. 이런 상황에서도 일본 수뇌부는 무조건 항복을 결심하지는 못했다. 결국 천황이 무조건 항복을 받아들이기로 마음먹으면서 항복을 한다.

일본은 러시아 군대가 만주에 쏟아져 들어오면서 항복을 하게 된다. 원자폭탄이 떨어져서 항복을 하게 된 것이 아니다. 하지만 미국은 원자폭탄이 일본의 항복을 이끌어낸 것이라고 주장하고 그렇게 설명하는 세계사를 만들었다. 원자폭탄의 참상이 알려진 후 세계 각국은 이런 무서운 무기를 실전에 사용한 미국을 비난했다. 다른 나라뿐만 아니라 미국 내에서도 이런 비판이 일었다. 특히 일본군이 아니라 민간인이 사는 도시에 원자폭탄을 떨어뜨린 것은 너무나도 비인도적인 일이다. 미국은 그러한 비난에 대해 원자폭탄 사용을 정당화할 수 있는 대응 논리가 필요했다. 결국 "원자폭탄을 사용하지 않았다면 훨씬 더 많은 사람들이 죽었을 것이다. 원자폭탄을 사용했기에 일본이 항복을 했고, 궁극적으로 희생을 줄일 수 있었다."는 논리가 만들어진다. 하지만 일본은 원자폭탄 때문에 항복한 게 아니었다. 이건 그 후에 만들어진 이유이다.

처칠은 영국을 구한
구국의 영웅일까?

　　제2차 세계대전에서 히틀러는 1941년까지 영국을 제외한 유럽 대륙 전역을 제패한다. 러시아가 아직 독일에 복속되지 않기는 했지만, 러시아와 독일은 이때 상호불가침 협정을 맺고 있었다. 실제 유럽의 강국 중에서 독일에 적대적인 국가는 영국뿐이었다.

　이때 유럽에서 고립된 영국을 이끌고 독일과의 전쟁을 수행한 영국 수상이 처칠이다. 처칠은 총력을 다해서 히틀러의 독일과 맞섰다. "독일 히틀러라는 사악한 침략자와는 절대로 타협할 수 없고 싸워야 한다", "어떤 대가를 지불하고서라도 승리를 이루어낼 것이다. 어떤 어려움이 있다 하더라도 그것을 뛰어넘어 승리를 쟁취할 것이다"면서 끝까지 대항했다.

영국은 정말 히틀러의 독일에 대해 끝까지 총력을 기울여 싸웠다. 1941년 12월 미국이 참전하기 전에는 거의 2년 동안 혼자 고군분투했다. 결국 영국, 미국 연합군은 히틀러를 물리치고 승리를 쟁취했다. 영국의 처칠은 히틀러의 독일로부터 영국을 지켜낸 구국의 영웅이었다. 끝까지 히틀러와 타협하지 않고 싸워서 승리를 이끌어낸 불굴의 영웅이다.

그런데 처칠은 정말로 영국을 구한 영웅이었을까? 모두가 히틀러에 항복하고 타협하는 등 히틀러에 굴복하는 상황에서 끝까지 히틀러와 싸워서 승리를 이끌어낸 것만을 생각하면 분명 구국의 영웅이다. 그런데 처칠이 영국 수상에 취임하기 전, 영국은 명실공히 세계 최강대국이었다. '팍스 브리태니커' 시대였고, 영국이 세계를 지배했다. 하지만 처칠이 히틀러를 이기고 승리를 쟁취한 1945년 이후, 영국은 더 이상 세계 최강대국이 아니었다. 세계의 주도권은 미국으로 넘어갔다. 팍스 브리태니커 시대가 끝나고 미국의 시대가

윈스턴 처칠
윈스턴 처칠은 1953년에 노벨문학상을 수상하기도 했다. "역사적 글과 전기적 글에서 보여준 그의 탁월함과 인간의 예의에 대해 행한 많은 훌륭한 연설로 인해 선정함" -노벨위원회에서 발표한 수상 이유 中

되었다. 처칠은 대영제국의 시대를 끝낸 사람이다. 히틀러의 독일과 싸워서 얻은 승리가 아니었다면 처칠은 망국의 재상으로 불리게 되었을지도 모른다. 히틀러와 싸워 얻은 승리로 처칠은 구국의 영웅으로 여겨진다. 하지만 처칠로 인해서 영국이 세계 최강대국 지위에서 내려오게 된 것 또한 사실이다. 처칠의 정책은 영국이 팍스 브리태니커 시대를 이끌어온 정책과 맞지 않았다. 그 때문에 영국은 전쟁에 승리했음에도 세계 주도국 지위를 잃는다.

영국은 19세기 이래로 세계 최강대국이 된다. 전 세계에 식민지를 두어 '해가 지지 않는 나라'라는 이름도 얻는다. 로마, 중국, 오스만 튀르크 등 한 지역에서 패권을 쥐었던 국가들은 이전에도 많이 있었지만, 전 세계에서 패권을 가졌다고 할 수 있는 국가는 영국이 세계 최초였다.

그런데 영국은 영토가 크지 않은 국가이다. 영국의 영토 면적은 243,610km²밖에 되지 않는다. 한반도보다 조금 큰 정도이다. 유럽의 강국이라 할 수 있는 프랑스, 독일, 스페인보다 한참 작다. 영국의 인구가 유럽 다른 나라들보다 특별히 많은 것도 아니다.

영국의 경제력이 그렇게 뛰어났느냐 하면 그렇지도 않다. 물론 영국은 세계 최초로 산업혁명이 발생한 국가이다. 유럽 다른 나라에 비해서 훨씬 더 잘살고 산업 생산이 많았다. 하지만 영국이 가장 전성기였던 때도 전 세계 경제에서 영국이 차지하는 비중은 9%에 불과했다. 지금 전 세계 경제에서 미국이 차지하는 비중은 25% 정도이다. 영국은 지금 세계를 주도한다는 미국에 비해 한참 작은 경제 규모로 세계를 지배했다. 그리고 영국의 경제력이 세계에서 가장 컸던 시기는 얼마 되지 않는다. 곧 독일이 영국을 따라잡았고, 미국도 영국을 따라잡았다. 1910년대부터는 미국의 경제력이 영국의 경제력보다 훨씬 컸다. 전쟁이 발생하기 전인 1930년대에는 미국 경제가 이미 세계에서 압도적인 비중을 차지하고 있었다. 하지만 그럼에도 세계를 이끄는 국가는 여전히 영국이었다. 영국이 세계를 주도한 것은 경제력 때문만은 아니었다.

그러면 영국의 군사력이 우수했느냐 하면 그것도 아니다. 영국은 전 세계에 식민지를 유지하고 군대를 파견하면서도 군사비 지출이 국가 GDP의 2%를 넘어선 적이 없다. 지금 한국의 군사비 지출 규모는 GDP의 2.6% 규모이다. 한국의 국내 방위비보다 훨씬 적은 비중을 군사비로 사용했다. 영국은 전 세계에 식민지를 운영했지만, 식민지에 파견된 군대는 항상 소수였다. 몇백 명, 많아도 몇천 명 수준이었지, 몇만 명 단위로 주둔군을 파견하는 경우는 거의 없었다.

영국이 경제력도 다른 나라보다 뛰어나지 않고 군사력도 특별하지 않으면서 세계를 지배할 수 있었던 것은 특유의 세력 균형 정책 때문이었다. 영국은 유럽 강대국과 1:1로 붙으면 절대 이길 수 없었다. 그래서 영국은 항상 유럽을 지배하려는 국가의 상대편과 편을 먹었다. 스페인이 강대국으로 부상해 유럽을 지배하고자 하면 스페인의 적대국인 프랑스와 편을 먹고 스페인과 싸웠다. 프랑스가 유럽의 강대국으로 부상하려 하면, 프랑스의 상대국인 독일 등과 힘을 합쳐 프랑스와 싸웠다. 독일이 유럽 강대국으로 부상할 때는 러시아, 프랑스와 힘을 합쳐 이에 대항했다. 그리고 러시아가 중동 지역으로 침입하여 위협적 세력이 될 것 같으면 프랑스 등과 힘을 합쳐 이를 막아냈다.

17세기 이후 유럽에는 끊임없이 전쟁이 발생했다. 그리고 이 전쟁들에서 영국은 항상 승리했다. 실제로는 영국이 혼자 싸워서 승리한 것은 아니고, 영국이 참여한 연합군 측이 승리했다. 영국은 유럽 국가들의 세력 균형을 목적으로 했다. 유럽을 지배하는 강대국이 나오지 않도록 했고, 강대국이 나올 것 같으면 외교력을 발휘해서 상대 국가들과 연합해서 싸웠다. 강대국과 정면으로 붙지 않았다. 강대국의 힘이 강하면 조용히 타협하다가 틈이 생기면 싸워서 강대국 지위에서 끌어내렸다. 나폴레옹 전투가 대표적이다. 프랑스 나폴레옹이 유럽을 휩쓰는 동안 항복은 하지 않으면서도 타협적 자세를 취한다. 하지만 나폴레옹이 러시아와의 전쟁에서 패하자 연합군을 결성해 워털루에서 나폴레옹과 싸운다. 이 전쟁에서 이겨 유럽 패권을 노린 나폴레옹을 권좌에서 끌어내린다. 이것이 영국의 방식이다. 유럽 강대국과 전면전을 벌인다거나, 모든 것을 걸고 전쟁에 나선다거나, 모든 것을 희생해서라도 끝까지 승리를 쟁취하는 것은 영국 스타일이 아니다.

영국은 이러한 세력균형 정책, 항상 타협적이고 강대국과 정면으로 부딪히지 않는 외교, 연합군을 결성하는 영리한 전쟁 방식으로 세계의 지배자가 될 수 있었다. 그런데 처칠은 이러한 영국의 전통적인 방식을 거부했다. 히틀러에 대해서 항상 타협적인 자세를 취한 체임벌린 수상을 비난하고 히틀러에 대해 강경한 노선을 취할 것을 요구했다. 결국 체임벌린 수상이 물러난 후 처칠은 수상이 되었고 이후에 독일에 대해 강력하게 대응한다. 어떠한 타협도 없이,

유럽을 거의 제패한 독일을 물고 늘어졌다.

결국 처칠은 이겼다. 처칠은 불굴의 의지를 가진 사람이다. 위기의 영국을 이끌면서 결국 독일에 대해 승리를 일구어냈다. 그 대신 영국은 망했다. 영국은 총력전을 펼쳤다. 모든 국력을 이 전쟁에 들이부었다. 영국은 이미 1940년에 파산 상태가 되었다. 그 이후에는 미국으로부터 계속해서 빚을 얻어서 전쟁을 수행했다. 1945년 전쟁이 끝났을 때는 영국은 더 이상 어떤 힘도 남아있지 않았다. 국력이 완전히 고갈되었고, 미국에 엄청난 액수의 빚을 지고 있었다.

1945년 전쟁이 끝난 후 유럽은 재건에 들어간다. 프랑스, 독일은 전쟁을 마무리하고 경제활동에 몰두한다. 이들 국가들은 1947년에 전쟁 이전의 경제 수준으로 되돌아갔다. 유럽 국가들은 전쟁으로 인해서 정치적으로는 큰 변화를 겪었지만 경제적으로는 그렇게 큰 변화가 없었던 것이다. 하지만 영국은 달랐다. 영국은 1947년에도 전쟁 당시의 배급제가 유지되었다. 산업 생산은 회복되지 못했다. 전쟁 기간 동안 하나도 남겨두지 않고 모든 자본을 소모했기에 전쟁 전의 상태로도 돌아갈 수 없었다. 결국 영국은 전쟁 전에 가졌던 세계의 지도국 자리에서 내려오게 된다. 엄청난 빚을 지고 있고, 또 전쟁에서 회복도 제대로 하지 못하는 영국이 더 이상 세계에서 지도적 위치에 서있을 수는 없었다. 이후 세계 주도권은 미국으로 넘어간다. 미국이 경제력, 군사력에서 세계 1위의 자리를 차지한 것은 이미 몇십 년 전이었다. 하지만 이때까지만 해도 미국이 세계 최강의 위치에 오르지는 못했다. 영국이 스스로 국력을 고갈시키면서 미국의 시대가 시작된다.

처칠은 불굴의 의지로 영국을 승리로 이끌었다. 처칠의 영국은 모든 것을 희생하면서 싸웠고 결국 이겼다. 하지만 그런 식으로 싸웠기 때문에 영국은 대영제국의 시대에서 내려온다. 처칠은 개인적으로는 강력한 지도자일지 모른다. 하지만 그 리더십은 전통적인 영국 스타일은 아니었다. 영국을 세계 지도적 위치에서 내려오게 한 것도 처칠이다.

제7장_ 콜럼버스가 서쪽으로 항해할 수 있었던 이유는

콜럼버스만
지구가 둥글다고 믿었기 때문에
서쪽으로 항해할 수 있었을까?

콜럼버스는 1492년 스페인 팔로스 항구를 떠나 서쪽으로 항해한다. 서쪽으로 항해한 이유는 인도로 가기 위해서 였다. 콜럼버스는 서쪽으로 배를 저어 나아가다가 아메리카 대륙을 발견한다. 원래 목적지였던 인도에 도달하지는 못했지만, 아메리카 대륙의 발견은 이후의 세계 역사를 변화시킨다. 콜럼버스는 창조자 였고 세계를 변혁시킨 개척자였다.

그런데 왜 콜럼버스 이전에는 사람들이 서쪽으로 항해해나가지 않았을까? 사실 콜럼버스가 한 일은 특별한 게 아니다. 그냥 서쪽으로 항해해나갔을 뿐이다. 중간에 특별히 어려움이 있거나 방해물이 있었던 것도 아니다. 누구나 서쪽으로 한 달여 동안 항해를 하면 쉽게 아메리카 대륙을 발견할 수 있었을 것이다. 이 일은 범선을 운행

할 수 있는 뱃사람이면 누구나 다 할 수 있는 일이다. 그런데 왜 유럽 사람들은 그 오랜 기간 동안 서쪽으로 항해하지 않았을까?

일반적으로 알려져 있는 것은 당시 사람들은 지구가 평평하다고 생각했다는 것이다. 지구는 평평하고 그 평평한 끝에는 낭떠러지가 있다. 서쪽으로 계속 항해를 하면 결국 지구의 끝을 만나게 되고 낭떠러지로 떨어진다. 그래서 육지가 보이는 곳, 유럽 땅에 금방 돌아올 수 있는 거리까지만 서쪽으로 항해했고, 보다 더 먼 서쪽 바다로 나가지 않았다.

하지만 콜럼버스는 지구가 둥글다고 생각했다. 지구가 둥그니 서쪽으로 계속 간다고 해서 낭떠러지에 떨어질 리는 없다. 그 대신 먼 동쪽에 있는 인도에 도달할 수 있을 것이다. 지구는 둥그니까 계속 서쪽으로 항해하면 결국 유라시아의 동쪽에 도달하게 되는 것이다.

당시 보통 사람들은 지구가 평평하다고 생각하는 반면 콜럼버스는 지구가 둥글다고 생각했다. 그래서 콜럼버스는 서쪽으로 항해할 수 있었고, 결국 아메리카 대륙을 발견했다. 콜럼버스가 서쪽으로 항해하는 도중 선원들은 더 이상 갈 수 없다고 반란을 일으켰다. 이대로 계속 서쪽으로 가면 낭떠러지에 떨어져 죽을 것이라고 두려워했기 때문이다. 그러나 지구가 둥글다고 굳게 믿은 콜럼버스는 선원들을 설득해서 서쪽으로 더 나아갔다. 콜럼버스는 당시 잘못된 상식을 깨뜨리고 진실을 발견한 선구자인 것이다.

그런데 정말로 15세기 사람들은 지구가 평평하다고 생각했을까? 콜럼버스는 다른 사람들이 다 지구가 평평하다고 생각하는데 홀로 지구가 둥글다고 믿은 선구자였을까? 그럴 리는 없다. 지구가 둥글다는 것은 이미 그리스 시대 때부터 알려진 사실이다. 아무리 중세 시대에 그리스 시대의 지식이 전수되지 않았다 해도 지구가 평평하다고 생각할 만큼 무식하지는 않았다. 지구가 둥글다는 것, 지구가 구형이라는 것은 당시에도 충분히 알려져 있었다.

지구가 둥글다면 서쪽으로 계속 나아가서 인도 등 동아시아에 도착할 수 있다. 하지만 유럽인들은 그것을 알면서도 실행하지는 못했다. 그 이유는 인도에 도착할 때까지 항해하는 것이 불가능했기 때문이다.

15세기까지만 해도 냉장 보관 기술이 발달하지 못했다. 냉장 기술이 없으면 음식을 오래 보관하기 힘들다. 시간이 좀 지나면 음식이 상하게 된다. 육지에서는 보관하던 음식이 상하면 새로 음식을 구하면 된다. 하지만 바다에 떠있는 배에서는 따로 음식을 구할 수가 없다. 처음 싣고 떠난 음식이 상하면 그때부터는 선원들은 굶어야 한다. 음식이 상하기 전까지만 항해를 할 수 있는 것이다.

음식이 상하는 게 문제라면 말린 고기, 절인 고기 등 상하지 않는 음식으로 준비해갈 수도 있다. 하지만 물은 꼭 필요하다. 냉장고가 없던 그 당시, 일반적으로 물과 음식을 배 안에서 상하지 않고 보존할 수 있는 시간은 6주였다. 그래서 음식에 문제가 없기 위해서는 육지를 떠난 배가 6주 안에는 반드시 다시 육지로 돌아와야 했다. 최대로 버틸 수 있는 기간은 두 달이었다. 두 달이면 물이 좀 썩기는 하겠지만 그래도 선원들이 죽지는 않고 버틸 수는 있었다.

당시 육지에 상륙하지 않고 항해할 수 있는 최대 기간은 두 달이었다. 그래서 유럽 대륙을 떠나 서쪽으로 항해하는 일은 과연 두 달

안에 동아시아에 도착할 수 있는가 아닌가의 문제였다. 동아시아에 두 달 안에 도착할 수 있다면 서쪽으로 항해해도 된다. 음식, 물이 떨어지기 전에 육지에 도착해서 물을 보급받을 수 있다. 하지만 두 달이나 항해했는데도 동아시아에 도착하지 못한다면 문제는 심각해진다. 선원들 모두가 바다 한가운데서 굶어죽게 된다. 즉 문제는 서쪽으로 가면 낭떠러지가 나오느냐 아니냐가 아니었다. 두 달 안에 동아시아가 나오느냐 아니냐가 문제였다.

2세기, 그리스의 프톨레마이오스는 지구 둘레가 2만 9,000km라고 했다. 기원전 3세기 에라토스테네스는 지구 둘레가 3만 8,944km라고 보았다. 당시 유럽인들은 에라토스테네스의 의견이 맞다고 생각했다. 실제 지구 둘레는 4만km이다. 유럽인들은 지구 둘레를 비교적 정확히 파악하고 있었다.

그런데 지구 둘레가 4만km라면 유럽에서 배를 타고 항해를 해서 동아시아에 도착하려면 직선거리로 가도 6개월이 훨씬 더 넘게 걸린다. 중간에 육지가 있으면 모르겠는데, 그 도중에 육지가 있다는 정보는 없었다. 동양에서는 일본이 동쪽의 끝이라고 생각했고, 일본의 동쪽에는 바다밖에 없다고 했다. 그러면 유럽에서 출발한 배는 일본에 도착할 때까지 계속 항해를 해야 하는데 이 항해는 2개월 사이에는 어림도 없다. 서쪽으로 배를 타고 가다가 물이 없어서 모두 다 조난을 당할 것이다. 그래서 서양에서는 서쪽으로 배를 저어가지 않았다. 바다의 넓이에 비해서 항해할 수 있는 거리가 턱없이 부족했던 것이다.

그런데 콜럼버스는 서쪽으로 나아가도 된다고 했다. 지구는 그렇게 크지 않고 한 달 동안 항해를 하면 충분히 아시아에 도착할 수 있다고 주장했다. 당시 지구 둘레가 3만km가 넘는다는 생각이 일반적이었지만 다른 가설들도 많았다. 지구 둘레가 훨씬 작다는 주장도 있었고, 콜럼버스는 그런 주장을 근거로 해서 한 달이면 아시아에 도착할 수 있다고 했다.

스페인 왕실 입장에서는 만약 콜럼버스의 말이 맞다면 새로운 식민지를 개척할 수 있게 된다. 콜럼버스의 말이 틀린다고 해도 배 몇 척을 잃는 것으로 끝난다. 스페인에서는 항해를 허락했고, 그래서 콜럼버스는 서쪽으로 항해에 나선다.

콜럼버스는 스페인 팔로스 항을 출발해서 아프리카 해안에 있는 카나리아 제도의 고메라 섬으로 간다. 그리고 1492년 9월 6일 드디어 고메라 섬에서 다시 출발해서 서쪽으로 항해하기 시작한다. 선원들과는 한 달 동안 서쪽으로 가고, 한 달 사이에 육지를 발견하지 못하면 되돌아오는 것으로 약속했다. 바다에서 항해할 수 있는 최대 기간은 두 달이다. 한 달 동안 서쪽으로 가고, 남은 한 달 동안 다시 돌아와야 한다. 한 달보다 더 서쪽으로 갔다가는 돌아올 때 물이 없어서 죽을 고생을 하게 된다.

그런데 사실 콜럼버스도 한 달 사이에 아시아에 도착할 수 있을 것으로는 생각하지 않았다. 6주는 걸린다고 보았다. 하지만 6주 동안 항해를 해야 한다고 하면 항해 허가를 받기 어려웠다. 6주를 갔는데 만약 아시아가 나타나지 않아 그때부터 돌아오면 총 항해 기간은 12주, 세 달이 된다. 이러면 모두가 굶어죽는다.

그래서 콜럼버스는 실제 소요 기간은 6주라고 생각하고 있었음에도 한 달이면 된다고 주장하면서 함대를 끌고 떠났다. 그리고 콜럼버스는 이중의 항해일지를 만든다. 실제로 그날 20km를 갔다면, 20km를 갔다고 적은 실제 일지를 만들고, 10km만 갔다고 적은 가짜 일지를 만들었다. 이 가짜 일지는 선원들에게 알리기 위한 목적이었다. 한 달 동안 항해를 했지만 원래 한 달 사이에 가려고 했던 거리만큼 항해하지는 못했다. 그러니 한 달이 되기는 했지만 조금 더 항해를 해보자고 선원들을 설득하기 위해서였다.

결국 이 가짜 일지는 들통이 났다. 그리고 선원들은 원래 콜럼버스가 예상한 거리보다 훨씬 더 많이 왔음에도 아시아가 아직 나타나지 않았다는 것을 알게 되었다. 그래서 선원들은 반란을 일으키려 한 것이다. 더 이상 서쪽으로 가다가는 낭떠러지에 떨어져 죽을 것 같아서 반란을 일으킨 것은 아니었다.

콜럼버스는 선원들에게 며칠만 더 가보자고 최종 협상을 했다. 그리고 마침내 10월 7일, 항해를 시작한 지 31일 만에 바다에서 풀잎, 갈대, 나뭇가지를 발견한다. 이는 근처에 육지가 있다는 뜻이다. 이제는 돌아가지 않고 계속 앞으로 나가도 된다. 결국 10월 12일, 카나리아 제도에서 서쪽으로 항해를 시작한 지 36일 만에 아메리카 섬에 도착한다. 이때 콜럼버스가 아메리카 대륙을 발견한 것은 정말 천우신조라고밖에 말할 수 없다. 콜럼버스는 지구 크기에 대해 완전히 잘못 알고 이 항해를 시작했다. 바다 위에서 표류하다가 죽었을지도 모른다. 아니면 헛걸음하고 유럽으로 되돌아갔어야 했다. 편도로 항해할 수 있는 최대 거리인 30여 일 항해 거리 이내에 아메리카 대륙이 있었기 때문에 콜럼버스의 모험은 성공할 수 있었다. 사실 콜럼버스의 항해는 선원 모두를 죽음으로 이끌 수 있는 위험한 모험이었다. 홀로 지구가 둥글다고 믿고 새로운 세계를 개척한 선구자의 혜안을 갖춘 것으로는 보기 어렵다.

뉴턴은
사과가 떨어지는 것을 보고
중력을 발견했을까?

　　'세계를 움직인 3개의 사과'라는 말이 있다. 세계를 변화시킨 첫 번째 사과는 파리스의 사과이다. 에리스는 파리스에게 가장 아름다운 여신에게 사과를 주도록 했다. 3명의 여신은 파리스에게 선물을 주면서 그를 매수하려 했다. 혜라는 파리스에게 자기에게 가장 아름다운 여신의 징표인 사과를 주면 권력을 주겠다고 했다. 아테나는 자기에게 사과를 주면 어떤 전쟁에서도 이길 수 있는 지혜를 주겠다고 했다. 그리고 비너스는 자기에게 사과를 주면 가장 아름다운 여인을 주겠다고 했다. 파리스는 사과를 비너스 여신에게 주었고, 비너스는 파리스가 당시 가장 아름다운 여인이라는 헬레나를 납치해서 트로이로 돌아가도록 돕는다. 그리고 이 때문에 트로이전쟁이 발생한다.

세계를 움직인 두 번째 사과는 뉴턴의 사과이다. 뉴턴은 1661년 케임브리지 트리니티 칼리지에 입학했다. 그런데 1665년, 이 지역에 선페스트가 유행한다. 질병을 피하기 위해 뉴턴은 자기 고향으로 돌아갔다. 이때 고향 벤치에서 사색에 잠겨 있는데 사과가 떨어졌다. 뉴턴은 그 광경을 보고 '사과가 왜 땅으로 떨어질까?'하는 의문을 가졌다. 뉴턴은 사과가 땅으로 떨어지는 이유를 탐구했고, 결국 모든 물체는 서로가 서로를 끌어당긴다는 중력의 법칙을 발견하게 된다. 이 이야기는 볼테르가 영국서간이라는 책에서 소개한 에피소드이다. 볼테르는 이 이야기를 뉴턴의 친척에게 들었다고 했다. 이후 '뉴턴의 사과'는 다른 사람들이 당연한 것으로 생각하는 사실에 대해 의문점을 가지는 것의 중요성을 상징하는 대표적인 사례로 언급된다.

세상을 변화시킨 세 번째 사과는 미국 애플사의 사과이다. 애플은 세계 최초로 퍼스널 컴퓨터를 일반인에게 보급했고, 또 아이팟, 아이폰으로 세상을 변화시켰다. 아이팟, 아이폰이 나오기 전 퍼스널 컴퓨터로도 애플은 충분히 세상을 변화시켰기 때문에, 퍼스널 컴퓨터 보급 후 애플은 세상을 변화시킨 세 번째 사과로 인정받았다.

그런데 정말로 뉴턴은 사과가 땅에 떨어지는 것을 보고 처음으로 사과가 땅에 떨어지는 이유를 고민했을까? 사과가 뉴턴 앞에서 떨어졌기 때문에 뉴턴은 물체가 왜 땅으로 떨어지는가 하는 운동의 법칙에 대해서 탐구하기 시작한 것일까?

서양의 르네상스 시기는 문화의 발전기이기도 하지만 국가 간에 전쟁이 끊임없이 발생했던 시기이기도 하다. 전쟁을 위해서 대포는 계속해서 개량되었다. 하지만 이 당시 풀리지 않는 문제가 있었다. 대포 포탄의 위력은 더욱더 세지고, 더욱 멀리까지 가게 만들었다. 그런데 도무지 목표물에 명중을 하지 않았다. 대포알은 적에 터무니없이 미치지 못하는 곳에 떨어지거나, 아니면 적군의 머리 한참 위로 넘어갔다. 이 당시 대포는 큰 소리로 상대방을 겁먹게 만드는 무기였지, 적군 사이에 떨어져 적을 살상하는 무기는 아니었다.

어떻게 하면 대포알을 목표물에 명중시킬 수 있을까? 이것을 알기 위해서는 대포에서 발사된 포탄이 어떤 궤적을 그리며 날아가는가를 알아야 했다.

고전적인 아리스토텔레스 물리학에서는 포탄이 발사된 후에 직선으로 날아가다가, 화약 추진의 힘이 다 떨어지면 그 순간 수직으로 땅에 떨어진다고 보았다. 즉 포탄은 직진으로 날아가다가, 최고점에 달하면 그때부터는 하늘에서 땅으로 자유낙하로 떨어져야 했다. 하지만 직접 포탄을 쏘아보면 포탄이 그런 식으로 움직이지는 않는다는 것은 바로 알 수 있다. 무엇보다 포탄은 비스듬한 각도로 땅에 떨어지지, 자유낙하처럼 90도로 떨어지지는 않는다.

포탄은 아리스토텔레스가 말한 방식으로 움직이지는 않는다. 그러면 도대체 어떤 궤적을 그리며 움직이는 것인가. 이 문제에 대해 처음으로 고민하고 연구한 사람은 16세기 타르탈리아였다. 그는 포병 장교의 의뢰를 받아 연구를 시작했다. 그리고 타르탈리아는 탄도가 굽은 곡선의 궤적을 그린다는 것을 알아낸다. 그리고 45도 각도로 포탄을 발사할 때 포탄이 가장 멀리까지 날아간다는 것도 발견한다.

포탄은 포신을 벗어난 다음에 직선으로 움직이지 않는다. 포탄이 발사되는 순간부터 땅으로 약간 굽은 형태의 곡선을 그린다. 포탄을 앞으로 나가게 하는 화약의 힘이 있고, 또 포탄을 땅으로 잡아당기는 힘이 있다. 이 두 힘이 작용하기 때문에 포탄은 곡선 형태로 궤적을 그린다.

타르탈리아는 포탄의 궤적을 완전히 파악하지는 못했다. 하지만 포탄이 곡선을 그리며 날아간다는 것, 그리고 포탄을 땅으로 잡아당기는 힘이 처음부터 같이 작용한다는 점을 발견했다. 이전보다는 포탄의 명중률이 훨씬 더 높아졌다.

포탄의 궤적에 대해 두 번째로 큰 공헌을 한 사람은 갈릴레오 갈릴레이이다. 갈릴레이에 의하면 포탄을 움직이게 하는 힘에는 포탄을 발사하는 화약의 힘, 그리고 포탄이 땅으로 떨어지려고 하는 힘이 있다. 이 두 개의 힘은 처음 발사되면서부터 마지막에 땅에 떨어질 때까지 동시에 작용을 한다. 포탄이 발사된 후 시간이 지남에 따라 힘이 점점 약해지는 것이 아니라, 포탄에는 계속해서 똑같은 힘이 작용한다. 소위 등속운동의 개념이 갈릴레이에 의해 만들어졌다. 이런 등속운동의 결론에 의하면 포탄은 포물선의 형태로 날아간다. 대포에서 발사된 포탄은 곡선을 그리며 올라가고 곡선을 그리며 내려온다. 포물선의 형태로 대포알이 움직인다는 것을 처음 발견한 사람이 갈릴레이다.

갈릴레이는 1643년에 사망했다. 뉴턴은 그해에 태어났다. 이때에는 이미 포탄의 궤적에 대해서 알려질 만큼 알려졌다. 그로 인해 대포의 명중률은 크게 상승했다. 물론 대포알을 쏘면 목표에 대부분 맞을 만큼 명중률이 높았던 것은 아니다. 이 당시 대포는 포신을 하나하나 따로 만들었기 때문에 대포알과 포신이 제대로 맞지 않는 경우가 많았다. 대포알의 크기보다 대포 구멍의 크기가 더 크면 대포알은 제대로 날아가지 않는다. 또 화약의 폭발력도 일정하지 않았다. 아직까지 대포는 그렇게까지 위력적이지 못했다. 하지만 이전처럼 적 부대를 완전히 넘어가서 엉뚱한 곳에서 폭발하지는 않았다. 그 정도의 발전은 있었다.

그런데 포탄이 움직이는 방식에 대한 의문점은 여전히 남았다. 포탄을 움직이는 힘은 화약이 폭발하는 힘, 그리고 포탄이 땅으로 떨어지려는 힘이다. 이 두 개의 힘에 의해서 포탄은 포물선의 궤적을 그린다. 포탄이 앞으로 날아가려는 힘이 무엇인지는 알 수 있다. 포탄이 앞으로 날아가는 것은 화약이 폭발하니까 그 폭발력의 힘으로 앞으로 날아가는 것이다. 그런데 포탄이 땅으로 떨어지려는 힘은 무엇일까? 포탄만이 아니라 모든 물체는 땅으로 떨어진다. 이렇게 물체가 땅으로 떨어지는 이유는 무엇일까? 이 힘이 존재한다는 것은 알 수 있었는데 그 이유는 알 수 없었다. 그래서 당시 물리학계에서는 이 힘이 무엇인지를 파악하고자 하는 것이 주요한 과제였다.

이 문제를 해결한 사람이 뉴턴이었다. 뉴턴은 만유인력의 법칙을 발견한다. 모든 물체에는 서로가 서로를 당기는 힘이 있다는 것이었다. 지구와 지구 위의 물체에는 서로 당기는 힘이 있다. 그런데 지구가 워낙 크기 때문에 지구가 당겨지지 않고, 지구 위의 물체가 지구 쪽으로 당겨진다. 그래서 지구 위의 물체는 지구에 떨어지는 것처럼 보인다. 만유인력 때문에 지구에는 중력이 작용하고, 이 중력의 힘으로 지구 위의 물체는 지구에 떨어지는 것이다.

　뉴턴이 위대한 과학자라는 것은 분명하다. 만유인력의 법칙, 중력의 법칙을 발견한 것이 인류에 대한 공헌이었다는 점도 분명하다. 그런데 뉴턴이 이 만유인력의 법칙을 사과가 떨어지는 것을 보고 깨달았을까? '사과가 왜 땅으로 떨어지는가'라는 의문을 품고, 그 의문을 해결해나가는 과정에서 만유인력의 법칙을 발견한 것일까?

　그렇지는 않다. 물체가 땅으로 떨어지게 하는 힘이 무엇인가는 타르탈리아, 갈릴레이의 발견 이후 오래된 물리학의 과제였다. 타르탈리아와 갈릴레이가 모든 물체는 언제나 땅으로 떨어지려는 힘을 받는다는 것을 밝힌 이후, 그 힘이 도대체 무엇인가 하는 것이 물리학의 주요 주제 중 하나였다. 뉴턴의 사과는 파리스의 사과와 같이 신화적인 이야기일 뿐이다.

레오나르도 다빈치는
정말 다방면의 천재일까?

　　　　　레오나르도 다빈치는 르네상스를 대표하는 예술가이다. 세계 최고의 미술품이라는 모나리자, 최후의 만찬, 암굴의 성모 등을 남겼다. 하지만 레오나르도 다빈치가 미술에서만 유명한 것은 아니다. 레오나르도 다빈치의 노트를 보면 헬리콥터 원형이 그려져 있다. 낙하산도 있고 플레이트 날개 등도 그려져 있다. 다빈치는 14세기에서 15세기 초에 살았던 사람이다. 헬리콥터, 낙하산이 개발되기 무려 400년 전에 이런 것들을 생각해냈다. 건축 기기도 창의적인 것이 많이 있고, 또 인체 해부도도 굉장히 정밀하다. 화가이면서 수학, 물리학, 기계공학, 동물학, 미학, 음악, 요리, 해부학, 지리학, 항공학 등에 관심을 가지고 이 모든 분야에서 시대를 앞서가는 노트를 남겼다. 그래서 레오나르도 다빈치는 역사상 최고의 천재 중 한 명으로 거론된다. 워낙 다방면에서 천재적인 아이디어를 남겼기 때문에 가장 대표적인 르네상스인으로 보통 레오나르도 다빈치가 꼽는다.

그런데 정말로 레오나르도 다빈치는 이 많은 것들을 발견하고 발명했을까? 정말로 이 모든 분야에서 새로운 아이디어를 창안해내는 천재였을까? 원래 레오나르도 다빈치가 사람들에게 다방면의 천재로 인정받았던 것은 아니다. 레오나르도 다빈치의 노트는 다빈치가 죽은 지 300년 정도가 지나서 출간되었다. 이 노트에는 정말로 헬리콥터, 낙하산, 인체도 등이 그려져 있었고, 다방면에서 중요하고 의미 있는 사실들이 적혀 있었다. 그래서 레오나르도 다빈치는 시대를 앞서간 다방면의 천재로 알려졌다.

19세기 이후 레오나르도 다빈치의 노트는 정식으로 연구되기 시작한다. 이 노트 연구에서 알게 된 것은, 다빈치의 노트가 다빈치가 스스로 발견한 것을 기록한 게 아니라는 사실이다. 다빈치가 혼

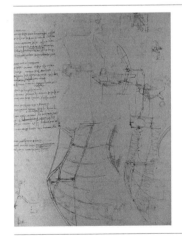

다빈치의 노트
노트 안의 기록들이 모두 다빈치의 창조적 결과물은 아니다. 다빈치가 여러 분야에 관심을 가졌다는 사실을 증명할 수는 있다.

자 생각하고 사색해서 발견한 것을 적은 것이 아니라, 다른 분야에 대해 공부를 하면서 자기가 좋았던 것, 감명 깊은 것들을 옮겨 적은 것이었다. 즉 레오나르도 다빈치의 노트는 창조 노트가 아니라 학습 노트였다. 학교에서 배우는 것을 적는 노트와 같은 것이다.

레오나르도 다빈치는 기계에 대한 책을 보면서 거기에 나온 것 중 의미 있는 것을 자기 노트에 그리고 썼다. 타콜라, 디 조르조 등 그 당시 유명한 기계, 건축에 대한 것을 공부하면서 자기 노트에 옮겼다. 지금 유명한 레오나르도 다빈치의 낙하산, 헬리콥터 등은 모두 그런 과정에서 레오나르도 다빈치 노트에 적히게 된 것이다. 레오나르도 다빈치가 직접 생각하고 그린 것이 아니었다. 노트의 글들도 다른 책을 읽으면서 감명 깊은 문장을 옮겨 쓴 것이 대부분이다.

레오나르도 다빈치가 다방면에 관심이 있었다는 것은 분명하다. 그랬기에 다방면에 대한 스케치와 글을 남길 수 있었다. 하지만 레오나르도 다빈치가 다방면의 혁신가, 창조자였다고 볼 수는 없다. 레오나르도 다빈치는 단지 자기가 본 책들을 잘 정리한 노트를 만들었을 뿐이다.

사실 유명인이라는 이유로 다른 사람의 아이디어가 그 유명인의 아이디어인 것으로 오해되는 경우는 많이 있다. 갈릴레오 갈릴레이 피사의 사탑 이야기도 그런 유형의 이야기이다. 갈릴레오 갈릴레이는 운동 법칙을 발견한 대표적인 과학자이다. 갈릴레이의 유명한 에피소드로 피사의 사탑 실험이 있다. 피사의 사탑 위에서 무거운 물체와 가벼운 물체를 동시에 떨어뜨렸더니 똑같이 떨어졌다는 실험이다. 이때까지는 무거운 물체가 가벼운 물체보다 더 빨리 떨어진다는 아리스토텔레스의 말이 통용되었다. 갈릴레이는 그 상식을 피사의 사탑 실험으로 바꾸었다고 한다. 하지만 피사의 사탑 실험을 한 것은 갈릴레이가 아니었다. 갈릴레이의 지인이었던 빈센치오 레니에리가 실험을 했다. 1641년 레니에리는 나무와 납으로 만든 두 개의 공을 피사의 사탑 위에서 떨어뜨린 자신의 실험 이야기를 갈릴레이에게 편지를 써서 보냈다.

이미 6세기에 무거운 것이 가벼운 것보다 더 빨리 떨어진다는 아리스토텔레스의 주장은 사실이 아니라는 이야기가 나왔다. 또 1586년에 사몬 스테빈은 자기 집에서 무거운 납공과 가벼운 납공을 떨어뜨려 이것을 검증하는 실험을 이미 했었다.

이런 식으로 다른 사람의 공로가 유명인의 에피소드로 둔갑을 하곤 한다. 레오나르도 다빈치가 낙하산, 헬리콥터 등 시대를 앞서가는 기계들을 처음 구상하고 아이디어를 냈다는 것도 이런 식으로 오류가 있는 이야기라 할 수 있다.

또 지금은 레오나르도 다빈치가 위대한 예술가로 인정받지만, 사실 레오나르도 다빈치는 당대에는 예술가로서 크게 인정받지 못했다. 레오나르도 다빈치는 로렌초 데 메디치가 활동한 시기에 살았다. 로렌초 데 메디치는 피렌체에서 예술가들을 후원한 것으로 유명하다. 당시 유명한 예술가, 그리고 앞으로 가능성 있는 예술가들은 모두 로렌초의 후원을 받으며 예술 활동을 했다. 하지만 레오나르도 다빈치는 로렌초의 후원을 받지 못했다. 다빈치가 당시 가장 유명한 예술가 배출소인 베로키오 공방 출신이었음에도 후원을 받지 못했다. 로렌초는 레오나르도 다빈치가 전도유망한 예술가라고 생각하지 않았다.

그 근거는 있었다. 레오나르도 다빈치는 작품 완성을 잘 하지 못했다. 레오나르도 다빈치는 거의 모든 작품을 미완인 상태로 두었다. 다빈치의 가장 유명한 작품인 모나리자도 완성된 작품이 아니다. 앙기아리 전투, 동방박사의 경배, 성 안나와 성 모자, 최후의 만찬도 모두 미완성 작품이다. 당시는 화가가 자기 마음대로 그림을 그리고, 사람들이 그 그림을 구입하는 시스템이 아니었다. 화가가 다른 사람의 의뢰를 받아 그림을 그리기 시작했다. 의뢰한 사람은 그림이 완성되면 그림을 받는다. 하지만 레오나르도 다빈치는 그림을 제대로 완성하지 않았다. 원래 약속한 기한 내에 그림을 전달해주지도 못했다.

레오나르도 다빈치는 피렌체에서 후원자를 구하지 못하고 밀라노에서 후원자를 얻었다. 그래서 밀라노로 이주한다. 다빈치는 밀라노 스포르차 공작의 후원을 받는데, 이때 다빈치를 스포르차 공작에게 추천한 사람은 로렌초이다. 하지만 로렌초는 다빈치를 화가로 추천한 것이 아니었다. 신진 음악가로 추천했다. 신진 음악가로 추천될 정도이니 다빈치는 음악에도 조예가 깊었던 것은 분명하다. 그러나 공식적 직업이 화가였음에도 불구하고 미술 영역에서 제대로 인정받지 못했던 것도 또한 분명하다.

레오나르도 다빈치는 지금 세상에서 가장 비싸고 유명한 그림인 모나리자를 그린 사람이다. 모나리자를 그린 다빈치가 그 당시 그런 평가를 받은 것에 대해 그 시대 사람들의 안목이 부족했다고 생각할 수도 있다. 하지만 모나리자는 19세기까지 특별히 관심을 받았던 작품이 아니었다. 레오나르도 다빈치는 르네상스기의 예술가로 인정받았지만 최고의 화가는 아니었다. 또 모나리자도 별로 유명하지도 않았고 다른 르네상스 화가들 작품에 비해 값이 많이 나가지도 않았다.

모나리자가 유명하게 된 것은 20세기 들어서이다. 그런데 20세기부터 모나리자가 예술가들, 평론가들, 일반인들 사이에서 높은 예술성을 인정받게 되어 유명해진 것은 아니다. 1911년 8월 이탈리아 청년 페루지아가 프랑스 루브르 박물관에 보관되어있던 모나리자를 훔친다. 애국자 페루지아는 이탈리아 사람의 작품은 이탈리아에 보관되어야 한다고 주장했다. 페루지아는 이탈리아인 레오나르도 다빈치가 그린 모나리자가 프랑스에 전시되어있는 것을 참을 수 없었고, 그래서 모나리자를 훔쳐 이탈리아로 가져가려 했다.

이 도난 사건은 모나리자를 단숨에 화제작으로 만들었다. 프랑스 사람들은 모나리자를 절대 다른 나라로 보낼 수 없다고 떠들었고, 이탈리아 사람들은 모나리자가 자기 나라로 온다는 것에 열광했다. 하지만 프랑스는 모나리자가 이탈리아로 넘어가기 전에 되찾았고, 모나리자는 다시 루브르 박물관에 전시된다. 다시 도난당하지 않기 위해 주요 관리 작품이 되었고, 이후 모나리자는 세계인 모두의 관심을 받는 작품으로 떠오르게 된다. 모나리자의 미소는 신비한 미소가 되고, 이 유명한 모나리자를 그린 레오나르도 다빈치는 르네상스 최고의 화가로 떠오른다.

모나리자 작품의 신비, 아름다움에 대해서 많은 사람들이 이야기한다. 그런데 정말로 루브르 박물관의 모나리자를 보고 그 아름다움에 놀란 사람들, 감명을 받은 사람들은 얼마나 될까. 모나리자가 정말 위대한 작품이구나, 하고 느끼는 사람들은 얼마나 될까. 모나리자의 작품성을 칭송하는 이야기는 너무 많은데, 막상 모나리자를 직접 보고 감명받는 사람은 거의 없다. 모나리자는 원래 그 작품성 때문에 유명해진 것이 아니라 이슈로 유명해진 작품이기 때문이다.

18세기의 '뇌섹남', 카사노바

　　세계에서 가장 유명한 바람둥이의 대명사는 돈 주앙, 그리고 카사노바이다. 둘 다 여자를 많이 만난 바람둥이로 유명하지만, 돈 주앙과 카사노바의 이미지는 좀 다르다. 돈 주앙은 여자를 만난 다음 버리는 스타일이다. 그래서 돈 주앙과 관련된 여자는 상처를 입고 괴로워한다. 하지만 카사노바는 여자와 사랑을 나누고 서로가 헤어짐의 괴로움 없이 이별하는 이미지이다. 여자와 어떻게 헤어지느냐의 차이는 있지만 카사노바는 돈 주앙과 마찬가지로 세계적인 바람둥이이다. 그런데 이런 바람둥이 카사노바를 유럽에서는 쉽게 만날 수 있다.

　유럽 각지에는 카사노바의 이름을 딴 거리가 있다. 음식점 이름에도 카사노바가 있고, 미술관, 박물관에 카사노바 사진이 붙어있는 경우도 많다. 또 현재까지도 전 세계에는 수백 명의 카사노비스트들이 있다. 이들은 카사노바를 좋아하고 아끼며, 정식으로 카사노바를 연구하고 카사노바 삶의 자료를 수집하는 사람들이다. 카사노바는 18세기 사람이다. 죽은 지 이백 년이 넘었는데 아직까지 그 사람의 삶을 연구하는 사람들이 수백 명이 넘는다는 것은 놀라운 일이다. 그리고 전문학자 중에서도 카사노바를 연구하는 사람들이 많다. 왜 바람둥이가 유명한 것일까?

카사노바는 베네치아 출신이다. 십 대에 파두아에서 대학을 다녔고 10대 후반에 법학학위를 받았다. 어려서는 천재라고 불리던 소년이었다. 제일 처음에는 그 당시의 엘리트 코스에 따라 사제 지망생이 되었다. 성당에서 설교도 했었고, 로마에서 교황과도 만나던 사이였다. 그러다가 사제 생활을 그만두고 군인이 되었다. 베네치아의 해군 장교로 근무한다.

그러나 바로 그만둔다. 군복을 벗은 다음에는 직업 도박꾼이 되

지아코모 카사노바
지금은 세기의 바람둥이로 더 유명하지만, 그가 저술한 회고록은 18세기 유럽의 사회·풍속을 아는 데 귀중한 기록이 되었다. 사진 속의 책, 『History of my Life』는 카사노바가 자신의 연애를 기록한 것으로 1922년 런던에서 출간된 버전이다.

었다. 카지노에서 도박을 하면서 살아간다. 하지만 도박에서 모든 돈을 잃고 카페에서 바이올린 연주자로 생계를 유지했다.

카사노바는 바이올린도 잘 켰다. 그래서 극장 오케스트라 연주자가 된다. 카사노바가 바이올린 연주자였던 시절, 우연히 같은 곤돌라를 타고 있던 베네치아 상원의원이 쓰러졌다. 카사노바는 이 상원의원을 업고 집으로 데리고 갔다. 의사가 처방을 하는데 그것이 카사노바가 보기에는 엉터리였다. 그래서 카사노바가 직접 치료를 했고, 상원의원은 곧 회복했다. 그래서 카사노바는 상원의원의 주치의가 되었다. 카사노바는 점도 잘 쳤다. 서양에서 유명한 카발점을 잘 쳐서 상원의원과 그 주위 사람들에게 신용을 얻었다. 결국 이 상원의원은 자신의 목숨을 구해주고, 그 이후에도 유능한 모습을 보여주는 카사노바를 양자로 들인다. 베네치아 상원의원은 대귀족이다. 귀족의 양자가 되어 카사노바도 대귀족의 반열에 선다.

카사노바는 시체의 팔을 끊어서 친구를 놀려주다가 시체유기죄로 체포될 뻔했다. 결국 그는 베네치아에서 도망갔고, 1년 후 사면이 되어서 돌아왔다. 상원의원의 양자로 있으면서 도박을 하고, 양부의 지원을 받아 유한계급의 생활을 했다. 그러다가 위험한 마술사라는 죄목으로 종교재판소 감옥에 투옥되었다. 15개월의 감옥생활 끝에 탈옥에 성공했고, 빈털털이로 파리까지 도망갔다. 도둑, 사기, 구걸 등의 방법으로 파리까지 무사히 갈 수 있었다. 파리에서는 사관학교의 재정 문제를 해결할 수 있는 방법을 제시하여 이권을 얻었다. 파리에 빈털털이로 도착한 지 한 달 만에 재력가로 부활했다. 하지만 곧 파산을 하고 다른 나라로 떠나야 했다.

카사노바는 유럽 전역을 돌아다녔다. 베네치아, 로마, 나폴리로부터 시작해서 콘스탄티노플, 파리, 오스트리아, 폴란드, 영국, 모스크바까지 유럽 전역을 돌아다녔다. 베네치아에서 탈옥한 이후에 수배자가 된 다음에도 폴란드에서 추방 명령, 프랑스에서도 추방 명령을 받았고, 스페인 바르셀로나에서도 투옥된 적이 있었다. 이렇게 범죄자의 삶을 살았으면서도 카사노바는 어디를 가든 환영을 받았다. 아무도 아는 사람이 없는 도시에 가더라도, 한 달 이내에 그곳의 사교계에 얼굴을 내밀었고, 사교계에서는 언제나 인기인으로서 환영받았다. 많은 곳에서 카사노바는 미움을 받고 추방되고 투옥되기는 했었어도, 또 다른 곳에서는 카사노바를 환영하고 접대했다.

카사노바의 삶은 금전적으로 빈털털이가 되었다가 재력가로 부활하는 것의 연속이었다. 카사노바는 종업원 수십 명을 고용한 견직물 생산 공장을 소유하고 경영한 적도 있다. 또 프랑스에서 복권 사업을 처음 소개하고 시행한 것도 카사노바이다. 하지만 돈이 하나도 없어서 길거리에서 옷을 훔치기도 했고, 또 돈을 벌기 위해서 사기도 많이 쳤다. 수은에 납과 창연으로 혼합하여 수은의 양을 늘려서 팔기도 했다. 또 돈 많은 귀부인에게 젊음을 되찾아주겠다고 속여서 몇십만 프랑을 챙기기도 했다. 그렇게 사기를 치면서도 죄책감을 느끼지도 않았다. 상대방에게 즐거움을 주고 그 대가로 돈을 받았다는 논리였다.

그리고 카사노바는 책도 많이 저술했고, 번역도 했다. 2000여 편의 시를 썼고, 당시의 저명한 학자, 작가 등과도 직접 만나며 토론하고 했다. 볼테르와도 3일간 토론을 벌였고, 루소 등과도 교류가 있었다. 번역서, 소설, 희곡집 등 40권이 넘는 책을 출간했다. 또 유럽에서 최초의 연예 잡지를 발간한 것이 바로 카사노바였다. 또 요리책을 처음으로 발간한 사람도 카사노바이다.

카사노바가 특히 유명한 분야는 이탈리아 요리계이다. 이탈리아에서는 카사노바 이후 요리가 정립되었다고 보는 사람들이 많다. 일단 요리는 요리사들 사이에서 도제식으로 기술을 전수한다. 자기가 전수받은 요리기법, 그리고 자기가 개발한 레시피 등은 비밀이다. 그런데 카사노바는 자기가 개발한 요리 레시피를 정리한 요리책을 발간했다. 카사노바의 요리책 이후 이탈리아에서 본격적으로 레시피가 개발되고 정리된다.

물론 카사노바는 바람둥이였다. 계속 여자를 만나면서 책도 쓰고 요리도 개발하고, 사기도 치고, 사업도 하고 그랬다. 사실 다른 모든 행동을 한 이유가 바로 여자 때문이었다. 여자를 즐겁게 해주기 위해서 요리를 개발했다. 여자에게 들려주기 위해서 시를 썼고, 여자를 즐겁게 해주기 위해 악기를 연주했다. 사실 카사노바의 사업이 모두 망한 것도 여자들 때문이었다. 자기가 번 돈을 모두 여자들 선물을 사주는 데 써버렸기 때문에 아무리 돈을 많이 벌어도 결국 파산을 했다.

이런 삶을 살면서도 카사노바는 유럽 신비주의 단체인 프리메이슨의 회원이었다. 단순한 회원도 아니고 마스터였다.

이렇게 젊어서는 전 유럽을 무대로 방랑을 한 카사노바도 결국 나이가 든다. 노인이 돼서는 독일의 한 성에 몸을 의탁해서 그 성 손님들의 이야기 상대가 된다. 이때 카사노바는 자기 자서전을 쓰기 시작했다. 카사노바는 65세부터 회고록 집필을 시작했는데, 십 년이 걸려서도 다 완성하지 못하고 죽었다. 50살까지의 인생밖에 서술하지 못하고 자서전을 미완으로 남겼다. 그런데 이렇게 십 년을 썼음에도 50살까지의 삶밖에 못 쓴 이유는 게으름을 피워서가 아니었다. 워낙 자세히 쓰다 보니 그렇게 된 것이었다. 십 년 동안 50살까지 쓴 자서전 분량이 18권이었다. 언제 누구를 만나고 그 사람과 만나서 무엇을 하고 어떤 대화를 했으며, 같이 먹은 음식이 무엇이고 맛은 어땠고 등등을 모두 기록했다. 자기 삶의 모든 부분을 너무 세밀히 서술했기 때문에 십 년 동안 18권이나 썼는데도 50세까지밖에 쓸 수 없었다.

카사노바가 죽은 후 이 완결되지 못한 자서전이 공개가 된다. 하지만 카사노바 자서전의 모든 내용이 인기를 끌었던 것은 아니다. 카사노바가 젊을 때 여자와의 염문 이야기를 집중적으로 쓴 부분들이 인기가 있었고 유명해졌다. 그래서 편집자들은 카사노바 자서전 중에서 이 여자와의 이야기 부분만 추려내서 책을 편집했고, 바람둥이 카사노바라는 이미지가 만들어진다.

카사노바의 회고록은 프랑스 갈리마르 출판사의 플레이야드 총서에 속해 있다. 플레이야드 총서는 문학사적으로 중요하다고 인정되는 작가들의 전집이다. 카사노바 자서전 출간 이후 많은 학자들이 이 이야기가 사실인지 허풍인지를 조사했다. 카사노바가 졸업했다는 대학, 사업 등이 정말 진짜인지 아닌지 검증을 했다. 그런데 검증될 수 있는 것들은 대부분 사실이었다. 연도가 조금 틀린 경우가 있었지만, 그것은 나이 들어 자료 없이 자서전을 쓰는 경우 일반적으로 있는 오류였다. 그래서 카사노바의 회고록은 18세기 유럽 사회의 생활상을 잘 묘사한 것으로 그 가치를 인정받는다. 18세기 유럽 사회의 세세한 부분들을 카사노바처럼 잘 서술한 글은 거의 없다. 그리고 카사노바는 왕, 귀족, 부유층만이 아니라 창녀, 도박꾼, 노동자 등 사회 하층 사람들과도 계속 만나고 다녔다. 그래서 18세기 유럽 사회를 연구하는 사람들에게 카사노바 자서전은 좋은 참고 자료가 된다.

카사노바 자서전에는 자기와 관계가 있었던 여자 수백 명이 나온다. 카사노바가 바람둥이인 것은 맞다. 하지만 카사노바는 단순히 바람둥이라고 하기에는 삶이 무척이나 다이내믹했다. 특히 요리 부분, 저술가 부분에서 카사노바는 유럽에 큰 기여를 한 사람으로 인정된다. 그래서 지금도 카사노바를 추종하는 카사노비스트들이 수백 명이 존재한다.

다윈보다 먼저
진화론을 발견한
사람이 있었다

1858년 7월 1일 영국에서 린네 학회가 개최되었다. 이때 다윈은 진화론에 대한 자신의 이론을 발표한다. 진화론이 처음 세상에 나오는 순간이다. 19세기에 사회에 가장 영향을 미친 과학자 3인으로는 보통 자본론을 쓴 칼 마르크스, 무의식을 발견한 프로이트, 그리고 진화론을 발견한 다윈을 꼽는다. 이런 이야기가 아니더라도 진화론이 우리 사회에 미친 영향은 대단했다. 인간이 신의 산물이 아니라 일반 동물과 같은 존재라는 것이 알려지고, 인간에 대한 인식과 이해는 엄청난 변화를 겪게 된다.

다윈이 진화론을 생각하게 된 계기는 1831년 22세 때 비글호를 타고 세계를 돈 이후이다. 비글호를 타고 세계를 돌면서 지역마다 동식물들이 다르다는 것을 직접 대하면서 이렇게 동식물들이 서로 다른 이유를 생각한다. 특히 갈라파고스 제도는 섬에 따라서 동물들이 조금씩 차이가 났다. 이렇게 같은 제도 내에서도 섬마다 동물들이 차이를 보이는 이유를 탐구하다가 환경에 적응하는 과정에서 생물들이 변화하게 된다는 진화론을 발견한다. 지금 다윈은 진화론 창시자로서, 세상 누구나 다 알고 있는 유명인이다.

그런데 1858년 다윈이 진화론을 발표하는 과정을 보면 다른 사람들이 개입한다. 다윈은 자기 혼자서 진화론 논문을 발표하려고 생각하고 논문을 발표한 것이 아니다. 다윈이 논문을 발표하게 된 계기는 월리스로부터 진화론에 대한 논문을 받았기 때문이다.

월리스는 당시 생물 표본을 만들어서 팔던 소위 프리랜서였다. 월리스는 처음에는 영국에서 딱정벌레를 수집하고 정리하기 시작했다. 그러다가 딱정벌레와 곤충이 풍부한 아마존 우림 지역으로 여행을 떠난다. 아마존 숲에 6년 동안 머물면서 새로운 나비 등을 수집했다. 이때 월리스가 새로 발견한 나비만도 550종이 넘었다. 1854년에는 인도네시아 말레이 군도 지역으로 떠났다. 여기에서는

(좌) 찰스 다윈 (우) 알프레드 월리스

8년 동안 동식물을 수집하면서 보냈다. 월리스가 영국에 보낸 표본들은 모두 12만 점이 넘었다. 딱정벌레만 8만 점이 넘었고, 나비는 1만 점이 넘었다. 포유류, 파충류, 조류 등 아마존과 말레이 반도 열대 지역에서 발견되는 모든 생물들을 채집하고 정리, 분류했다.

그렇게 새로운 생물들을 채집하던 1858년 2월, 당시 월리스는 테르나테 섬에 있었다. 병에 걸려 고생하는 와중에 생물들이 서로 다른 이유를 발견하게 된다. 소위 적자생존 -환경에 적응하기 위해 생물은 변화하고, 이 변화에 적응한 생물이 살아남게 된다- 개념이 떠오른다. 월리스는 이 생각을 논문으로 쓴다. 보통 학자들은 이렇게 논문을 쓰면 학회에 보낸다. 학회는 그 논문을 평가해서 학회지에 싣는다. 하지만 월리스는 그 논문을 학회에 보내지 않고 다윈에게 보낸다. 당시 다윈은 영국에서 유명한 생물학자였다. 이에 반해 월리스는 학문의 세계에서는 초보자이고 아마추어였다. 자신의 생각이 전문가들 사이에서 어떻게 평가될지 알 수 없었고, 그래서 다윈에게 먼저 원고를 보낸다. 그 원고는 3월 9일 테르나테 섬을 출발했다.

여기서부터 일반적으로 알려져 있는 이야기는 이렇다. 다윈은 그 논문을 받고 깜짝 놀란다. 그동안 자기가 연구하고 생각해왔던 진화론 개념이 월리스 논문에 그대로 적혀 있었던 것이다. 다윈은 진화론 개념을 이미 알고 있었지만 아직 논문으로 발표하지는 않은 상태였다. 월리스의 이름으로 이 논문이 발표되면 진화론의 개창자는 월리스가 될 것이다.

다윈은 그 논문을 동료인 라이엘과 후커에게 보여주고 학술지에 싣자고 했다. 하지만 라이엘과 후커는 다윈에게 타협안을 제시했다.

(좌) 찰스 라이엘 (우) 조지프 후커

다윈은 그동안 생물이 변화하는 원인이 무엇인지를 계속 탐구해왔다. 그리고 다윈은 이전에 진화론이라는 결론에 도달했지만 아직 정식으로 발표는 하지 않았다. 지금 월리스도 같은 결론을 내고 논문을 보내왔지만 다윈에게도 이 이론에 대한 권리가 있으니 학회에서 같이 발표하는 것으로 했다.

그래서 1858년 7월 1일 린네 학회에서는 먼저 다윈의 논문이 발표되고 그 다음에 월리스의 논문이 발표되었다. 다윈의 논문이 먼저 발표된 것은 다윈이 먼저 이 진화론 개념을 생각했다는 이유였다. 이렇게 해서 진화론을 처음 생각한 사람은 다윈으로 알려진다.

그런데 이렇게 다윈이 월리스의 원고를 받고 난 다음에 먼저 발표하는 것은 정당한 일일까? 아무리 자기가 그런 생각을 먼저 했다고 해도 월리스의 원고를 보고 난 다음에 같은 주제로 발표하는 것은 학계에서 어떤 평가를 받을까? 지금 현대에서도 이런 행동은 금기이다. 자기에게 논문을 검토해 달라고 했는데, 그 논문을 보고 자기가 그 주제로 논문을 쓰는 것은 표절이다. 자기도 이전부터 그런 생각을 했었다고 해도 마찬가지이다. 학계에서는 먼저 글을 쓴 사람이 우선권을 가지는 것이지, 그런 생각을 먼저 한 사람이 우선권을 가지는 것이 아니다.

전화를 처음 발명한 사람은 벨로 알려져 있다. 그런데 정말로 벨이 처음 전화를 만들었느냐 하면 그렇지 않다. 벨보다 더 빨리 전화를 발명한 사람이 있다. 하지만 벨이 특허 신청을 더 빨리 했다. 특허권은 먼저 특허를 신청한 사람에게 주도록 되어있지, 먼저 생각한 사람에게 주는 것이 아니다.

그리고 다윈, 라이엘, 후커 등은 월리스의 원고를 다윈의 글과 같이 학회에서 발표하는 것에 대해 월리스와 논의하지 않았다. 월리스의 원고를 받은 이후 모든 과정은 월리스 모르게 진행되었다. 월리스는 어느 날 아침 자신의 논문이 린네 학회에서 발표되었고, 그리고 다윈이 같은 주제로 자기보다 먼저 논문을 발표했다는 말을 들었을 뿐이다.

월리스가 문제를 제기하면 큰 스캔들이 될 수 있는 사건이었다. 하지만 월리스는 아무런 이의를 제기하지 않았다. 유명한 학자인 다윈이 자신의 생각을 인정하고, 진화론이 학회에서 받아들여졌다는 것에 오히려 감사해했다. 그래서 이 에피소드는 과학계에서 아름다운 미담으로 알려져 있다. 서로 누가 먼저 이론을 발견했는가, 누가 이론에 대한 우선권이 있는가를 가지고 항상 다투는 과학계에서 아무런 이의 없이 다른 사람의 우선권을 인정하는 일은 흔치않은 일이기 때문이다.

그런데 진짜 의혹은 여기에서 시작된다. 다윈이 진화론을 발견했다는 것은 다윈이 월리스의 논문을 받기 전에 자신도 그와 똑같은 생각을 했다는 전제하에 그래도 인정될 수 있는 것이다. 원래 학계에서는 다른 사람이 논문을 발표하기 전에 자기가 먼저 생각했다는 것으로는 우선권이 인정되지 않는다. 하지만 다윈과 윌리스는 특별한 케이스이니 진화론에서는 자기가 먼저 생각했다고 하는 다윈의 우선권을 인정했다. 그런데 만약 다윈이 진화론을 먼저 생각한 것이 아니라면 어떻게 될까? 윌리스의 논문을 읽고 진화론의 핵심 개념을 알게 된 것이라면 어떻게 될까? 윌리스의 논문을 읽고 난 다음에 다윈이 자기도 그것과 똑같은 생각을 했었다고 주장한 것이라면 어떻게 될까?

다윈이 평생 동안 모든 생물이 서로 다른 이유를 연구한 것은 맞다. 비글호 항해, 갈라파고스 섬 조사 등으로 동물들이 조금씩 다르다는 것을 일찍부터 알아낸 것도 맞다. 그런데 모든 동물들이 조금씩 다르다는 것은 이미 다 알려져 있었다. 중요한 것은 '왜 다르냐, 왜 변화하느냐'였다. 라마르크는 용불용설을 주장했다. 기린이 높은 가지에 있는 잎사귀를 먹으려 노력하면 목이 더 길어진다는 논리였다. 하지만 노력을 해서 얻어진 특징은 후세에 전달되지 않는다. 라마르크 이론에 의해서는 한 개체가 변하는 이유는 알 수 있었지만 한 종이 변하는 이유는 알 수 없었다. 그런데 라마르크 이론은 1809년에 발표된 것이다. 진화론이 발표된 것이 1858년이니, 종이 변화하는 이유가 무엇인지를 탐구한 지 이미 50년이 되었다. 이렇게 오랜 기간 동안 여러 학자들이 종이 변화하는 이유가 무엇인지 매달렸지만 아직 알지 못한 것이었다. 진화론의 핵심은 '생물이 변한다'는 것이 아니라 '환경에 적응하기 위해서 변한다'이다. 윌리스는 이 이야기를 논문에 써서 보낸 것이고, 다윈은 이 논문을 받은 후에 자기도 같은 생각을 했다고 한 것이다. 그런데 정말 다윈은 먼저 진화론을 생각한 것일까, 아니면 윌리스의 논문을 받고 진화론 개념을 알게 된 것일까?

다윈이 윌리스의 논문을 보기 전에 자기도 진화론을 생각했다는 근거는 6월 8일, 다윈이 다른 사람에게 적자생존의 개념을 발견했다고 적어 보낸 편지다. 다윈은 6월 8일 이후 분명히 적자생존에 대해 알았다. 그러면 윌리스의 논문은 언제 받았을까? 윌리스는 3월 9일 논문을 보냈다. 그리고 다윈은 6월 18일에 그 논문을 받았다고 했다. 윌리스의 논문을 받기 전인 6월 8일에 적자생존에 대한 편지를 썼으므로 자기도 권리가 있다고 했다. 그런데 정말로 다윈은 윌리스의 논문을 받기 전에 그 편지를 쓴 것일까? 윌리스의 논문을 그 전에 받고서 6월 8일에 편지를 썼을 가능성은 없을까?

그래서 다윈과 윌리스 이야기에서는 다윈이 윌리스의 편지를 언제 받았는지가 중요하다. 그 당시 우편 체계에서 테르나테 섬에서 영국까지는 두 달이면 충분했다. 늦어도 5월 말이면 도착했을 편지를 다윈은 세 달이 넘게 걸려 받았다고 했다. 윌리스는 다윈에게 편지를 보낸 날 영국 레스터에 사는 친구에게도 편지를 보냈다. 이 편지는 6월 3일 도착했다.

물론 윌리스가 다윈에게 보낸 편지만 유독 늦어졌을 수는 있다. 그런데 다윈은 자신의 모든 편지들 중에서 윌리스에게 받은 편지봉투만 잃어버렸다. 편지봉투에는 영국 우체국의 소인이 찍혀 있어 언제 배달되었는지를 알 수 있다. 다윈은 평생 동안 주고받은 편지들을 거의 완벽하게 정리했는데, 월리스와 주고받은 편지의 봉투만 사라졌다.

진화론을 발견한 것은 다윈인가 월리스인가. 월리스의 편지봉투가 사라진 현재 정확한 것은 알 수 없다. 하지만 학계의 원칙으로 볼 때는 논문을 먼저 쓴 월리스에게 우선권이 있는 것이 맞다. 다른 사람의 논문을 받고 읽은 후에 자기도 발표하기로 했다는 것은 최소한 학계에서는 인정될 수 없는 이야기이다.

음악의 신동 모차르트는
생계형 작곡가였다?

모차르트는 1756년에 태어나 1791년에 죽었다. 1891년에는 모차르트 사후 100주년을 기념하는 각종 행사가 오스트리아 잘츠부르크와 빈에서 열렸다. 잘츠부르크는 모차르트의 고향이고 빈은 모차르트가 계속 활동한 곳이다.

하지만 잘츠부르크, 특히 빈에서 모차르트를 기리는 행사를 하는 것에 대해 비판적인 말도 많았다. 모차르트는 오스트리아 사람이고 계속 오스트리아에서 활동했다. 하지만 당시 오스트리아는 모차르트를 제대로 대접하지 않았다. 인류에 많은 기여를 한 모차르트를 알아보지 못하고 푸대접을 했다.

모차르트는 가난하게 살다 죽었다. 그리고 죽은 다음에는 공동묘지에 묻혔다. 묘비도 세우지 않았기 때문에 나중에 모차르트가 공동묘지 중 어디에 묻혔는지 찾을 수도 없었다.

빈은 살아생전에 모차르트를 잘 대우했어야 했다. 이 위대한 음악가를 가난 속에 살게 하고, 또 공동묘지에 묻히게 해서는 안 되었다. 위대한 음악가를 이런 식으로 대우한 빈은 예술가를 알아보지 못한 것이다. 그리고 모차르트 살아생전에 이렇게 모차르트를 부당하게 대우한 빈, 그리고 잘츠부르크가 이제야 모차르트를 기리고 기념행사를 하는 것은 문제라는 비판들이 있다.

모차르트는 가난하게 살다 죽었다고 한다. 그런데 모차르트가 가난했다는 근거는 무엇일까? 모차르트가 가난했다는 이야기가 나온 것은 모차르트가 남긴 편지 때문이다. 모차르트가 남긴 많은 편지가 아직까지 남아있다. 그런데 모차르트의 편지를 보면 항상 돈이 없어서 고생이라는 이야기가 나온다. 돈이 부족하다, 돈이 없다는 이야기가 계속 나오고 돈을 빌려 달라, 돈을 보내달라는 이야기도 나온다. 땔감이 없어서 땔감 살 돈을 보내달라는 말까지 모차르트 편지

모차르트 추모비
모차르트는 당시에 공동묘지에 묻혔는데, 지금은 정확히 어디에 묻혔는지 알 수가 없다. 그래서 묘지를 대신해 기념비를 세웠다.

에 나오니 모차르트의 생활이 정말 어려웠던 것으로 판단된다.

그런데 모차르트는 정말로 가난했던 것일까? 모차르트는 빈에서 살았다. 빈은 오스트리아의 수도이고 가장 번화한 도시이다. 빈 한 가운데에는 링이라는 구역이 있다. 지금 빈에는 링을 따라 전차가 다니는데, 이 전차를 타면 빈의 중심가를 한 바퀴 돌 수 있다. 서울의 2호선 지하철과 마찬가지이다. 2호선을 타면 서울을 한 바퀴 돌수 있고, 이 2호선 연결 지역과 그 내부 지역이 서울의 중심지이다. 빈도 마찬가지이다. 링 내부가 최고의 번화가이고 중심지이다.

모차르트는 계속해서 빈에서 살았는데, 빈 중에서도 어디에 살았나 하면 이 링 지역에서 살았다. 오스트리아의 수도에서, 그리고 수도 중에서도 가장 번화한 지역에서 살았다. 이 링 지역은 집값이 비싸다. 그 집값, 임대료가 비싸기 때문에 지금도 링 지역에서 산다고 하면 부자라는 말을 듣는다. 그런데 모차르트가 바로 이 링 지역에서 살았다.

한국에서 대표적인 부자 동네 지역은 서울 강남 아파트 지역이다. 이 동네에 살면서 항상 돈이 없다고 말하는 사람이 있다면 어떨까? 본인은 정말 돈이 없을 수 있다. 당장 쓸 현금이 없어서 돈이 없다고 말하는 것이다. 하지만 강남 아파트에 살면서 지금 현금이 없다고 해도 이 사람이 가난뱅이인 것은 아니다. 진짜 가난뱅이면 강남 아파트에서 살 수가 없다. 강남 아파트에 살기 위해서는 기본적으로 사용되는 주거비가 있는데, 어찌 되었든 이 주거비를 감당할 수 있기 때문에 계속 강남 아파트에 살고 있는 것이다. 이 사람이 항상 돈이 없다고 말을 한다고 해서 이 사람이 가난뱅이라고 할 수는 없다.

모차르트는 항상 돈이 없다는 편지를 썼다. 하지만 주거지역은 언제나 빈의 링 지역이었다. 모차르트는 정말로 가난했던 것이 아니다. 서울 강남 아파트에 살 정도로 수입이 많고 돈이 있었다. 모차르트는 그 당시에도 유명한 음악가였다. 작곡 의뢰가 끊임없이 들어왔다. 모차르트는 프로였다. 그냥 취미로, 돈이 되지 않는데 혼자 좋아서 음악을 작곡한 것이 아니다. 의뢰를 받아서 작곡을 했고, 그 대가로 돈을 받았다. 모차르트는 엄청난 양의 작곡을 했다. 626곡이 넘는 음악을 작곡했다. 어려서 한 작곡은 돈을 받지 않고 한 것이겠지만, 음악가로 정착한 20대 이후에는 모두 돈을 받고 작곡한 것이다. 모차르트의 수익은 적지 않았다. 모차르트는 지금 가치로 연봉 2~3억 원 이상의 높은 수입을 얻는 음악가였다. 이렇게 높은 수익이 있었기 때문에 빈의 링 지역에서 살 수 있었다.

문제는 모차르트가 낭비벽이 있었다는 점이다. 수입도 많았지만 그만큼 많은 돈을 썼다. 그래서 평소에 돈이 부족했던 것이다. 모차르트는 항상 돈을 더 원했다. 자기의 생활을 유지하고 계속 사치, 낭비를 하기 위해서는 많은 돈이 필요했기 때문이다. 모차르트가 돈이 없었던 것은 맞지만 그렇다고 모차르트가 가난했다고 할 수는 없다. 최소한 그 당시 빈이 음악가 모차르트를 인정하지 않고 무시했기 때문에 모차르트가 돈이 없었던 것은 아니었다.

그러나 모차르트가 낭비벽 때문에 많은 돈을 낭비했다고 해도, 그것을 비난할 수는 없다. 모차르트가 그렇게 많은 음악을 작곡할 수 있었던 것이 바로 이 낭비벽이었기 때문이다.

지금의 작곡가는 자기가 작곡한 음악이 연주될 때마다 돈을 받는다. TV, 라디오, 백화점, 노래방 등에서 음악이 나오면 그때마다 일정 금액을 받는다. 그래서 자기 음악이 많이 연주되면 그만큼 수입도 많아진다. 한두 곡만 작곡하더라도 그 음악이 히트를 치면 큰돈을 벌 수 있다.

하지만 모차르트 같은 당시의 작곡가는 그렇지 않았다. 자기가 작곡한 원고를 넘겨주면 돈을 받는 것이었지, 자기가 작곡한 음악이 연주될 때마다 돈을 받는 시스템은 아니었다. 그래서 돈을 더 벌기 위해서는 더 작곡을 해야 했다. 설사 음악이 연주될 때마다 돈을 번다고 해도 당시에는 음반이 없고 방송이 없었다. 한 곡이 많이 연주되기는 힘들기 때문에 연주할 때 나오는 저작권료는 많을 수 없었다.

모차르트는 항상 돈이 필요했다. 그래서 작곡 의뢰가 들어오는 대로 모두 다 하겠다고 했다. 작곡을 하기 위해서는 시간이 필요하다. 다른 작곡가라면 지금 작곡하고 있는 음악이 몇 개 있으면 의뢰를 거절한다. 시간이 없어서 일정을 맞출 수 없기 때문이다. 하지만 모차르트는 모든 의뢰를 다 받아들였다. 돈이 필요했기 때문에 돈을 준다는 작곡 의뢰를 다 받아들였다. 그 덕분에 모차르트는 항상 일이 넘쳤다. 엄청난 작곡을 해야 했다. 쉬는 시간 없이 작곡을 했다. 계속 작곡을 하다가 나가서 신나게 놀고 마시면서 낭비, 사치를 하고, 그리고 다시 들어와 열심히 작곡을 하는 생활이었다.

얼마나 열심히 작곡을 했는지 모차르트는 이십 대 말에 손이 기형이 되었다. 계속 손으로 악보를 쓰다 보니 젊은 나이에 손이 기형이 된 것이다. 그렇게 열심히 작곡을 했기 때문에 모차르트는 서른다섯에 죽었음에도 불구하고 626곡이라는 엄청난 양의 작품을 남긴다. 이 엄청난 양의 악보는 모차르트가 계속 악상이 떠오르는 천재였기 때문에 만들어진 것만은 아니다. 모차르트가 계속 악상이 떠오르는 천재인 것은 맞지만, 그래도 돈 때문에 계약한 작곡 기한을 지켜야 한다는 압박이 없었다면 그렇게 많은 양의 작곡이 나오지는 않았을 것이다.

모차르트는 서른다섯에 죽었고, 빈의 공동묘지에 묻혔다. 그런데 당시 공동묘지는 가난뱅이가 묻히는 곳이 아니었다. 서양에서 죽은 다음에 묻히는 곳은 두 군데이다. 성당 등의 지하묘지에 묻히는 것이 있고 공동묘지에 묻히는 것이 있다. 성당 등 지하묘지에 묻히는 것은 귀족들만 가능했다. 일반 평민은 모두 공동묘지에 묻혔다. 그 당시는 신분사회였다. 돈이 많으면 좋은 묘지에 묻히고 돈이 없으면 나쁜 묘지에 묻히는 것이 아니다. 귀족은 좋은 묘지에 묻히는 것이고 평민은 일반 공동묘지에 묻히는 것이었다. 모차르트는 유명 음악가이기는 했지만 성당 등에 묻힐 만한 귀족은 아니었다.

모차르트는 돈이 없었고 공동묘지에 묻힌 것은 맞다. 하지만 이것이 모차르트가 가난하고 사회에서 냉대를 받았기 때문은 아니다. 고흐처럼 유명 예술인이 당대에 인정을 받지 못한 경우가 많기는 하지만, 모차르트는 그런 경우는 아니었다. 모차르트는 충분히 당대의 유명 음악인으로서 인정을 받고 있었다.

역사의 가공과 뒤틀림을
아는 것이 주는 재미

오늘날 세계는 점점 나아지고 있을까 나빠지고 있을까? 아프리카에는 2억 명이 넘는 사람들이 굶주리고 있고, 계속되는 테러로 많은 사람이 생명을 잃고 있다. 엽기적인 살인사건도 늘어나고 지구 온난화, 자원 고갈 등의 문제도 심각하다. 세계 경제는 계속 불황이고, 실업자는 증가한다. 이 세상은 좋아지고 있는 걸까 나빠지고 있는 걸까?

세상이 좋아지는지 나빠지는지는 사실 잘 모르겠다. 그런데 이 세상에 얼마나 많은 문제가 있는지 말하는 주장에서 뭔가가 빠져 있다는 것은 분명하다. 지금 세계는 지구 온난화, 기후변화로 고통받는다. 지구 온난화의 주요 원인으로 꼽히는 것은 산업시설에서 내뿜는 이산화탄소이다. 석유나 석탄 등을 사용할 때 이산화탄소가 배출되는데, 이 이산화탄소가 온실효과를 일으켜 지구의 온난화를 가속한다. 그래서 지구 온난화를 방지하기 위해서는 이산화탄소 배출을 감소시켜야 한다고 주장한다. 태양광 발전 사업이 촉망받는 이유도, 전기자동차 사용을 촉진하는 이유도 이산화탄소 배출 문제와 관련이 있다.

지구 온난화를 이야기하면서 지구 온도에 대한 그래프를 보여준다. 지구 온도 그래프를 보면 분명히 현대에 들어서 온도가 올라가고 있다. 그런데 재미있는 것은, 20세기 이후 현대의 지구 온도 그래프를 보여줄 때 1940년에서 1970년은 빼고 보여준다. 보통은 1970년 이후의 온도 그래프만 보여준다.

그 이유는 분명하다. 1940년에서 1970년경까지 지구 온도는 낮아졌다. 이때는 제2차 세계대전을 치르느라 탱크, 비행기, 전함 등에서 엄청난 양의 석유를 소비했다. 그리고 전쟁이 끝난 후 서양사회를 재건하면서 많은 에너지가 소비되었다. 석유, 석탄이 이전보다 훨씬 더 많이 소비되었으니, 이산화탄소가 온난화의 원인이라면 이때 지구 온도가 더 상승했어야 했다. 하지만 이때 지구 온도는 오히려 하강했다. 1970년대에는 지구 온난화가 아니라 지구에 빙하기가 온다고 걱정했었다.

이산화탄소 배출량이 계속 증가했는데도 1940년에서 1970년 사이에 지구 평균 온도가 하강했다는 그래프를 보여주면 석유, 석탄 등 이산화탄소로 인해 지구 온난화가 온다는 이야기는 의심받게 된다. 그래서 20세기 온난화 그래프에 이 기간은 포함하지 않는다. 아니면 아예 몇백 년 동안의 온도 변화 그래프를 보여준다. 몇백 년 동안의 온도변화 그래프에서는 1940년에서 1970년까지의 온도변화가 잘 표시되지 않고, 19세기 말부터 온도가 오르는 전체적 모양만 드러난다. 이산화탄소 배출로 지구 온난화가 왔다는 것을 주장하는 사람들은 1940년에서 1970년까지의 이야기는 말하지 않는다.

또 현대 문명에서 자원고갈도 문제시된다. 석유, 석탄, 천연가스 등 주요 자원은 매장량이 한정되어있다. 그런데 지금 세계는 그 자원들을 별로 아끼지 않고 맘대로 채굴해서 사용하고 있다. 이대로 가면 석유, 석탄 등은 가까운 시간 내에 고갈될 수밖에 없다. 자원이 고갈되면 현대 문명은 위기를 맞는다.

자원은 매장량에 분명히 한계가 있다. 남아있는 자원의 매장량과 일 년 동안의 사용량을 계산하면 앞으로 몇 년 동안 채굴할 수 있는지 알 수 있다. 채굴 가능 연수는 석유가 약 30년, 천연가스 약 50년, 우라늄 약 50년, 구리, 납 등은 약 20년으로 알려져 있다. 그 기간은 자연자원을 채굴해서 사용할 수 있지만, 이후에는 고갈된다고 본다.

그런데 이런 자원고갈과 채굴 가능 연수와 관련해서 말하지 않는 것이 있다. 그것은 바로 자원의 매장량이 어느 정도인지 아는 사람이 아무도 없다는 사실이다. 자원의 연간 채굴량, 소비량은 알 수 있다. 하지만 자원의 매장량이 얼마나 되는지 모른다. 채굴 가능 연수는 자원의 확인 매장량을 연간 생산량으로 나누어 계산하는데, 정확한 매장량을 모르니 채굴 가능 연수도 정확하게 알 수 없는 것이다.

매장량은 어떻게 계산되나? 산유국이 자기 나라에서 앞으로 어느 정도 매장량이 있는지를 UN 등 관련 협회에 이야기한다. 그런데

이 신고 수치가 어떻게 나오는지, 근거가 있는지에 대해서는 검증하지 않는다. 산유국은 자기 마음대로 이 수치를 신고할 수 있다. 협회는 모든 국가에서 매장량 추정치를 받아 합계를 내서 전 세계의 매장량 추정치를 발표한다. 각 국가가 별다른 근거 없이 그냥 말한 것을 합한 것이니, 세계 매장량 추정치는 더 믿을 수 없다.

석유 자원은 1970년대부터 채굴 가능 연수가 30년 정도밖에 남지 않았다고 했는데, 그 후 40년이 지난 현재도 여전히 석유의 채굴 가능 연수는 30년 정도다. 매장량 정보 자체가 엉터리기 때문에 채굴 가능 연수도 엉터리가 될 수밖에 없다. 하지만 자원고갈, 채굴 가능 연수 등을 주장하는 사람들은 매장량 집계 방식이 얼마나 신뢰할 수 있는지에 대해서는 잘 이야기하지 않는다.

무분별한 산업화로 지구 생물의 종들이 급속히 감소하고 있다는 이야기도 있다. 지구 환경이 악화되면서 많은 생물이 멸종하고 있고, 지구 생명의 다양성이 훼손되고 있다는 주장이다. 그런데 지구 생물 종이 증가하는지 감소하는지를 알기 위해서는 먼저 지구 생물 종이 얼마나 있는지를 파악해야 한다. 하지만 지금 우리는 지구의 생물이 몇 종이나 되는지 정확하게 파악하지 못하고 있다. 파충류, 포유류와 같이 큰 생물들은 얼마나 있는지 파악하고 있지만, 생물 대다수를 차지하고 있는 세균, 곤충 등은 얼마나 있는지 모른다. 생물 종의 전체 수를 알지 못하는데 생물 수가 감소한다고 주장하는 것은 정말 말도 안 된다. 하지만 생물 다양성이 감소한다고 주장하는 사람들은 이렇게 전체 생물 수를 알지 못하고 있다는 점은 이야기하지 않는다.

지금도 2억 명이 넘는 사람이 굶주리고 있는 것은 맞다. 하지만 이 굶주리는 사람 숫자는 계속 감소했다. 몇십 년 전에는 굶주리고 있는 사람이 10억 명이 넘었다. 그것이 이제는 2억 명 내외로 감소했다. 지금도 굶주리는 사람이 많기는 하지만 이것은 나빠진 것이 아니라 나아지고 있다. 사실 지구의 식량 생산량을 고려하면 전 세계에서 굶어 죽는 사람은 없어야 한다. 지금 농업 생산량은 지구 전체 인구가 먹고 살 수 있는 양보다 더 많다. 사람이 배불리 먹고도 남아돌기 때문에 소, 돼지, 닭 등에 줄 사료 만들기에 많은 농업 자원이 사용되고 있다. 지금 굶주리고 있는 사람들은 식량 문제 때문이 아니다. 세계적으로 식량은 남아돈다. 아프리카의 굶주림은 그 국가의 무능한 정치인 때문인 경우가 대부분이다. 세계와 아프리카 전체가 나빠지고 있는 것은 아니다.

세계에서 테러, 엽기적인 살인 등으로 사망률이 높아지는 것 같지만, 실제 살인 등으로 인한 사망률은 감소하고 있다. 전쟁으로 인한 사망률도 감소했다. 물론 단순히 전쟁으로 인한 사망률이 감소했다고 해서 더 나은 세상이 되었다고 결론 내리기는 힘들다. 지금은 무기가 워낙 발달해서 전쟁을 잘 하지 않는 것이다. 이전과는 달리 지금은 전쟁을 하면 그 피해가 어마어마하기 때문에 전쟁을 잘 벌이지 않는 것이지, 살기 좋고 평화로운 국제관계가 형성되었기 때문에 전쟁을 안 하는 것은 아니다. 그러나 어떤 이유로든 전 세계적으로 전쟁, 폭력으로 인한 사망률이 감소하는 것은 사실이다. 이 세계가 위험한 곳이 되고 있다고 주장하면서 폭력, 전쟁으로 인한 사망률이 감소하고 있다는 사실을 말하지 않는 것도 무언가를 빼고 이야기하는 것이다.

무언가를 주장하는 사람들은 자기주장에 맞는 이야기만 선별해서 하려는 경향이 있다. 자기주장에 맞지 않는 이야기는 하지 않는다. 역사 이야기에서도 그렇다. 역사도 있는 그대로가 아니라 주장하는 사람의 입맛에 맞게 뒤틀리는 경향이 있다. 그리고 재미를 주기 위한 에피소드 역사, 가공된 역사도 있다. 어떤 것이 가공되고 뒤틀린 이야기인지를 알아가는 것도 나름대로 재미있는 역사 이야기가 되는 것 같다. 이 책에서 다룬 이야기들이 세계사를 알아가고 이해하는 데 작은 도움이 되기를 바란다.

참　　　고　　　문　　　헌

ALLEN, F.L., 신범수 옮김, 『1929 미국 대공황』, 고려원, 1992
David Hatcher Childress, 윤치원 옮김, 『신들의 문명』, 대원출판사, 2002
F.L. 알렌, 박진빈 옮김, 『빅 체인지』, 앨피, 2008
S. 시그레이브, 이재승 옮김, 『송씨왕조』, 정음사, 1986
W. 버나드 칼슨, 박인용 옮김, 『니콜라 테슬라 평전』, 반니, 2015
가케하시 쿠미코, 신은혜 옮김, 『이오지마에서 온 편지』, 씨앗을뿌리는사람, 2007
개럿 매팅리, 박상이 옮김, 『아르마다』, 가지않은길, 1997
개빈 멘지스, 조행복 옮김, 『1421 중국, 세계를 발견하다』, 사계절, 2004
거다 리스, 김영선 옮김, 『도박』, 꿈엔들, 2006
게오르그 포이어스타인, 정광식 옮김, 『최초의 문명은 고대 인도에서 시작되었다』, 사군자, 2000
권성욱, 『중일전쟁』, 미지북스, 2015
귀도 크노프, 이동준 옮김, 『광기와 우연의 역사 2』, 자작나무, 1996
귀도 크노프, 이동준 옮김, 『광기와 우연의 역사 3』, 자작나무, 1997
그레고리 클라크, 이은주 옮김, 『맬서스, 산업혁명 그리고 이해할 수 없는 신세계』, 한스미디어, 2009
그레이엄 핸콕, 이종인 옮김, 『신의 사람들』, 까치, 2016
기욤 드 시옹, 박정현 옮김, 『비행선, 매혹과 공포의 역사』, 마티, 2005
김상근·최선미, 『르네상스 창조경영』, 21세기북스, 2008
김선자, 『황제 신화』, 책세상, 2007
김운회, 『삼국지 바로 읽기 1』, 삼인, 2004
김운회, 『삼국지 바로 읽기 2』, 삼인, 2004
나카니시 테루마사, 서재봉 옮김, 『대영제국 쇠망사』, 까치, 2000
너새니얼 필브릭, 황정하 옮김, 『메이플라워』, 바다출판사, 2009
노만 F.캔터, 이종경 옮김, 『중세이야기』, 새물결, 2001
니콜라 디코스모, 이재정 옮김, 『오랑캐의 탄생』, 황금가지, 2005
다니엘 푸러, 선우미정 옮김, 『화장실의 작은역사』, 들녘, 2005
다이앤 머레이, 이영옥 옮김, 『그들의 바다』, 심산, 2003
다카다 히로유키, 심정명 옮김, 『히틀러 연설의 진실』, 바다출판사, 2015
다카시마 토시오, 신준수 옮김, 『중국 도적 황제의 역사』, 역사넷, 2007
데이바 소벨, 김진준 옮김, 『해상시계』, 생각의나무, 2005
데이비드 데이, 이경식 옮김, 『정복의 법칙』, 휴먼앤북스, 2006
데이비드 쾀멘, 이충호 옮김, 『도도의 노래 1』, 푸른숲, 1998
데이비드 쾀멘, 이충호 옮김, 『도도의 노래 2』, 푸른숲, 1998
데이비드 파커, 박윤덕 옮김, 『혁명의 탄생』, 교양인, 2009
도널드 그레그, 차미례 옮김, 『역사의 파편들』, 창비, 2015
도시마 이쓰오, 김정환·강호원 옮김, 『황금』, 랜덤하우스코리아, 2009
디트마르 로터문트, 양동휴 옮김, 『대공황이 세계적 충격』, 예지, 2003
레너드 쉴레인, 조윤정 옮김, 『알파벳과 여신』, 파스칼북스, 2004
레이몬드 라몬 브라운, 김동미 옮김, 『카네기 평전』, 작은씨앗, 2006

로드니 캐스트레덴, 김현구 옮김, 『사라진 대륙 아틀란티스』, 다른생각, 2004

로랑 베그, 이세진 옮김, 『도덕적 인간은 왜 나쁜 사회를 만드는가』, 부키, 2013

로버트 D. 퍼트넘 · 데이비드 E. 캠벨, 정태식 · 안병진 · 정종현 옮김, 『아메리칸 그레이스』, 페이퍼로드, 2013

로버트 D. 호매츠, 조규정 옮김, 『자유의 대가』, 미래사, 2009

로버트 댈럭, 정초능 옮김, 『케네디 평전 1』, 푸른숲, 2007

로버트 댈럭, 정초능 옮김, 『케네디 평전 2』, 푸른숲, 2007

로베르 솔레, 이상빈 옮김, 『나폴레옹 이집트 원정기: 백과전서의 여행』, 아테네, 2013

로빈 헤니그, 안인희 옮김, 『정원의 수도사』, 사이언스북스, 2006

루퍼트 스미스, 황보영조 옮김, 『전쟁의 패러다임』, 까치, 2008

리궈룽, 이화승 옮김, 『제국의 상점』, 소나무, 2008

리처드 던킨, 박정현 옮김, 『피 땀 눈물』, 바다출판사, 2005

리카이저우, 박영인 옮김, 『공자는 가난하지 않았다』, 에쎄, 2012

마이클 화이트, 김명남 옮김, 『갈릴레오』, 사이언스북스, 2009

마틴 버낼, 오홍식 옮김, 『블랙 아테나 1』, 소나무, 2006

마틴 부스, 오희섭 옮김, 『아편』, 수막새, 2004

만프레드 클라우스, 임미오 옮김, 『알렉산드리아』, 생각의나무, 2004

멍레이 · 관궈펑 · 궈샤오양, 고상희 옮김, 『1942 대기근』, 글항아리, 2013

모토무라 료지, 최영희 옮김, 『말이 바꾼 세계사』, 가람기획, 2005

미셸 보, 김윤자 옮김, 『미셸 보의 자본주의의 역사 1500~2010』, 뿌리와이파리, 2015

미야자키 이치사다, 전혜선 옮김, 『수양제』, 역사비평사, 2014

바바라 터크먼, 조민 옮김, 『독선과 아집의 역사 1』, 자작나무, 1997

박성진, 『사회진화론과 식민지 사회사상』, 선인, 2003

박재선 · 남창훈, 『연합함대 그 출범에서 침몰까지』, 가람기획, 2005

배리 파커, 김은영 옮김, 『전쟁의 물리학』, 북로드, 2015

볼프 슈나이더, 박종대 옮김, 『만들어진 승리자들』, 을유문화사, 2011

브라이언 모이너핸, 김영우 옮김, 『신의 베스트셀러』, 민음in, 2007

비르기트 브란다우, 장혜경 옮김, 『히타이트』, 중앙M&B, 2002

비비안 그린, 채은진 옮김, 『권력과 광기』, 말글빛냄, 2005

사이먼 가필드, 김명남 옮김, 『지도 위의 인문학』, 다산초당, 2015

사이먼 윈체스터, 임재서 옮김, 『크라카토아』, 사이언스북스, 2005

사이토 다카시, 홍성민 옮김, 『세계사를 움직이는 다섯가지 힘』, 뜨인돌, 2009

사카이야 다이치, 이윤정 옮김, 『가치 혁명과 사회 시스템 개조론』, 아이필드, 2004

셴판, 이상원 옮김, 『홍위병』, 황소자리, 2004

슈테판 츠바이크, 이내금 옮김, 『마젤란』, 자작나무, 1996

스털링 · 페기 시그레이브, 김현구 옮김, 『야마시타 골드』, 옹기장이, 2003

스테판 E. 앰브로스, 손원재 옮김, 『대륙횡단철도』, 청아출판사, 2003

아다치 마사카쓰, 『왕의 목을 친 남자』, 한권의책, 2012

아돌프 히틀러, 서석연 옮김, 『나의 투쟁』, 범우사, 1990

앤 서머싯, 남경태 옮김, 『제국의 태양 엘리자베스 1세』, 들녘, 2005

앨런 거니, 강미경 옮김, 『나침반, 항해와 탐험의 역사』, 세종서적, 2005

앵거스 프레이저, 문은실 옮김, 『집시, 어디서 왔다가 어디로 갔는가』, 에디터, 2005

야마모토 요시타카, 남윤호 옮김, 『16세기 문화혁명』, 동아시아, 2010

양동휴 · 김영완, 『중부 유럽 경제사』, 미지북스, 2016

에드먼트 블레어 볼스, 김문영 옮김, 『아이스 파인더』, 바다출판사, 2003

에드워드 돌닉, 노태복 옮김, 『뉴턴의 시계』, 책과함께, 2016

에릭 두르슈미트, 이상근 옮김, 『용의 유전자』, 세종서적, 2010

에번 오스노스, 고기탁 옮김, 『야망의 시대』, 열린책들, 2015

오오누키 에미코, 이향철 옮김, 『사쿠라가 지다 젊음도 지다』, 모멘토, 2004

오인석, 『바이마르 공화국의 역사』, 한울, 1997

올리버 스톤 · 피터 커즈닉, 이광일 옮김, 『아무도 말하지 않는 미국 현대사 1』, 들녘, 2015

올리버 스톤 · 피터 커즈닉, 이광일 옮김, 『아무도 말하지 않는 미국 현대사 2』, 들녘, 2015

우치다 타츠루, 김경원 옮김, 『일본변경론』, 갈라파고스, 2012

위텐런, 박윤식 옮김, 『대본영의 참모들』, 나남, 2014

윌리엄 번스타인, 김현구 옮김, 『부의 탄생』, 시아출판사, 2005

유발 하라리, 조현욱 옮김, 『사피엔스』, 김영사, 2015

유시민, 『거꾸로 읽는 세계사』, 푸른나무, 2008

유아사 다케오, 임채성 옮김, 『문명 속의 물』, 푸른길, 2011

이범준, 『일본제국 vs. 자이니치』, 북콤마, 2015

이상희 · 윤신영, 『인류의 기원』, 사이언스북스, 2015

이성형, 『콜럼버스가 서쪽으로 간 까닭은?』, 까치글방, 2003

이시바시 다카오, 홍성구 옮김, 『대청제국 1616~1799』, 휴머니스트, 2009

이안 부루마, 신보영 옮김, 『0년』, 글항아리, 2016

이언 게이틀리, 정성묵 옮김, 『담배와 문명』, 몸과마음, 2003

이언 모리스, 김필규 옮김, 『전쟁의 역설』, 지식의날개, 2015

이주은, 『스캔들 세계사 1』, 파피에, 2013

이주은, 『스캔들 세계사 2』, 파피에, 2014

이주은, 『스캔들 세계사 3』, 파피에, 2014

자크 아탈리, 이효숙 옮김, 『호모 노마드 유목하는 인간』, 웅진닷컴, 2005

장융, 이종인 옮김, 『서태후 1』, 책과함께, 2015

장융, 이종인 옮김, 『서태후 2』, 책과함께, 2015

정시몬, 『세계사 브런치』, 부키, 2015

제레드 다이아몬드, 강주헌 옮김, 『어제까지의 세계』, 김영사, 2013

제리 브로턴, 이창신 옮김, 『욕망하는 지도』, 알에이치코리아, 2014

제임스 M. 바더맨, 이규성 옮김, 『두 개의 미국사』, 심산, 2004

제임스 T.플렉스너, 정형근 옮김, 『조지워싱턴』, 고려원, 1994

제임스 로웬, 김한영 옮김, 『미국의 거짓말』, 갑인공방, 2005

조너선 D. 스펜스, 양휘웅 옮김, 『신의 아들』, 이산, 2006

조문윤, 김택중 옮김, 『무측천 평전』, 책과함께, 2004

조지 린치, 정진국 옮김, 『제국의 통로』, 글항아리, 2009

존 길링엄, 황정하 옮김, 『1215 마그나카르타의 해』, 생각의나무, 2005

존 맨, 남경태 옮김, 『구텐베르크 혁명』, 예지, 2003

죙케 나이첼 · 하랄트 벨처, 김태희 옮김, 『나치의 병사들』, 민음사, 2015

주강현, 『적도의 침묵』, 김영사, 2008

주강현, 『제국의 바다 식민의 바다』, 웅진씽크빅, 2005

주경철, 『대항해 시대』, 서울대학교출판부, 2008

주경철, 『크리스토퍼 콜럼버스』, 서울대학교출판문화원, 2013

중국 CCTV 다큐 제작팀, 허유영 옮김, 『기업의 시대』, 다산북스, 2014

지나 콜라타, 안정희 옮김, 『독감』, 사이언스북스, 2003

진순신, 서석연 옮김, 『아편전쟁』, 우리터, 1997

진순신, 조형균 옮김, 『페이퍼 로드』, 예담, 2002

찰스 P.킨들버거, 주경철 옮김, 『경제 강대국 흥망사 1500-1990』, 까치, 2005

찰스 페인스틴, 양동휴 옮김, 『대공황 전후 유럽경제』, 동서문화사, 2001

찰스 햅굿, 김병화 옮김, 『고대 해양왕의 지도』, 김영사, 2005

천이난, 장윤미 옮김, 『문화대혁명 또 다른 기억』, 그린비, 2008

카를로 치폴라, 최파일 옮김, 『대포 범선 제국』, 미지북스, 2010

케네스 C. 데이비스, 진병호 옮김, 『미국의 역사』, 고려원, 1992

케빈 필립스, 오삼교 옮김, 『부와 민주주의』, 중심, 2004

클라이드 프레스토위츠, 이문희 옮김, 『부와 권력의 대이동』, 지식의숲, 2006

클레이 셔키, 이충호 옮김, 『많아지면 달라진다』, 갤리온, 2011

탐 브로코, 김경숙 옮김, 『위대한 세대』, 문예당, 2000

팀 와이너, 이경식 옮김, 『잿더미의 유산』, 랜덤하우스코리아, 2008

펠리프 페르난데스-아메스토, 허종열 옮김, 『밀레니엄 상』, 한국경제신문사, 1997

펠리프 페르난데스-아메스토, 허종열 옮김, 『밀레니엄 하』, 한국경제신문사, 1997

폴 로버츠, 김선영 옮김, 『식량의 종말』, 민음사, 2010

폴 케네디, 김규태 · 박리라 옮김, 『폴 케네디 제국을 설계한 사람들』, 21세기북스, 2015

폴 케네디, 이일주 옮김, 『강대국의 흥망』, 한국경제신문사, 1997

프란시스 무어 라페, 허남혁 옮김, 『굶주리는 세계』, 창비, 2003

프랜시스 후쿠야마, 함규진 옮김, 『정치 질서의 기원』, 웅진지식하우스, 2012

프레드 차라, 강경이 옮김, 『향신료의 지구사』, 휴머니스트, 2014

프레드 캐플런, 허진 옮김, 『링컨』, 열림원, 2010

피터 노왁, 이은진 옮김, 『섹스, 폭탄 그리고 햄버거』, 문학동네, 2012

피터 왓슨, 박병화 옮김, 『저먼 지니어스』, 글항아리, 2015

피터 홉커크, 정영목 옮김, 『그레이트 게임』, 사계절, 2015

필립스 버너 브래드포드, 손풍삼 옮김, 『오타 벵가』, 고려원, 1994

하름 데 블레이, 유나영 옮김, 『왜 지금 지리학인가』, 사회평론, 2015

하마다 아쓰오, 김돈하 옮김, 『여행과 질병의 3천년사』, 심산, 2004

한스 페터 뒤르, 차경아 옮김, 『나체와 수치의 역사』, 까치, 1998

한스외르크 퀴스터, 송소민 옮김, 『곡물의 역사』, 서해문집, 2016

헨리 포드, 공병호 옮김, 『헨리 포드』, 21세기북스, 2006

호르스트 푸어만, 안인희 옮김, 『중세로의 초대』, 이마고, 2003

홍성철, 『유곽의 역사』, 페이퍼로드, 2007

후지하라 사다오, 임경택 옮김, 『앙코르와트』, 동아시아, 2014

말하지 않는 세계사

초판 1쇄 발행   2016년 8월 11일
초판 3쇄 발행   2016년 11월 28일

지 은 이   최성락
펴 낸 이   최용범
펴 낸 곳   페이퍼로드

편   집   박강민, 김종오
디 자 인   별을 잡는 그물
마 케 팅   정현우
경영지원   강은선

출판등록   제10-2427호.(2002년 8월 7일)
주   소   서울시 마포구 연남로3길 72 2층
Tel (02)326-0328, 6387-2341 | Fax (02)335-0334
이 메 일   book@paperroad.net
홈페이지   http://paperroad.net
블 로 그   blog.naver.com/paperroad
포 스 트   http://post.naver.com/paperroad
페이스북   www.facebook.com/paperroadbook

I S B N   979-11-86256-36-7 (03900)